THE
SPOKESPERSON
SAYS

发言人说
中国新闻发言人传播实践

中国浦东干部学院领导与传播研究中心 / 编

王石泉 / 主编

人民出版社

责任编辑：忽晓萌
装帧设计：王欢欢
责任校对：白　玥

图书在版编目（CIP）数据

发言人说：中国新闻发言人传播实践／中国浦东干部学院领导与传播
　研究中心 编 . —北京：人民出版社，2021.11（2022.1 重印）
ISBN 978 - 7 - 01 - 023692 - 6

I.①发…　II.①中…　III.①新闻公报 - 研究 - 中国　IV.①G219.2
中国版本图书馆 CIP 数据核字（2021）第 172692 号

发言人说：中国新闻发言人传播实践

FAYANREN SHUO: ZHONGGUO XINWEN FAYANREN CHUANBO SHIJIAN

中国浦东干部学院领导与传播研究中心　编

王石泉　主编

人民出版社 出版发行
（100706　北京市东城区隆福寺街 99 号）

北京雅昌艺术印刷有限公司印刷　新华书店经销

2021 年 11 月第 1 版　2022 年 1 月北京第 2 次印刷
开本：710 毫米 × 1000 毫米 1/16　印张：20.25
字数：245 千字

ISBN 978 - 7 - 01 - 023692 - 6　定价：99.00 元

邮购地址 100706　北京市东城区隆福寺街 99 号
人民东方图书销售中心　电话（010）65250042　65289539

序　新闻发言人的成长重在实践

近年来，中办、国办持续就政务信息公开、回应社会关切、政策权威发布等颁布相关条例、办法、意见和通知等，从新闻发布的原则、程序、形式、内容乃至新闻发布的平台、渠道、方式、方法等方面做出了规范和要求。可以说，中国的新闻发言人制度建设已经逐步健全、规范和完善。中国的新闻发布活动不仅扩大了国内民众的知情权，使政府更贴近群众，使民众更了解公共政策制定的缘由和执行中的问题，也使中国政府能够以更快捷、更有效的方式向世界说明我们的内外政策、表述清晰严正的立场。

中国各级政府的新闻发布活动已经成为国家政治经济和文化生活的重要组成部分，广大干部和各行各业的人民群众每天都会从传统媒体和各种移动媒体中细读重要机构发言人的表述，了解国内外的动态。可以说，大家一直在跨越时空与新闻发言人同思考、共呼吸，一同"共振"。

中国的全面深化改革带来了更深层次、更大范围的变革，社会的发展变化超出了人们预期。在中国日益融入国际社会的同时，所面临的国际环境日趋复杂，挑战也更加严峻。在这样的变革时代，新闻发言人需要加强理论、政策、法律等方面知识的学习和实践积累，充分认识和了解当代全新舆论传播格局下的新闻宣传规律，扩展知识领域，增强品格修养，提高专业能力，使新闻发言人的工作能适应新时代中国改革开放和社会发展的需要。

新闻发言人只有努力提高自身的专业素养、专业能力和专业经验，才能适应新形势、迎接新挑战。那么新闻发言人应当具备什么样的素质呢？2003年9月，我在国务院新闻办公室举办的全国新闻发言人培训班上，把新闻发言人的素质概括为：政治成熟，立场正确，勇于负责；内知国情，外知世界，兼修文化；讲究逻辑，有理有节，善待记者。

"政治成熟"就是对中国特色社会主义有深刻理解和坚定信仰，对党和国家的政策，包括新闻发言人所代表的党政机构和部门的政策有全面透彻的了解，能够在政治上纯熟地把握和应对复杂局面。"立场正确"就是要维护党和国家及人民的根本利益，为人民代言。"勇于负责"就是当我们遇到突发情况，需要做出反应和表态时，必须快速及时反应，敢于担当。如果不及时正确地回应，任舆情蔓延，就会引起不良的后果。发言人必须不怕围观，勇于担当，才能维护国家的利益和荣誉。

"内知国情"就是要熟悉国内的情况，具备我国国情和所在机构工作领域的相关知识储备，包括对一些随时发生的时事政治问题的了解。"外知世界"包括两个方面，一方面要知道所回答的问题在国际社会的舆情；另一方面要对不同国家的文化背景有所了解，具备跨文化的沟通能力。了解中外文化差异，有助于准确表达希望受众了解的信息，这样就会有更好的传播效果。"兼修文化"是指新闻发言人要有丰富的知识储备和深厚的文化修养，要了解人类文明的复杂性和多元性，以适合的方式沟通交流。

"讲究逻辑"就是思维清晰，逻辑缜密，层次分明，重点突出，有边界意识。"有理有节"是指态度和礼节要符合受众的心理预期。如果碰到尚不了解的情况，绝不能口出无凭去应付，影响新闻发布的权威性；如果遇到记者提问尖锐，要从容面对；如果对方蓄意挑衅，则要坚决反击，但是不能因为情绪激动而失态。"善待记者"是指要理性看待新闻发言人与记者的关系。记者是新闻人，追求的是新闻效应，是挑战者。而新闻发言人则希望他们能较准确地传达所发出的信息。

经过改革开放40多年来的发展，中国已经成为世界上举足轻重的国家。中国的一举一动都会吸引世界的关注，与大众和国际社会开展有效沟通是今后党和国家形象建设与国际关系发展的关键。新闻发言人是中国向世界说明自己的重要力量。无论是信息公开还是舆论斗争，其核心都考验我们讲故事的能力，归根结底是在讲中国故事。新闻发言人是向世界讲中国故事效率最高、传播最快的特殊岗位。讲好中国故事除了要知己知彼之外，还要有"四个自信"，特别是文化自信。有了这些自信，再加之自己的不懈努力，就会成为出色的新闻发言人，为这个时代做出应有的贡献。

自 2003 年建立新闻发布会制度以来，我国已经培养锻炼出了一批优秀的新闻发言人。他们都有较高学历，丰富的阅历和与国内外流畅交流的本领。他们在新闻发布实践中的立场是国家的，但表达风格和语言特色各有不同；提取他们的宝贵经验，给新来者有所学习和借鉴，就是出版这本《发言人说：中国新闻发言人传播实践》的意义所在。

中国浦东干部学院一直把培养新闻发言人和提高中国领导干部的媒体素养和传播能力当作一项重要的使命和任务。以王石泉教授为首的领导与传播教学研究团队，多年从事领导干部媒体素养教育和新闻发言人培训，针对教学所需，遴选各部门优秀发言人，请他们说出自己独特的经验和体会，使其成为公开的读本是一个很好的创意。我确信这本书以及它随后不断的续集，不仅会受到新闻发言人和广大领导干部的青睐，也必将会受到新闻媒体界人士以及关心时事动态的广大读者的欢迎。

赵启正

2021 年 8 月 18 日于上海

主编的话

　　新闻发言人是我国领导和行政机关、企事业单位、军队以及社会团体等组织的代言人。他们是领导传播、行政传播、危机沟通和组织公关的代表，也是官方与民众以及官方与媒体沟通的桥梁。新闻发言人不仅担任领导和行政职务，还负责各自领域的宣传推广，属于既懂业务，又懂传播的复合型人才，是保证我国信息公开，塑造组织形象与党和国家形象的重要力量，也是组织机构中的先进分子。

　　中国浦东干部学院自 2005 年建院开学以来，在全国率先开展了领导媒体素养教育和媒体沟通情景模拟训练，先后培训了近十万学员，受到全国领导干部的欢迎与好评，也得到了党和国家领导人及中组部和中宣部、国新办的充分肯定。基于学院在该领域的成功实践，中宣部、国新办与中组部决定把全国新闻发言人培训班纳入中国浦东干部学院中央调训班次进行培训。迄今为止，我们已举办了 14 期全国新闻发言人培训班和 2 期中央企业新闻发言人培训班。国务院新闻办公室原主任赵启正同志、原副主任郭卫民同志、胡凯红局长、陈文俊局长、袭艳春副局长、寿小丽副局长等多次到学院授课或带班指导。中国浦东干部学院也成为我国重要的新闻发言人培训基地和研究机构之一。

鉴于新闻发言人工作的重要性，他们无法离岗时间太长，每期的发言人培训班仅有 5 天，加上课程安排很紧，学员之间沟通交流不足，大家尚未熟悉就面临结业，每届培训班都因时间不够留下遗憾。由于新闻发言人的工作经历和任职先后不同，他们彼此间沟通交流和经验分享的需求旺盛。那些在新闻发布和传播实践中成长起来的资深新闻发言人经验丰富、才华出众，在各自领域的传播实践非常精彩；那些新任职的新闻发言人和基层组织的新闻发言人希望有机会学习他们的经验。因为缺乏必要的媒介和桥梁，许多好的经验做法无法与其他新闻发言人和领导干部分享，这也成为不少发言人的遗憾。

笔者作为新闻发言人培训班的指导教师，很早就注意到了这个问题并在授课时表示，希望有机会为全国新闻发言人搭建一个沟通交流的平台。这一想法得到了中国公共关系协会会长、国务院新闻办公室原副主任郭卫民同志的重视和支持。2016 年 11 月，由国务院新闻办公室主办的首届"中国新闻发言人论坛"在中国浦东干部学院举行。2018 年 11 月，又在北京大学举行了第二届"中国新闻发言人论坛"。在国务院新闻办公室的关心支持下，从此，中国新闻发言人有了自己的沟通交流平台。

为了进一步加强新时代我国新闻发言人的互动交流，全面深入地学习分享他们的实践经验，根据多期新闻发言人培训班的意见建议，中国浦东干部学院领导与传播研究中心开始对他们多年的传播实践进行汇总，准备定期出版相关著作，与更多的新闻发言人和领导干部分享，以提高我国新闻发言人和领导干部的新闻发布和传播能力。这就是我们主编《发言人说：中国新闻发言人传播实践》的初衷。

编辑出版《发言人说：中国新闻发言人传播实践》一书得到了

各位新闻发言人的积极响应和大力支持，他们在百忙之中积极参与撰稿，分享经验与感受。为尊重历史，记录我国新闻发言人的奋斗历程、传播实践和出色贡献，该书专门邀请了已转岗、提干和退休的新闻发言人和现任新闻发言人参与，围绕"中国新闻发言人传播实践"这一主题撰写文章，介绍经验做法，发表真知灼见。

本书作者均为资深新闻发言人，在各自的领域辛勤耕耘多年，积累了丰富的传播经验，也进行了许多创新实践。他们在百忙之中积极支持，倾情撰稿，介绍自己担任新闻发言人的经历和感受，分享各自传播的宝贵经验，阐释了他们对新闻发言人的深刻理解，就如何进一步提高新闻发言人的政治素养和业务能力，尤其是大众传播能力和国际传播能力发表了真知灼见，令人感佩。在此表示衷心感谢！

根据出版社建议，我们在《中国新闻发言人传播实践》书名前加了"发言人说"的标题，增加通识性和可读性。感谢人民出版社总编辑辛广伟同志、总编室主任张振明同志对该书的重视和大力支持。感谢该书编辑及各位工作人员付出的诸多辛劳。由于他们的关心支持，才使此书得以顺利出版。

感谢国务院国资委新闻中心原主任毛一翔同志对该书的关心和支持。他熟悉中央和国有企业新闻发言人制度及其新闻发言人的情况，曾经带领国资委新闻中心团队做了大量企业传播的工作。

感谢笔者的工作单位中国浦东干部学院及其领导研究院、科研部和教学研究部领导对编辑出版该书所给予的关心和支持。

感谢中央对外宣传办公室原主任、国务院新闻办公室原主任、全国政协外事委员会原主任、全国政协原新闻发言人赵启正部长为此书作序。启正同志是我国新闻发言人制度的重要创建者和积极推动者，是大家尊敬的新闻发布和对外传播领域的专家型领导，也是驰名中外的国家新闻发言人。他在上海和中央任职期间，具体负责推动了浦东的开发开放，促进了我国新闻发言人事业和公共外交事业的蓬勃发展，为我国新闻发言人制度建设、对外传播和国家形象塑造做出了重要贡献。在此向他表示敬意和感谢！

感谢全国外事委员会委员，全国政协第十三届二次、三次、四次会议新闻发言人，中国公共关系协会会长，中宣部原部务会议成员、国务院新闻办公室原副主任，长期主管我国新闻发言人建设和新闻发布工作的郭卫民部长推荐此书。

感谢联合国原秘书长的新闻发言人弗雷德·艾克哈德先生推荐此书。他曾经担任安南、加利和德奎利亚尔三任联合国秘书长的新闻发言人，是联合国历史上任职时间最长的资深新闻发言人。他多次随安南等联合国秘书长访华，曾经担任浙江大学兼职教授，多次应邀来中国浦东干部学院讲学，对华友好，也是笔者多年的国际友人。

最后，笔者借此机会向奋斗在全国各地和不同岗位上的新闻发言人表示问候和感谢。正是你们的担当精神、辛勤付出和及时有效的新闻发布，才让党和政府的声音得到传播，使危机得以顺利化解，使谬误得到澄清。正是以你们为首的各个领域的领导者和传播者积极主动地讲述中国故事，才让世界能进一步了解中国，让艰难的中西方跨文化沟通得以持续开展。

衷心希望《发言人说：中国新闻发言人传播实践》一书能以丰富的内容、精彩的故事和新闻发言人的生动表达打动每一位读者，能够在阅读中感觉到是在与高手对话，让人耳目一新。为了增加历史感与生动性，每位新闻发言人都配有工作照片，每篇文章均附有作者简介。希望该书能成为全国党政机关、人大、政协、企事业单位、军队和社会团体以及私营机构等各类组织的新闻发言人、领导干部、公务员、管理者和广大员工了解中国新闻发言人制度、学习新闻发布和对外传播的生动教材。更希望大家在阅读后能够感同身受，切实提高自己的新闻发布水平和对外传播能力。

由于该书启动后不久便遇到了新冠肺炎疫情，全国各地随即投入到了紧张的抗疫工作中，各地的新闻发布和传播任务繁重。许多领导干部和新闻发言人工作异常紧张忙碌，克服了诸多困难才有空撰写文章。由于本书篇幅有限，许多发言人的精彩故事无法纳入，希望在续集中陆续呈现，展示我国新闻发言人的风采，让该书成为我国新闻发言人和广大领导干部的良师益友和喜爱的学习参考书。

祝全国新闻发言人工作顺利，健康幸福，传播精彩！

王石泉

中国浦东干部学院领导与传播研究中心主任、教授

2021 年 8 月 18 日

目　录

新闻发布制度有效助力
社会开放进步

全国政协委员、大会新闻发言人，国务院新闻办公室
原副主任，中国公共关系协会会长　郭卫民

在中国，新闻发布现在已不是一个新鲜事，而是一项耳熟能详、习以为常的工作。中央各部门、各省（区、市）以及很多大中型企业、学校、医院等企事业单位都设立了新闻发言人，每天我们通过媒体报道能看到各种发布会，出现突发事件后及时发布信息已经成为大家的普遍做法。有些部门每天都举行发布会，全国各部门各地区每年举办数千场发布会。新闻发布对于推进中国国家治理体系和治理能力的现代化，讲好中国故事、展示好中国形象，发挥着重要作用。

一、新闻发布会是一个重要平台

中国的新闻发布在长期实践中形成了多种形式，包括新闻发布会、吹风会、集体采访、专访、新媒体发布、新闻稿等。但最主要的形式是能直接面向媒体记者、问答互动，新闻发布会是最重要的平台。

在我们党和国家的发展历程中，新闻发布对于对外宣介政策立场发挥着重要作用。在新民主主义革命时期、社会主义革命和建设时期都曾举行过新闻发布会，但作出制度化安排，则是 20 世纪 80 年代初，伴随着改革开放的进程，中央明确提出建立新闻发言人制度。在党中央坚强领导下，在改革开放和社会主义现代化建设的壮阔大潮中，新闻发布紧紧围绕党和国家工作大局，拼搏进取，勇于探索，取得了长足发展。特别是党的十八大以来，在以习近平同志为核心的党中央高度重视和亲切关怀下，新闻发布制度机制日益完善，人才队伍不断扩大，工作效果显著提升，新闻发布进入了发展的快车道。

随着信息技术的快速发展，传播形态和媒体格局不断变化，我们在实践中也一直对新闻发布的形式进行探索创新。但最有效的形式始终是新闻发布会，每当有重要的政策出台、重大突发事件发生，大家也多会首先想到举行新闻发布会。由相关部门、单位的负责人或发言人直接出面，代表政府部门发声，与媒体沟通，回答媒体基于公众舆论关切提出的各种问题，相关的发布内容媒体可直接引用报道，具有权威、直接、互动等优势，受到媒体和公众的欢迎。各部门各单位要善于用好这一平台，阐释政策、回应关切，架起与广大公众的沟通桥梁，展示开放、负责任的良好形象。

二、新闻发布是推动国家治理体系 现代化的重要制度安排

新闻发布会是新闻发布的主要形式，而举行新闻发布会并不是开一次会、发言人上一次台、发一些信息就可以了。它是一项制度安排、一项系统工程，需要一套机制保障。

新闻发布是政府工作的重要组成部分，无论是中央各部门还是各地各级政府，在出台重要政策时，都会通过新闻发布会来进行解读、回应舆论关切。在今年抗击新冠肺炎疫情的战役中，新闻发布

已成为抗疫工作的重要组成部分。无论是国务院联防联控机制还是各相关地区和部门，都把新闻发布与疫情防控同步部署，及时发布疫情形势、防控措施，介绍医疗救治，反映社情民意，改进完善工作。新闻发布发挥了不可或缺的作用。现在从中央到地方政府都制定下发了一系列加强新闻发布工作的文件，新闻发布已经成为各地区各部门、各行业的一种制度化建设，是国家治理体系现代化的重要内容。

新闻发布也是一项系统工程。它需要有新闻发言人。发言人的选任要通过正式组织程序，具备较高的政治素质、政策理论水平，熟悉本单位工作业务和媒体运作规律，具有较强的沟通表达能力、良好的心理素质和应变能力。要由本单位主要负责同志直接领导，能参加本单位重要会议，参与决策，向本单位主要负责同志提出新闻发布工作建议。

需要有新闻发布团队。要为新闻发言人配备分工明确、规范高效的专业团队，从事舆情、口径、媒体等工作，并设立专项经费，保障工作正常开展。

需要有工作机制。一是舆情搜集研判机制。要安排专门力量持续跟踪、分析研判涉本单位及相关主管领域的境内外舆情，提出发布建议，提供舆论关注的热点问题清单，并在发布会后及时进行效果评估、提出后续舆论工作建议。二是发布会组织工作机制。要围绕发布会的组织、媒体邀请、与相关部门对接、现场人员点位、技术设备、场地布置等，配备一个团队，形成一套全流程，制定专业、周密的操作规范。三是联络协调机制。与本部门各业务单位和外部门之间联络协调，围绕发布工作了解相关背景情况，掌握重要政策、举措，研拟答问口径，为发布会提供内容支持。同时要承担起与媒体之间的联络协调任务，与中央、地方、境外、传统、新兴等各类媒体建立良好的沟通渠道和联系，搭建立体传播平台，最大限度扩大发布会的传播效果。

党中央、国务院的一系列文件对新闻发布提出了明确要求。比如中办、国办、中宣部等印发的《关于建立健全信息发布和政策解读机制的意见》及其实施细则、《关于全面推进政务公开工作的意见》及其实施细则、《关于进一步加强政府信息公开回应社会关切提升政府公信力的意见》、《国家突发事件总体应急预案》等，明确提出要通过新闻发布将政策解读与政策制定工作同步考虑、同步安排，及时全面深入介绍好政策背景、主要内容、落实措施及工作进展等。要将新闻发布作为突发事件应对处置的重要内容同步推进，在事件发生后5小时内发布权威信息，24小时内举行新闻发布会，并根据处置工作进展做好后续发布。我们要充分认识到新闻发布的重要性，是一种制度安排、具有刚性约束力，要努力做好这项工作。

三、新闻发布是提高政府公信力的重要手段

我们的政府是法治政府，在依法行政过程中会产生大量关系到人民群众生产、生活和社会经济活动的信息，及时做好政府信息的公开工作，对于发挥这些信息的服务作用、维护正常的生产生活秩序和经济社会有序运行意义重大。同时，政府在制定政策时，需要听取各有关方面的意见、组织专家论证，涉及重大利益调整事项的还要举行听证会，政策出台后需要依靠相关利益群体配合落实，有效做好政策解读工作，对于政策的制定和施行具有重要作用。此外，当前我国改革正处于攻坚期、深水区，各种深层次矛盾凸显，突发热点舆情多发，政府需要及时解疑释惑、澄清事实，消除疑虑

误解、赢得公众的理解和支持。

新闻发布工作是提升政府工作透明度，保障公众知情权、参与权、表达权、监督权，增强公众对政府的信任，提高政府公信力的重要手段。政府公信力直接关系到政府的权威和形象，关系到各项政策的贯彻实施和各种突发事件热点问题的处置，关系到行政效能的提高，关系到建设人民满意的服务型政府。

在处置重大突发事件时同样如此。越是面临困难和挑战，政府部门越要勇于担当，公开透明发布信息，介绍事件情况、应对措施，争取大家的配合与支持，这样越是容易赢得公众的理解和支持，能够提升政府的公信力和政策执行力。

中央对于通过新闻发布提高政府公信力提出过明确要求。比如前面提到的《关于全面推进政务公开工作的意见》及其实施细则、《关于进一步加强政府信息公开回应社会关切提升政府公信力的意见》，就提出要以公开为常态、不公开为例外，通过新闻发布会等方式依法主动公开政府信息，国务院各部门和各省（区、市）政府要充分利用新闻发布会等进行政策解读，遇有重大突发事件和重大社会关切，要及时发布权威信息，讲清事实真相、政策措施、处置结果等，认真回应好关切，并就出席发布会的人员级别、频次等作出详细规定。

四、新闻发布是开展对外传播的有效平台

随着中国综合国力和国际地位的不断提升，中国前所未有地走近世界舞台的中央，世界对中国的关注也前所未有的广泛、深入。中国需要及时客观地向世界介绍自己，介绍中国为世界和平发展做

了什么、还将做什么，回应国际社会关切。

与此同时，当今世界正在经历百年未有之大变局，各种新旧因素、力量、矛盾相互叠加碰撞，国际局势不稳定、不确定性日益突出，围堵遏制、对抗威胁的冷战思维沉渣泛起，国际舆论形势复杂多变。针对一些疑虑、误解、谣言、抹黑，中国需要及时阐释自己的立场主张，澄清谬误、明辨是非、正本清源。

中国对外介绍自己、发出声音的方式有很多，包括新闻发布、媒体交流、智库交流、文化活动等，而新闻发布是直接沟通交流、能及时表达立场主张、有效回应国际关切的方式。

比如2019年香港"修例风波"发生后，7月29日国新办首次就此举行发布会，请国务院港澳办新闻发言人介绍对香港当前局势的立场和看法。境外媒体对此高度关注，普遍认为这是风波发生以来中央政府首次完整表达相关立场，发布厅人员爆满，多家外媒实时播发报道。境外媒体在报道中引用发言人发布内容表示：中央政府坚决支持林郑月娥行政长官带领特区政府依法施政，坚决支持香港警方严正执法；香港当务之急是坚决依法惩治暴力违法行为，尽快恢复社会秩序，维护良好的营商环境；中央政府提出"三条底线"不容触碰，绝不允许任何危害国家主权安全行为、绝不允许挑战中央权力和香港特别行政区基本法权威、绝不允许香港对内地进行渗透和破坏。媒体刊发的大量报道，使中央政府对香港局势的立场和看法得到了广泛有效的传播。

五、新闻发布要展现担当

新闻发布在一些重要时刻，特别是出现突发事件时，能发挥重要作用。比如 2020 年以来，围绕抗击新冠肺炎疫情，国务院新闻办、国务院联防联控机制、各省（区、市）举行了 1500 多场新闻发布会，就国内外舆论高度关注的疫情防控、医疗救治、物资保障、科研攻关、复工复产复学、国际合作等热点问题，及时发布权威信息、回应社会和公众关切。针对有些外国政客和媒体在病毒源头问题上搞"有罪推定"，把病毒"标签化"、将疫情政治化，炮制炒作所谓"中国源头论""中国隐瞒论""中国责任论"等，立即组织新闻发布，阐释我方原则立场，还原事实和真相，对外澄清批驳，营造了强信心、暖人心、聚民心的舆论氛围，有效争取了国际社会的理解和支持。

但也有很多时候，一些单位遇到突发事件时不能及时发布和传播或者出来的人层次太低，不了解相关情况，支支吾吾，效果不好。比如 2015 年天津港"8·12"特别重大火灾爆炸事故发生后，前 6 场发布会未见到当地高级别领导出席，而是一些部门出来发布，发布人或小心翼翼，或不了解情况，诸多问题都表示要"商量了解情况"，前 6 场发布会逾 60 位记者提问，过半未当场回答，媒体集中关注的问题未得到有效回应，一定程度上引发了次生舆情，对负面舆情的发酵起到了"火上浇油"的作用。

究其原因，主要是怕承担责任。从大量案例可以看到，发生突发事件后，能否在第一时间开展发布、真正回应关切、取得好的效果，当地政府的主要领导、主管部门、主责单位的担当至关重要。尤其是在发生重大突发事件、出现恐慌情绪时，有关领导同志要发扬勇于担当的精神，在努力解决问题的同时开展新闻发布，及时向公众介绍对形势的判断、采取的举措、下步的考虑，社会舆论大多会较快趋向平缓。相反，如果主要领导同志怕担责、不愿"出面"、用种种理由"推托"发布，则多会导致负面舆情发酵、蔓延。

2019 年江苏响水"3·12"特别重大爆炸事故发生后，江苏省委、盐城市委迅速响应，24 小时内举行首场新闻发布会，盐城市长进行主发布，其后连续出席 4 场发布会，发布了大量信息，一定程度上回应了社会关切，起到了较好的舆论引导效果。

各地政府、各主管部门的主要领导是"第一新闻发言人"，同时，我们各级新闻发言人也要发扬勇于担当的精神，冲在舆论工作的第一线，及时了解舆情，掌握处置工作进展，向主要负责同志及时提出发布建议，联络协调各方，专业化地开展新闻发布工作。

六、新闻发布要体现自信

新闻发布自信的背后是坚实的工作基础。新闻发布是桥梁和纽带，一端连接着党和政府的工作，一端连接着媒体和公众的关切。新闻发言人很重要的任务是及时搜集研判舆情，把媒体和公众的关切传递、报告给党和政府，推动并会同相关部门一起把工作做好；及时把相关工作情况向公众介绍、回应舆论关切，并监测舆论的反馈，对舆情进行评估，根据新的情况进一步改进工作、向公众发布。这是一个良性循环的过程，通过信息畅通密切党和政府与人民群众的联系，提高政府的领导和治理水平。

总之，新闻发布的效果要好，不仅靠新闻发言人讲得好，还要靠我们的工作做得好，发言人要将政府部门的决心、采取的措施、取得的成效及时告诉公众。如果工作做不到位，发言人口才再佳，发布效果也难以达到预期。

这些年来，中国的经济社会发展取得了长足进展，中国特色社会主义制度和国家治理体系彰显出强大的生命力和显著的优越性，今年以来的新冠肺炎疫情防控斗争实践再次证明了这种生命力和优越性。我们党除了人民利益之外没有自己的特殊利益，党的一切工作都是为了实现好、维护好、发展好最广大人民的根本利益。即使在工作中出现什么问题也是能通过发展的办法解决的前进中的问题。我们开展新闻发布工作应该有充分的自信和底气，能够坦诚开放地与媒体和公众沟通、积极回应关切，展现当代中国的自信与务实。

七、新闻发布要有专业能力支撑

新闻发布说难也不难，只要做好准备，新闻发言人上台、有交流的意愿即可；说容易也不容易，要发布得好，需要有专业能力作支撑。具体来说，是需要新闻发言人具备三方面的素质和能力。

一是政治思想素质。发言人代表党和政府与媒体和公众沟通，必须要有敏锐的政治思想意识和坚定的政治立场，认识到自己的工作不是为了赚取个人的政治资本、谋取部门利益，而是为了维护国家与人民的根本利益，自己说的每句话都可能关系到国家利益、人民利益、国家形象，要对自己的言论负责。要牢固树立"四个意识"，坚定"四个自信"，坚决做到"两个维护"，自觉在思想上、政治上、行动上同以习近平同志为核心的党中央保持高度一致。要始终坚持以人民为中心，结合民情民意发布信息，释民惑、解民忧、安民心。

二是部门或行业的业务能力。新闻发布首先要心中有底，对本地区本部门的日常工作、运作机制、政策法规、发展方向等十分熟悉，对自身专业领域的现状和未来深入洞悉，这样发布时才能胸有成竹、有理有据、权威可信。要有较高的政策水平和理论水平，可以高屋建瓴地准确理解本地区本部门的政策发展要点，有完备的知识结构和语言表达能力，不一味堆砌专业术语，而是尽量用深入浅出、通俗易懂的语言进行介绍和传播。

三是沟通传播的专业能力。要学习、培养良好的媒介素养，了解国内外媒体发展现状和媒体的基本运作模式，与媒体保持顺畅的沟通和较好的关系，尊重媒体的工作原则，积极为其提供采访便利，在帮助媒体完成报道任务的过程中传递自己的核心信息。要有综合协调能力，与相关工作部门建立沟通顺畅的关系，建立舆情、口径机制，为发布提供有力的支撑。要努力了解国内外形势，扩大知识面。锻炼、养成良好的表达能力，避免在发布中一直低头念稿，要与记者保持目光交流，以便媒体和公众能更好地感受和理解。

媒体不会苛求发言人能回答所有问题，很多时候只是需要真诚面对的态度。要学会积极化解压力，对记者的挑战性问题不视为刁难挑衅、不被激怒，而视为阐释相关政策和工作措施、通过沟通促进理解的机会。要有主动的现场掌握能力，始终围绕发布主题，刚柔相济、不卑不亢、把握主动。对发布会上超出预期的提问，处变不惊，通过过渡、转换等方式化解，介绍自己了解的情况。要坦诚沟通、换位思考，尽量站在媒体和公众的角度，正面回应问题，不绕圈子，减少官话套话，最大程度地满足公众的知情权。

这些年来，中宣部、国新办大力开展新闻发布培训，构建了覆盖省部级、司局级、处级单位的培训体系，各地区各部门每年也在本地区本系统内举办各种形式的培训班，大家要积极参加，不断提高自己的能力水平，适应党和国家事业发展对新闻发布提出的新要求，积极面对新媒体和新技术对新闻发布提出的新挑战，通过改革创新推进新闻发布高质量发展，更好服务党和国家的工作大局。

作者简介　　郭卫民，全国政协委员，全国政协十三届二次、三次、四次会议新闻发言人，中国公共关系协会会长，中宣部原部务会成员、国务院新闻办公室原副主任。1989 年至 1996 年在全国人大外委会工作。1996 年后到国务院新闻办工作，参与、负责中国政府新闻发布工作和中央各部门、各省（区、市）新闻发布制度建设，重大活动新闻宣传组织，境外媒体记者工作，对外文化交流，等等。曾参加香港和澳门政权交接仪式及回归的新闻宣传工作，任中方首席新闻联络官。曾任中共新疆维吾尔自治区委宣传部副部长。2006 年曾赴美国斯坦福大学学习公共政策与管理。在 2008 年北京奥运会期间担任奥运新闻发言人。曾任中共十九大新闻发言人。

增强民生领域新闻
发言的"底气"

人力资源和社会保障部副部长、原新闻发言人 李 忠

当今时代，新闻舆论工作在党和国家事业发展中的作用越来越重要，公众对新闻发布的期望值也越来越高。面对新媒体时代的"闪光灯"和"麦克风"，发言人走上发布台开好一场新闻发布会，要想"说得好"，就必须要有一种"底气"。而这种"底气"在不同类型的新闻发布会中来源又有所不同。作为政府部门的新闻发布，大体可以分为几种类型：一是消息发布，二是突发事件应对，三是公共政策解读。不同类型的新闻发布，其针对性、侧重点、议程设置、发布内容不尽相同，对发言人的要求也不完全一样。新闻发布工作要找准定位，才能更加有的放矢。作为一个舆论高度关注的民生部门，人力资源和社会保障部门的新闻发布，主要还是侧重于公共政策解读。通过深入学习领会习近平总书记关于新闻舆论工作的重要讲话精神，结合从事人力资源和社会保障新闻发布工作的体会，我认为，做好民生领域新闻发布工作的"底气"，主要来源于以下几个方面。

一、说得好首先是要工作做得好

做好民生领域的工作是做好新闻发布工作的基本前提。习近平总书记提出坚守底线、突出重点、完善制度、引导预期的民生工作总思路，既为我们做好民生工作提供了根本遵循，也为我们做好民生领域新闻舆论工作指明了方向。这就要求我们在研究和制定民生政策的过程中，要做到政策制定与舆论引导良性互动，一方面，要倾听民意，汇聚民智，使公共政策统筹兼顾各方面利益，更加具有可行性，让群众真正有获得感；另一方面，民生领域尤其要加强政策宣传，合理引导预期，最大限度赢得社会共识。民生领域的新闻发布，大多涉及"人"，与群众的切身利益密切相关。如果没有从群众利益出发制定出台实实在在的利民惠民政策，民生领域的新闻发布只能是无源之水、无本之木。

目前，我部建立了例行发布与专题发布相结合的新闻发布制度，在每个季度举行例行新闻发布会的基础上，根据需要随时举行专题新闻发布会。这些新闻发布会都有一个相同的出发点，就是针对媒体和广大群众关注的现实问题，加强政策解读，解疑释惑。作为新闻发言人，工作建立在"说"字之上，需要考虑的问题就是为什么要说，说什么，怎么说？对民生领域新闻发言人而言，要想说得好，让新闻发布取得更好的效果，最基本的前提是要工作做得好。部门出台的政策，解决了群众期待解决的实际问题，用成绩说话，用事实说话，新闻舆论引导才有可能取得好的效果。譬如，一段时期以来，机关事业单位退休人员和企业退休人员退休金双轨制问题备受关注，曾是我部来信来访的重点、舆论关注的焦点、代表委员建议提案的热点。前些年，面对媒体的相关问题，我们感觉是个很大的考验。近年来，按照党中央、国务院的决策部署，人力资源和社会保障部会同有关部门，坚持问题导向，推动实施养老保险制度改革，统一了机关事业单位和企业的养老保险制度，双轨制问题成为历史，相关的舆情热点逐渐平息。如果没有顺应时代要求、合乎民心民意的改革举措的扎实推进，很难想象能够做好民生领域的新闻舆论工作。

二、说得好就要政策业务精

这是做好民生领域新闻发布工作的关键。中央出台了《关于建立健全信息发布和政策解读机制的意见》，明确提出要在新闻发言人参加重要会议、阅读重要文件、掌握信息等方面创造条件，这是帮助新闻发言人深入了解本领域政策业务的重要手段，必将有力地促进各级新闻发言人制度建设。作为民生领域的新闻发言人，对此体会尤为深刻。民生领域的新闻发言人，直接面对媒体，解读公共政策，遇到的问题政策敏感性很强，回答稍有不慎就容易引发炒作、引起混乱，所以必须熟悉政策的前因后果、来龙去脉，这样才能胸有成竹，心中有数。如果对政策一知半解、吃得不透，一旦面对十分具体的政策问题，即使有再高超的新闻发布技巧，心理素质再过硬，也只能"哑然失语""无可奉告"，对媒体而言，自然是不解渴、不过瘾。

担任新闻发言人之前，我曾在医疗、工伤保险等业务司局工作过，直接参与相关政策的研究和制定，记者问到这些领域的问题时，自己会感觉"很轻松"，能够应对自如。但人力资源和社会保障部门的业务，涉及就业、社会保障、收入分配、劳动关系、人事人才等多个方面，也曾非常担心碰到自己不熟悉的"冷门"问题。成为新闻发言人后，我列席部党组会、部务会等重要会议，阅读重要文件，参与重大政策、改革举措的协调，参与综合性文稿的起草，大大增强了自己作为发言人的"底气"。我深切地体会到，要成为一名民生领域的合格新闻发言人，除了需要掌握一般的新闻发布技巧，增强个人能力素质之外，更重要的是要对本领域的政策业务有深入的了解，信息掌握充分。这样，发言人上了发布台，才能更加有信心，把握好发言分寸，掌握好尺度边界，明白"怎么说"；发布信息逻辑严密、表述准确无误，做到"说得对"；回应问题针对性强，让媒体解渴，做到"说得好"，也有利于维护和保障部门发言的权威。

三、说得好就要舆情判得准

准确研判舆情是做好民生领域新闻发布工作的基础。习近平总书记在党的新闻舆论工作座谈会上指出，领导干部增强同媒体打交道的能力，不是应付媒体，也不是利用各种公关技巧"忽悠"媒体，更不是对付和"摆平"媒体，而是懂得尊重媒体，尊重新闻传播规律，充分运用好新闻媒体这一平台。习近平总书记的重要讲话精神对于我们处理好与媒体的关系、搞好新闻发布工作，具有很强的政治性和指导性。知己知彼，方能百战不殆。民生领域新闻发布之前，新闻发言人首先需要了解，当前舆论最关注什么？记者最想了解什么？发布新闻后的舆论焦点可能是什么？这就需要对舆情做深入的分析研判，并对热点问题有针对性地准备答问口径，特别是对于一些群众高度关注的社会政策问题，要认真研判信息发布后的宣传效果和舆情态势，系统研究政策制定过程中的各个节点和环节，具体应该怎么开展信息发布，信息怎么对外释放，是一步到位还是循序渐进？这样才能有针对性地回应舆论关切，释放更多的信息，达到最好的新闻舆论效果，真正做到"从时度效着力，体现时度效要求"。

发言人尤其要重视与媒体的关系。新闻媒体掌握着传播资源，是信息流通的动力，也是舆论中最活跃的因素。记者朋友来参加新闻发布会，其根本的出发点还是获得信息，并不是想来刁难新闻发言人，我们要有这么一个基本认识。为此，一方面，新媒体环境下，公共政策的制定不可能闭门造车，对媒体要坦诚相待，他们想要了解的信息，能够公开的要及时公开，及时发声，不藏着掖着，做到有问必答，有求必应；另一方面，新媒体是分众化扁平化传播，传播效果较传统媒体更好，也为我们做好新闻舆论工作提供了机遇，要善于借助新媒体的传播优势，在新媒体格局中主动宣传好政策。新闻发言人作为舆论的引导者，还要提高对主动议题设置的认识，把货真价实、含金量高的新闻主动提供给媒体，让媒体有素材可写，有好"料"可报道，也让部门的声音得到更好地传播。

四、说得好还要有容错机制

建立必要的容错机制也是做好民生领域新闻发布工作的保障。领导干部主动做工作，说错一两句话是可以原谅的，但如果遇到问题哑然失语，不主动引导舆论，造成严重舆论危机，那才是不可原谅的。对于新闻发言人而言，说错了不可怕，可怕的是不说。面对新闻媒体，新闻发言人要勇于担当、敢于发声，组织上，特别是领导同志应该多为新闻发言人开展工作创造条件、提供保障，鼓励他们积极发声，宽容他们的失误。

我部党组高度重视新闻发布工作，每季度的例行新闻发布会背景材料和重点答问口径，都是部领导审核把关。对一些舆论高度关注的热点问题，都要召开专题会议，进行深入研究。对一些重大改革政策，对舆论关注的焦点，部党组都会做深入的分析和研究，把握好政策出台的时机、出台的形式，同步部署舆论引导工作。对新闻发布可能引发的舆论问题，部领导理解、宽容并敢于承担责任。对于新闻发言人来说，来源于组织的支持和鼓励，这才是最大的"底气"。在和一些新闻发言人交流的时候，也了解到，个别新闻发言人面对记者"不发声""躲记者"，有主观认识上的原因，但更主要的原因是，他们很少参与重大政策制定，对一些具体情况不熟悉。有的地方和部门出现热点问题和舆情事件，一味把新闻发言人推向前台，让他们独自面对媒体。对于新闻发言人而言，这就很被动了。他们对实际情况了解不够，心里没"底"，自然就不好说话，不敢表态，特别是怕说"错"话。有的新闻发言人因为说错一两句话，甚至背上了思想包袱。对此，组织上更需要给予爱护、帮助，主动为他们"站台""打气"，为新闻发言人成长创造好的环境。

作者简介 李忠，1969年2月出生，四川邻水人。先后于兰州大学、北京大学获法学学士、经济学硕士学位。长期从事社会保障和就业政策研究制定工作，多次参加中央有关文件起草。曾任人力资源和社会保障部新闻发言人。现任人力资源和社会保障部党组成员、副部长。

"无我""专业"强基础
"自信""精彩"求超越

——我担任新闻发言人的几点体会

国家统计局副局长、原新闻发言人　盛来运

　　从 2009 年 11 月的第一场发布会，到 2017 年 3 月最后一场发布会，我担任了 8 年国家统计局新闻发言人。这 8 年，是我国经济发展变动较为剧烈的时期，也是我国经济由高速增长转向中高速增长的过渡期，既见证了国际金融危机的巨大冲击，也见证了党的十八大以来在以习近平同志为核心的党中央坚强领导下，我国经济顶住外部冲击，克服"三期叠加"的压力，成功实现软着陆并向高质量发展迈进的壮阔历程。与此同时，这 8 年也是我国统计改革的推进期和统计信息公开透明启航期，经历了公众对统计工作从不理解、质疑到期望、支持的转变。8 年的发言人历程值得总结的很多，对我而言，最重要的就是努力做到八个字，即无我、专业、自信、精彩。

一、"无我"是态度

　　"无我"就是要忘记自我，不计较个人得失，始终把国家利益、人民利益和政府公信力挺在前面。作为政府新闻发言人，我们要牢记自己的职责和使命，我们代表所在政府部门发声、代表政府部门与公众沟通，是媒介、政府与公众的桥梁。社会公众从我们的发言中了解事情是什么、为什么，进而洞悉政府的态度和政策取向。特殊的职业性质决定了发言人不能掺杂个人好恶，只能全面客观地阐述事实。那么怎么才能做到"无我"？

（一）首先要讲政治

新闻发布是一项政治性极强的工作，新闻发言人是党的新闻舆论工作的践行者。习近平总书记强调，"党的新闻舆论工作是党的一项重要工作，是治国理政、定国安邦的大事"。作为政府新闻发言人，要时时刻刻把解读好党的意志、党的政策放在首位，不断提高政治敏锐性和辨别力。学习政策、理解政策、用自己的语言表述政策含义是发言人的基本功。

多年来，我养成了这样一个习惯，在每场新闻发布会前都会让综合司的新闻团队搜集近期中央及相关决策部门关于经济运行方面的政策措施，自己认真学习消化，认真学习领会中央领导同志重要讲话精神及相关新闻稿折射出的政策核心要义或取向，吃透中央精神。这样就能很好把握住正确的政治方向和舆论导向，也能比较准确地把握诸如"捧杀"或"棒杀"中国这类刁钻问题的回应口径基调。特别是在当前我国进入新时代，身处百年未有之大变局，机遇与风险并存，我们经常面临着如何看待中国经济发展、中国经济与世界经济的关系等提问。处在转型的新时期，各界的认识必然经历从模糊、争论到清晰、一致的过程。面对社会各界对我国经济发展新阶段的困惑和不适应，要始终与党中央关于经济工作的重大判断和重要部署保持一致，坚定阐明我国立场。

（二）其次要勇于担当

担当既是态度，更是一种责任。面对聚光灯下的"万人瞩目"或是记者的"围追堵截"，新闻发言人不能躲闪，不能推诿，更不能因爱惜羽毛而回避，否则丢掉的不仅是自己的面子，更失去了政府的里子，丢掉了政府的公信力。怕记者、怕问题不是胆小，其实是自我私心在作祟，担心自己说错了怎么办？说不好怎么办？这些个人"小九九"多了，就加重了思想负担，蒙蔽了智慧的双眼。其实问题很简单，抛弃这些虚荣，始终牢记自己的责任，作为发言人的任务就是客观准确稳妥地回答问题，问题回答清楚了，老百姓认可了，你的任务就完成了，面子也就找回来了。

记得在2012年一个季度新闻发布会上，一位记者曾问我，中国经济为什么会持续下滑？会不会出现硬着陆？受国际金融危机冲击和政府主动调控的影响，中国经济自2010年四季度开始连续6个季度下滑，这是以前没有出现过的情况。当时"中国经济崩溃论"等唱衰中国的言论甚嚣尘上，人们普遍习惯于中国经济高增长，不适应或不愿接受连续多个季度的调整。如果这个问题回答不好，可能会加剧市场悲观预期，影响市场信心。

面对记者的提问，我没有选择一般的解答，而是选择更大胆的应对。先是回答了常备口径，表明我国经济增速回落一方面是因为国外惹的祸，国际金融危机的影响还在深化蔓延；另一方面是国内主动调控的结果，因为从2010年下半年开始，宏观调控逆周期政策开始踩刹车，例如出台了房地产调控"国八条"政策。在回答这两点通用官方口径之后，我又增加了第三条，说明也是我国经济进入转型发展阶段后潜在增长率下降的结果。没想到第三条解释引起了记者广泛兴趣，成为发布会第二天各大媒体上的显著标题，并引起了中国经济潜在增长率是多少的大讨论。这件事让我印象深刻，当时之所以敢第一次突破口径去讲，心中并没有盘算个人得失，只是想替国家统计局担当，不是国家统计局把GDP算少了，而是现阶段经济增长现状确实如此。更是替政府担当，不是国家宏观调控政策不对头或效果不好，而是这个阶段不能靠刺激政策维持高增长了。事实证明，"无我"的担当会激发发言人巨大的潜能。

（三）要善于担当

发言人敢担当还不够，还要善于担当，不是逞一时之勇，而是既要把握好"度"，更要懂得取舍。我们都曾有这样的经历，记者提问很刁钻，怎样回答都难逃舆论风险。在这种情况下，合适的选择可能是两害相权取其轻，尽可能降低对核心利益的不良影响。

我经历的一次最大舆论风险是 2010 年 8 月发布会上关于住房空置率问题的解答。当年房价骤升，社会对房地产调控及住房空置率问题的讨论非常热烈。有记者问："之前统计局公布了一个待售面积，请问下一步会不会对全国的空置面积进行摸底？"真是一个难以解答的问题。国家统计局没有全国住房空置面积数据，我先告之国家统计局没有进行空置率调查，只有待售面积数据，可以近似反映空置情况，接着解释为什么没有这方面数据，主要是因为空置标准难以确定，房子多久不住算空置，对此国际上没有统一标准。其实我心里最想说的是因为被调查户不配合、不愿露富、不愿说真话，话到嘴边，我硬咽了回去。因为我突然意识到，如果我这样讲了，可以减轻统计局的压力，但无疑给炒作中国人不诚实留下口实，当时一些外国人对国人有看法，我不能冒全体中国人民被人轻视的风险。两害相权取其轻，我只好选择用技术标准来解释这个问题。果不其然，第二天遭到了媒体炮轰，《人民日报》甚至给统计局扣上了"不是难为也，而是不为也"的大帽子。有的媒体还列出了多个国家，甚至我国香港地区开展有空置房调查；有的媒体还给出了"查水表""数黑灯"等建议。虽然承受了不少的舆论压力，但我内心是敞亮的、轻松的，因为我没有逞口舌之快而损害中国人民的形象。

（四）不要好为人师

发言人容易走极端，要么不愿回答问题，要么讲起来滔滔不绝，这都会让受众产生不平等的感觉，正确的做法是与记者保持平等交流的关系。发言人与媒体是信息的供需两方，具有共同的目标。媒体代表社会公众进行提问，反映着社会诉求和关切；发言人代表政府进行解答，服务公众需求，保障公众权益。"唇枪舌剑""你来我往"不是为了谁压倒谁，谁问倒谁，而是通过观点交锋、问题深入沟通，达到准确全面传递信息的目的，实现记者提问得到满意答案、发言人观点得到准确有效传播的目的，达到获得信息、发布信息的双赢，其目标都是为了回应社会各界关切。

因此，发言人既不能对媒体带有对立的偏见，也不能惧怕媒体的尖锐提问，而是要以平等交流的态度回应媒体的每一个提问，甚至愿意接受挑战，让问题越辩越明。发言人既不是学生，也不是老师，不能让人贴上标签。

二、"专业"是基础

"专业"就是要求发言人会说，说到点子上，把复杂刁钻的问题说得明白，不说外行话。俗话说，"台上一分钟，台下十年功"，讲的就是这个道理。一名优秀的发言人，不仅要懂得新闻传播规律和发言技巧，更要懂得本部门本专业领域的核心知识，还要努力打造自己的专业团队。

（一）功夫在诗外

发言人是靠"说"来解答问题和展示自己的，但发言人绝不是靠耍嘴皮子，单纯靠技巧。技巧可以应付一时，但不能解决核心问题，尤其面对记者"刨根问底"的发问，技巧是不管用的，此时唯一能依仗的是发言人的专业知识和专业能力，媒体和公众希望告诉他们不知道与困惑的原因，解读数据背后的故事。

作为国家统计局的新闻发言人，不仅要知道数据是怎么来的，还要知道数据为何这样变化，知道相关数据之间的逻辑关系。例如，当媒体提问"这个季度经济增长速度为何回落"时，能够很客观地从生产、需求、政策或环境等多个方面的结构数据变化进行合理解释；当人们问及如何评价经济运行状态时，能够恰当地运用最新的增长、就业、通膨、国际收支等宏观经济运行指标给出准确的判断。对问题回答得是否专业，全看发言人的经济学理论功底和分析问题的能力。外行看热闹、内行看门道，专业人士很快能从回答中看出专业素养的高度，从回答中判断出经济数据的可信度，老百姓也能从解读数据为何与他的感觉不一致中体会到统计数据质量的高低或公信力的强弱。所以，优秀的发言人要不断学习，不断充实自己的专业素养，提高专业能力，努力使自己成为"部门通"和"专业通"。

（二）讲自己熟悉的

这是我的博士生导师陈锡文教授告诫我的一句话。他是我国著名的"三农"专家，也是一位经济学家，但他每次演讲都只围绕他熟悉的"三农"问题。"讲自己熟悉的"，这句话我一直铭记在心。

我们经常会被问及一些不熟悉的或跨领域的问题，千万不能为了面子，担心留下"被问倒"的印象而拼凑回答、勉强回答，更不能不懂装懂。这样会留下很大的隐患，要么其他部门有意见，认为是曲解了部门政策，要么公众不满意，认为数据有问题。其实发言人遇到不熟悉的领域是正常的，关键在于保持平和的心态。因此，在每场新闻发布会上，对于熟悉的问题，我都尽可能地运用经济学或统计学知识给出明确的解答，用数据说话。对于自己不熟悉的问题或拿不准的问题，要么坦诚相告，要么提示记者咨询相关部门，或者待我回去查实后相告。我认为这并不丢人，这既是发言人诚实的表现，也是对记者和公众的尊重。

（三）做到心中有数

就是眼观六路、耳听八方，发言人要随时随地注意搜集或留心最新舆论动态和社会关注的热点难点问题，将这些问题纳入"口径池"中备用。为了提高舆情预判的准确性，每场发布会前我都会征求一些媒体朋友的意见，了解他们关心的问题，这样可以保障平时准备的口径问题中最大程度覆盖发布会上可能被问到的问题。这样时间长了，对社会关注问题的预见性也增强了。

（四）努力打造专业团队

一个人的力量总是有限的，发言人不是单兵作战，发言人制度是一项机制，需要一个团队的支持运转。我当发言人8年，几乎没有大的失误并且历场发布会都能得到大家好评，这得益于我有一个专业团队。这个团队很优秀，由8—10人组成，他们是我的坚强后盾。他们主要负责发布会前的材料搜集、信息分析、资料准备，为我提供了全面准确的信息；负责发布会现场组织、新闻稿件发布、网络刊载等，确保发布会顺利举办；还负责发布会后的媒体传播、舆论搜集和舆情应对、发布效果评估等工作，有效提升扩大了发布会的效果。没有他们的奉献，就没有发言人的高光时刻，我要感谢这些幕后英雄！从他们身上，既看到专业人员、专业团队对于发言人和发布工作的重要性，也充分感受到新闻团队必须走向专业化、规范化、科学化，这样才能快速灵活适应时代发展的需要。

三、"自信"是保障

"自信"对于坐在发布台上的发言人来讲极为重要，不仅能充分发挥水平，而且会展示或传递出一种信心、一股正能量，吸引着记者、吸引着公众，让他们愿意相信你的言语、你的观点。那怎么样才能做到自信？我的体会是要努力做到"四气"。

（一）厚植"底气"

底气来源于多年积累的专业素养和专业知识，底气来源于发言人和专业团队对每场发布会从问题口径到流程的精心准备，底气还来自于对自己情绪和心态的良好把控。发布会前，调适心态非常重要，就像上战场的士兵，不能未开火先怯场。实际上，发言人一出场就置身于聚光灯下，从走向发言台开始到答问环节的结束，一颦一笑、一个手势都和发言的话语一样，在向记者或受众传递某种信息。面带微笑、从容自信的形象，容易让你把想说的话说出来，也容易让受众相信你所说的。

（二）展示"大气"

我们是大国发言人，就要有大国的样子、大国的风范。中国是世界第二大经济体，经济增量对世界经济增长的贡献全球第一，每一场有关中国问题的新闻发布会都有众多外国媒体参加，作为大国新闻发言人必须随时随地维护大国的国际形象。"大气"不是盛气凌人，不是傲气，而是心态开放，平等和坦诚地对待媒体，坦诚地回答问题。

除 2—3 个引导性问题外，我每场发布会的其他问题都是开放的，给每个参加发布会的媒体，无论境外媒体还是境内媒体都有公平提问的机会，媒体感受到公平的对待从而热情参与提问或互动。坦诚地回答问题就是不回避问题，不粉饰问题。由于国家文化背景不同、价值信仰不同，外媒可能对我国政府的工作乃至国情缺乏深度了解，有时会误解和质疑统计数据和我国发展道路。对此应辩证看待，既要坚持正确舆论导向，守好原则底线，也要坦诚地说出存在的问题和改进的方向。例如，在 2010 年的一场发布会上，一家外媒记者提问"如何看待土地和房地产市场中存在的泡沫现象？"这个提问会误导大家先入为主地认为房地产市场存在泡沫，我的底线是不挑起是否有泡沫的争议。我以房地产调控目标为主要突破口，通过多项指标阐述房价环比涨幅回落、房地产市场供应加大等事实，引导全面看待和客观评价房地产调控效果，同时也提示大家注意房地产调控方面应注意的问题。

（三）要有不惧挑战的"霸气"

发言台上，可能会面临各种各样的挑战，有的火药味十足，有的敏感难答，甚至有的设置了陷阱。无论遇到怎样的挑战，发言人都要保持良好的心态，不惧怕、不闪躲，拿出"兵来将挡，水来土掩"的从容，坚持积极引导、正面引导。避而不答、蒙混过关的做法既不明智也不能被接受，不作答相当于落入提问者设置的陷阱而承认其观点，在媒体和公众看来都是不称职的。面对挑战性的问题，不仅要勇于接受挑战，更要形成一种视挑战为机遇的心态，要有问题越辩越明的自信，提升化危为机的能力。事实也证明，一场充满挑战、有效应对挑战的发布会，往往是最为精彩、最被认可、最能有效传播的发布会。

例如，在 2015 年的一场发布会上，有外媒记者提问"是否存在 GDP 平减指数过低而夸大 GDP 的现象？"这个问题不仅是对我国统计数据质量和统计公信力的怀疑，也是对我国经济运行态势和政策效果的质疑。我以其质疑的根源即平减指数是否科学为突破口，详细分析有关国家和我国 GDP 核算方法，并对我国 GDP 核算流程的误解误用进行重点解疑，有针对性地介绍我国 GDP 核算的科学性，强调我国并不存在平减指数被低估、GDP 被高估的情况，GDP 数据客观实际反映了我国经济运行情况。借这个问题，我不仅澄清了外界对统计数据的质疑，而且促进了外媒对我国 GDP 核算制度和我国经济数据的认同，维护了国家统计的公信力。

（四）努力接"地气"

新闻发言来源于生活，也服务于生活，"地气"滋养了新闻发布的内容，也涵养了新闻发言人从容自信的气质。接地气是双向的，一方面要通过多形式的新闻发布向社会传播有用的数据或信息，为社会各界做好信息服务；另一方面要及时接受社会舆论反馈的信息，从中捕捉敏感的话题、人们讨论的焦点以及正反两方面意见，不断改进我们的工作，还要从公众反馈中学习和掌握一些生动活泼的语言。

在这方面，国家统计局新闻团队的同事们努力创新，做了大量积极有效的工作。例如，积极拓展发布内容，在常规发布的基础上，增加发布调查失业率和新经济指数等数据。持续拓宽发布渠道，充分利用现代化信息手段，形成了官方网站、数据发布库、新闻发布会、两微一端、统计出版物等多渠道发布体系。不断深化数据解读，恢复月度数据发布会，尝试在发布数据的同时开展专家解读，逐步形成常规数据发布与同步解读相配套的格局。

我们还打开统计大门，创立"中国统计开放日"品牌，将每年9月20日定为我国统计开放日，以"请进来""走出去"等方式举办各种形式的开放活动，统计开放日已连续举办11年，成为拉近统计与公众的距离、提升统计公信力的重要窗口，也是各部门中坚持最好的开放活动。我们坚持积极主动，及时回应社会关切，不断完善舆情应对工作机制，健全舆情监测、上报、处理和跟踪的完整工作流程，提高舆情应对实效。这些接地气的统计新闻宣传工作极大丰富了统计服务的内容和厚度，也有力支持了新闻发言人的成长，帮助发言人搭台，化解对发言人的误解，拓展发言人的空间，为发言人提供养料，使我和国家统计局新闻发言人制度一起成长。

四、"精彩"是追求

努力使每场新闻发布会精彩，一直是我当新闻发言人时追求的目标，虽然没有完全做到，但总体是满意的。每场发布会后我都会收到记者朋友们一些赞扬的短信，当然我理解成是对我的支持和鼓励。有几点体会愿和大家分享。

（一）不能照本宣科

新闻发言人不是播音员，也不是演讲者，不能照本宣科，不能照口径背，否则会脱离现场、脱离观众，给人以"假""大""空"的印象，也给现场记者不平等交流的感觉，达不到有效传播、有效沟通之目的。优秀的新闻发言人是在口径框架内用自己的语言来阐述解答和交流问题，对于没有准备的问题，也能从容不迫、准确地表述政府立场、给予专业解答，这是追求精彩和超越所必备的素养。当然，这样做不容易，需要付出艰辛的努力，除了平时注重加强专业知识的积累外，还要在发布会前精心准备，把新闻团队准备的口径消化掉，转化成自己的语言体系。

一般来讲，国家统计局月度发布会留给发言人准备的时间只有2—3天时间，在有限时间内背下所有新生产的数据、消化主要问题口径的压力不小。通常我会在完成上报党中央、国务院月度分析报告后至发布会前"闭关"2天，这段时间同事们都不会来打搅我，并且主动分担工作。功夫不负有心人，从第一场发布会到最后一场发布会，我基本上做到了在交流环节脱稿应答，用大量数据解答问题。有的记者朋友惊奇我为何记得那么多数据，能够信手拈来，岂不知这是日积月累的结果。时间长了，我发现数据有关联、有规律，记忆也变得不那么难了。我将这条经验传给后来的新闻发言人，要求他们提前把主要数据和观点背下来，除了发布新闻稿信息外，答问环节不念稿，这也是对记者和受众的尊重。与此同时，我还在司里开展"百数记忆大赛"支部学习活动，要求青年同志提高基本功。这项活动很受欢迎，很快在全局推广，并被中央和国家机关工委作为支部建设品牌活动进行推荐。

（二）力求"话"龙点睛

新闻发言人的表达方式或者说"武器"就是语言，语言能否让人记得住，体现了发言人的水平。发言要言之有物，不能言虚打太极，也不能追求辞藻华丽，而是要有理有据、一语中的，这样才能让人记住，才能被广泛传播。所以，打造易于传播的金句很重要。

经济形势或对形势总体判断是经常被问到的问题。每场发布会前，我都会认真思考，在"闭关"时反复推敲。有时借用经济形势分析报告的提法，考虑内外有别，进行提炼转化；有时与新闻团队的同事们一起讨论完善；有时受到与媒体朋友的交流启发，在这方面中央电视台的张勤、岳群等资深媒体人给了我不少鼓励和帮助。

回顾 8 年的发言人生涯，有不少金句出自我口或经过我口第一次说出。例如，2012 年讲"缓中趋稳、整体稳健"，2013 年讲"开局平稳、稳中有进"，2014 年讲"经济增速稳中略缓，但仍在合理区间"，2015 年讲"缓中趋稳、稳中向好"，2016 年讲"稳、进、新、好、难""形有波动、势仍向好""稳中有进、稳中提质、好于预期"。这些易记忆、好传播的观点，受到媒体欢迎，得到"解渴""过瘾"的回应，媒体拿来就可以用，成为众多媒体新闻报道的标题，达到了有效传播的目的。

（三）每一次都是第一次

新闻发言人是高危职业，常在河边走，哪有不湿鞋。这些忠告时常在我耳边回响。值得庆幸的是我当新闻发言人 8 年，参加的发布会和通气会近 80 场，没有出现大的纰漏，这要归功于同事们的帮助。当然自己也非常重视，从不因为自己是老发言人就懈怠。"战战兢兢，如履薄冰"是自己对待发布工作的态度，并且要求自己把每一次发布会都当作第一次来准备。每场发布会后，我都会总结一次，力争在下次发布会有新的改进。细节决定成败，精益求精决定精彩，以工匠精神对待发布会的每一个细节问题，不因反复而厌倦，不因熟悉而守旧，不断突破自我，积累新经验，收获新成绩，让"每一次"的新闻发布都精彩呈现，让每一个"下一次"值得期待。

（四）创新无止境

"创新是民族进步的灵魂，是一个国家兴旺发达的不竭源泉，也是中华民族最深沉的民族禀赋。"在全国宣传思想工作会议上，习近平总书记强调"明者因时而变，知者随事而制"。作为一名政府部门的新闻发言人，必须时刻观"时"察"事"，在工作中不断创新，这既是对习近平总书记讲话精神的贯彻落实，也是对社会形势的切实回应。随着时代变迁和社会发展，统计新闻宣传工作面临社会需求量质齐升、多样化个性化趋向明显，统计宣传和服务方式、手段、渠道需要与时俱进的新形势。面对新的环境和要求，必须坚持创新无止境的理念，紧密结合时代发展、群众的统计需要和传播形势变革，加快宣传阵地、传播品牌、联动机制建设，推动新闻宣传工作的改革创新，迈上新台阶。

国家统计局认真学习贯彻落实习近平总书记关于宣传思想工作的重要论述，认真落实意识形态工作责任制，锐意改革创新，积极建构"大宣传"格局。近年来，国家统计局先后建立了官方微博、微信，入驻新媒体平台政务号，开通抖音号。通过不断壮大灵活、多样、亲和、互动的统计传播平台，借助便捷、形象、有趣、互动的新技术手段，运用"准、快、新、萌"的新型宣传方法，制作有思想、有温度、有故事、有品质的宣传产品，为社会提供满足需求、适销对路、便捷使用、价值量大的精品服务。

新闻发布会是一个时间和空间有限的舞台，但信息传播的维度是无限的，服务发展、服务人民是无终点的。新闻发言人要牢记使命、勇于担当、精益求精、创新前行，切实当好政府公开透明的践行者，当好党和国家事业的推动者，努力为党和国家、人民交出一份满意的执政答卷。这样想这样做，才有可能超越自我，实现精彩！

综上所述，自己8年来的新闻发言人生涯有收获，也有遗憾。虽然我一直以"无我""专业""自信""精彩"为自己的工作座右铭，不懈努力，但距离这4个词的境界和要求还有距离。因此，我把自己的遗憾和体会写出来，赠予后起之秀，就是希望他们超越我们，他们也一定会比我们干得更好！

作者简介 盛来运，1965年10月生，河南商城人。先后毕业于华中农业大学、中国社会科学院研究生院和中国人民大学，分别获得农学学士、经济学硕士和管理学博士学位。现任国家统计局党组成员、副局长，曾任国家统计局总经济师和新闻发言人。长期从事经济统计调查和宏观经济分析研究工作，多次参加中央有关文件起草，主持或作为主要研究人员参与多项国家级或省部级课题的研究，在全国一类刊物上发表论文一百多篇，多次获奖。主要研究领域有宏观经济、农村发展、收入增长和劳动力迁移。

中国—中东欧国家新闻发言人对话会
CHINA-CEEC SPOKESPERSONS DIALOGUE

争夺关注争取认同：
弱传播的检察探索

最高人民检察院办公厅（新闻办公室）原主任、
新闻发言人 王松苗

"老百姓都说公安是抓人的，法院是判案的，你们检察院是干什么的呀？"一位人大代表问完还特意叮嘱我，"别说得太专业哦，通俗点哈"。

"如果只用两个字来概括的话，可以说是'盯错'——不容严重罪错，督促依法纠错，防止诉讼出错"。

"那为什么有人说'公安是做饭的，检察是端饭的，法院是吃饭的'呢？"

"我倒觉得检察院更像是'卖饭'的，不仅要对前端的饭菜质量把关，还要对后端的饭菜营销负责。"

"听你这么一说，我好像有点'感觉'了。"

的确，检察专业本身的不通俗、不大众，意味着检察新闻要在舆论场上争夺关注通常是步履蹒跚。在很多人眼里，检察院作为刑事诉讼的中间环节，始终是"藏在深闺人未识"；而检察机关开展的法律监督工作，又常常"两头不落好"："检察工作的业绩往往就是别人的劣迹，揭别人的短往往就是亮自己的丑。"

然而，越是小众的，越要用最浅显的文字与普罗大众建立"弱链接"；越是注意力稀缺的时代，越要按照传播规律争取关注和认同。自 2016 年 2 月担任最高人民检察院办公厅（新闻办公室）主任，同时兼任新闻发言人以来，我就和同事们一起努力打通专业和坊间两个舆论场，恳请媒体朋友不时@检察机关，对法律监督工作按下在乎的"确认键"。

连续五年走进两会直播间

2016 年 3 月 13 日上午，十二届全国人大四次会议举行第三次全体会议，审议"两高"报告。当天，应中央电视台两会特别节目组邀请，我走进新闻直播间，向观众现场解读最高人民检察院工作报告。这是最高检工作报告起草人首次登上荧屏进行解读直播。

其实，答应央视后，望着手头成堆的工作，刚刚履新半个月的我有一丝后悔：现场直播，问和答都有一定的随机性，说砸了怎么办？何况当年的报告起草，我初来乍到，前期并未深度参与。尽管如此，"无知者无畏"，连续多日，我像学生备考一样，准备了一叠小卡片，每天插空恶补业务、琢磨要点、打磨文案，力求大的方面了然于胸，现场不"卡壳"。另一方面，也要兼顾报告起草人和新闻发言人的双重身份，按照"检察工作为本，检察文化为要，新闻宣传为效"的理念，用浅近、得体的语言将工作特点、报告亮点，向观众讲清楚说明白，确保"适销对路"。

在事实信息与观点信息之间穿梭

不到半小时的节目，怎样让观众在两会的信息轰炸中对检察投下珍贵的一瞥？团队敲定了解读"法则"：紧扣热点讲故事，紧扣案例讲理念；事实信息讲准确，观点信息讲独到。

"贪官外逃，虽远必诛。一年来，我们追捕劝返外逃职务犯罪嫌疑人 124 人。李华波案是开展国际追逃追赃专项行动中，运用违法所得没收程序追缴境外赃款的第一案。"采用这样"标题句＋

事实（数据）+个案"的表达方式，尽可能简洁明快地"抓住"观众。

2016 年，最高检抗诉的陈满案、马乐案均获改判。陈满案是最高检首次对原判有罪的刑事申诉案件直接提出无罪抗诉；马乐案因原判量刑过轻，三级检察机关接续抗诉、最高检首次直接派员出庭，最高法直接开庭审理。访谈时，我把这两个案件放到一起对比解读："检察机关抗诉既要抗'有'也要抗'无'，既要抗'轻'也要抗'重'。目的只有一个，就是和人民法院一起，共同维护司法公正，不让正义姗姗来迟。"

初试结束，走出电视台大门，打开手机，"接地气、有文气"，同行、朋友的安慰，让我的虚荣心得到了小小满足，其实，"也有点小紧张"。后来，随着"经验值"的不断积累，"战斗力"逐渐提升，得到编导"收视率一下子就上去了"的"忽悠"。

从 2016 年到 2020 年，我连续五年走进央视、连续四年走进凤凰卫视与吴小莉等"名嘴"进行现场访谈，不时去央广、新华网与"听友"和"网友"们互动。有两年，为了让相关平台的受众都能第一时间感受到检察脉动，我和同事们反复设计交通路线，连续"赶场"。

把有意义的事说得有意思

年年文相似，岁岁意不同。如何突破视听疲劳？为此，我努力锤炼个性化的表达风格：文件语言口语化，抽象概念形象化，专业道理通俗化，力争把有意义的事说得有意思。

"也许只有金庸小说中的武林高手，才能完成一个教科书式的正当防卫"，2019 年的两会访谈中，我引用网友的调侃鼓励大家对正在进行的不法侵害"该出手时就出手"，因为法律会让正当防卫

"挺直腰杆"！在谈到未成年人检察工作时，我引用诗句"慈母倚门情，游子行路苦"，用"我也是一名父亲"谈校园欺凌，与观众共情，与同行共鸣。

2020年，最高检报告首次对1999年至2019年刑事犯罪趋势进行了纵深分析。为什么要这样写？我解读了最高检决策层的战略考量：办案数据是司法进步的记录仪，也是司法政策的风向标。从司法数据看社会治安，思考法治策略，倒逼我们反思如何更好履行客观公正义务，维护公平正义——检察官不仅要做犯罪的追诉者，也要做无辜的保护者，更要做法治理念的引领者。

"做得好未必说得好，说得好必须做得好。"案件信息始终是媒体关注的兴奋点。5年的报告解读，我和观众朋友一起见证了中国法治建设的进程。2016年，徐玉玉案的办理，打击电信网络诈骗犯罪赢来新拐点；2017年，于欢案改判，让我们一起感受到"公开是最好的法治课"；2018年，"昆山反杀案"的曝光，让"法不能向不法让步"的理念深入人心；2020年，新冠肺炎疫情暴发，最高检连发10批典型案例引导司法办案，传递了清晰的法治信号：中国司法更趋理性。

每次现场直播都是压力测试

新闻发言人的一言一行都是信息。有人说，信息的全部表达=7%语言+38%声音+55%肢体语言。对此我深有体悟。刚开始参加直播时，因为业务数据较多，我常常要在看卡片和看镜头之间不停切换。低头看卡片多了，和镜头的"眼神交流"就少了。后来，除了一些较长的数据外，我努力"记住大数"，尽量不依赖卡片和笔记，并不断提醒自己看镜头，把镜头当熟人。回答问题时，适度增加手势，提高和主持人"对视、对话"的自然感和流畅度，逐渐赢得了主持人"镜头感好"的鼓励。当然，一些肢体语言必须有赖于日常生活的训练养成，形成肌肉记忆。比如，如何把握语流、语速、语气与语体之间的张力，减少口音带来的发音错误，乃至坐直身子，控制表情，等等。

每次现场直播都是压力测试，需要不断强化现场统驭感，坚持"理直气和"与"理直气壮"相统一。2016 年央视《新闻直播间》访谈快结束时，主持人崔志刚抛出一个问题：为什么每年检察官、法官队伍里都有不少人违法违纪？我略加思索表示：亮丑需要勇气，亮剑需要智慧……公开这些数字，就是亮明我们知耻而后勇的态度和"不信春风唤不回"的决心！ 2018 年凤凰卫视《华闻大直播》访谈中，记者陈琳问：为何检察机关批捕人数下降，起诉的人数反而上升了？从办案角度扼要解释之后，我特意补充："一降一升"的背后，蕴藏着"打击犯罪与保护人权并重"的努力。为了百姓的"岁月静好"，检察机关始终在法治轨道上"刚柔并举、宽严相济"。

直播辛苦事，得失寸心知。连续五年，最高检工作报告赞成率屡创新高，作为这段历史的见证者、参与者，我们与全国检察同仁一样与有荣焉：代表的认可就是最高的奖赏。

内容为王渠道取胜，提升检察群像传播力

业务传播难，职业传播特别是群像传播更是难上加难。"四全"媒体时代，检察工作要"飞入寻常百姓家"，一要重视内容，二要搭好平台。

渠道取胜，以两个"全覆盖"为起点

最高检在中央国家机关中较早设立新闻发言人，1988 年举行首场新闻发布会，2014 年成立新闻办公室，并开通官方微博。但发展并不一帆风顺，一些基层检察机关的新闻宣传工作没人干、没人知道怎么干。

根据最高检党组要求，我接手新闻办以后的第一项重任就是全力推动检察新闻平台建设。经过各方齐心协力，2016 年底，全国 3662 个检察院 4473 名新闻发言人选任到位，名单和办公电话向社会公开，检察机关新闻发言人实现全覆盖。同时全国检察机关实现"两微一端"（官方微博、微信、客户端）全覆盖，率先在政法系统建成四级新媒体矩阵。目前全国检察机关有 12000 余个新媒体账号，发布信息超过 2100 万条，总粉丝数 9500 余万，涌现出一批品牌栏目。最高检"走近一线检察官"微博直播活动坚持三年，截至 2020 年 9 月中旬，总阅读量为 7.8 亿，讨论数 95.9 万。最高检新媒体几乎囊括了各个平台最具分量的奖项，多次进入"移动政务影响力十佳"榜单，近年又陆续入驻学习强国、知乎、抖音等多个新平台。

两个"全覆盖"只是渠道，内容制胜才是王道。如何靠作品"引关圈粉"？这就要根据新闻传播规律和检察工作规律，加强议题设置，不断制造"看点"。为此，我们多次与各路媒体一起召开新闻策划会，请最高检主要领导与媒介大咖一起敲黑板划重点，不断推出接天线、接地气、沾泥土、带露珠的新闻作品。从细节和故事入手，努力做好检察群像传播。"不以检察做主语"，让专业新闻更加贴近大众思维；"不以表扬为基调"，让行业新闻更有吸引力和感染力。

新媒体平台要建，更要管。针对早期一些检察公众号为了赚取点击率，发布猎奇文章和"心灵鸡汤"问题，我们及时预警：公众号姓"公"，检察有"格"，必须名副其实，讲格调、有品位。部分基层院维护官方网站有困难，我们提出：可以在市级院或政府官网上开设网页，但不得滥竽充数，出现"僵尸网站""空壳账号"。为此，我们定期通报，要求各地以不合格作品为镜鉴，努力提升检察媒体矩阵的发布质效。

"破层出圈"，在两会赛场上扩大"检察音量"

传播好不好，两会见分晓。我们举系统之力，加强与重点商业网站、知名新媒体在内容、技术、推广等领域的合作，改造群像传播的方式，努力在两会的舆论场中增加"检察体量"、扩大"检察音量"，引领社会舆论。

近年来，最高检新媒体联手微博、今日头条、抖音等平台，运用图解、H5、图文直播解读报告，开设"两会看检察"等话题，带动全国检察媒体矩阵推广转发，传播量实现级数增长。仅2020年就产生8个阅读量破亿话题，总阅读量超过20亿；14个作品阅读量超过10万。2019年，由腾讯公司制作的最高检工作报告首页二维码新媒体作品，在微信腾讯新闻插件中推送后，阅读量超过2000万，曝光量超过1.4亿。2020年，"学习强国"平台在推荐页面发布最高检工作报告，阅读量超过700万。

同时，我们更加重视以可视化方式创新表达，推动原创检察视频作品"破层出圈"。2019年张军检察长的报告金句"法不能向不法让步"，成为抖音爆款，播放量超过1500万。"'达康书记'看报告"视频，在北京公交、地铁循环播放。2020年"王俊凯探访最高检"vlog长时间居于微博热搜榜前列，话题阅读量超过5亿。

厦门大学法律传播班的老师同学们对此进行专题研究："最高检不断创新传播内容、传播渠道、传播模式""更多用户思维，不再只是自己的'独唱'"。

保持开放心态，发布会开到国新办

提高检察"曝光率"和"发声量"，新闻发布既要常态化，又要有创新，拓宽平台，以更加开放自信的姿态与公众"确认眼神"。

2019年1月起，最高检张军检察长、童建明副检察长等多位领导首次出席国新办新闻发布会，发布"最高检内设机构改革""生态环境检察"等重大信息。最高检领导首次亮相全国两会"部长通道"答记者问，获中外媒体广泛好评。四位大检察官首次亮相中央电视台《法治中国说》，以电视演说方式"说检察"。组织检察英模首次参加国新办举办的中外媒体见面会，首次在国新办举行两会专题新闻发布会。张军检察长在新加坡访问期间发表演讲，精彩回答外国大学生尖锐问题，在国际交流平台清晰响亮地发出中国检察声音。2018年世界互联网大会举办期间，最高检首次开设分论坛，利用国际盛会的全球影响力，介绍大数据时代个人信息保护的"中国方案"。

为推动检察信息发布常态化、规范化，不断提升检务透明度，我们出台《最高人民检察院新闻发布会实施办法》等4项制度，要求各省级检察院每季度、分州市院每半年、有条件的基层检察院每年一次召开例行新闻发布会，不定期举行专题新闻发布会。2016年至2020年9月，最高检累计举行60场新闻发布会，不定期发布指导性案例，还请兄弟单位一起联合发布重磅新闻。

截至2020年9月中旬，最高检官网网上发布厅先后发布"最高检挂牌督办非法经营疫苗系列案"等重要信息544条，发布重大敏感案件信息 2594 条。2019 年起，网上发布厅首次按季度对外公布全国检察业务数据，分析案件变化，为进一步推动社会治理贡献了难得的观察窗口。

扬正控负，舆情应对不护短

面对居高不下的涉检舆情，我们不回避、不推诿、不护短，不怕打湿羽毛，直面问题、及时发声，扬正控负，最大限度争取公众的理解认同。"把真实的情况告知人，以正确的舆论引导人。"

应对方式："自上而下"与"自下而上"

2017 年 3 月 23 日，《南方周末》刊发《刺死辱母者》报道，认为法院判于欢无期徒刑过重。3 月 26 日中午，央视新闻报道称，最高检已派员赴山东阅卷，并就"于欢行为属于正当防卫、防卫过当还是故意伤害"等进行审查。最高检官方微博、微信同时发布消息，微信文章短时间内阅读量达到 136 万余次。随后，山东省检察院在该院官网及"两微一端"发布了相关调查审查工作情况，全国检察新媒体矩阵同时转发，信息快速传播。后来最高检、山东省检察院又及时发布对涉案民警不予立案决定、公诉厅答记者问、于欢被改判有期徒刑五年等消息。办案过程、处理结果同步公开，司法媒介素养获得舆论认可。

如果说，这种自上而下分级发布的形式有利于强化舆情信息传播的权威度，那么自下而上接力应对，则有利于层层递进呈现事件概貌，确保处置上进退有据。

2018 年 8 月，江苏昆山市公安局就网络关注的"反杀案"发布撤案通报。随后江苏三级检察院分层发布通报，认定公安处理于法有据，并进行权威解读，释法说理。"法不能向不法让步"家喻户晓。

2018年，《我不是药神》成为现象级爆款电影，影片悲剧结局引发舆论"法不容情"激辩，原型"陆勇案"成为焦点。湖南省检察院敏锐出击，公开《对陆勇不起诉决定书》和相关释法说理书，还原"现实比电影更温暖"的案件办理过程，不仅对冲了负面舆情，更巧妙利用 IP 热点成功圈粉，被媒体评价为"政务新媒体新的打开方式"。

应对时机：第一时间反应不等于第一时间回应

新媒体信息裂变式传播的特点，使得重大敏感舆情发酵热炒周期大大缩短。面对汹涌而至的舆情，如何让正义经得起围观？在恪守"黄金法则"，抢占第一落点的同时，也要保持理性，注重时、度、效的统一。

2016年2月29日，我到办公厅（新闻办）上班的第二天，河南南阳市发生退休检察官马某驾车冲撞学生致一死十伤的恶性事件。全国两会召开在即，社会舆论一片哗然，检察形象受到极大伤害。当晚，我们和地方检察机关一道研定了回应时机"不过夜"，各级院分层发声的策略，明确表态检察机关支持有关部门依法办案。官方信息发出后，媒体迅速以"河南省检察院深夜表态：绝不姑息！"为题纷纷转载。检察机关绝不护短的态度赢得网友认可。第二天一早，负面舆论迅速降温。中国青年报社社长张坤著文认为，检察机关旗帜鲜明的态度，来自于依法从严治检"不护短"的文化，来自对直面问题、公开透明的自信。

第一时间反应不等于第一时间回应。2018年9月19日，河南省鲁山县检察院官微发布了当地某强奸案犯罪嫌疑人家长向办案检察官赠送锦旗的消息。因该案的被害人是未成年人，文章声称双方"冰释前嫌""达成和解"等，引发网民批评。

要不要迅速回应，坦承问题，亮明态度？最高检领导慎重考虑认为，案涉未成年人，不论回应的内容是什么，都会再次引起舆论关注，从而对被害人造成"二次伤害"。与保护未成年人比较，检察工作哪怕承受再多误解与批评都微不足道。

提升应对软实力：让正义看得清

正义不仅要看得见，还要看得清。看得清往往需要通过镜头、文字来呈现。回应舆情，必须字斟句酌，练好基本功。

以南阳"深夜表态"回应稿为例。初拟稿说，"检察机关坚决支持公安机关依法办案，严惩危害社会公共安全犯罪"。我们研究后，把"依法办案"改为"严肃处理"——意在亮明面对丑闻的严正态度，决不能遮遮掩掩、不痛不痒！同时把"危害社会公共安全犯罪"，改为"严重刑事犯罪"，这是考虑到事件刚刚发生，不宜过早定性。对"吸取教训，从严管理队伍，坚决防止各类违法违纪行为发生"的表述，我们评估认为这种"坚决防止"背后的乐观预判十分轻率，容易被打脸。丑闻面前，必须知耻后勇："全省检察机关要深刻吸取教训，举一反三，对各种违法犯罪行为零容忍，发现一起、查处一起，绝不姑息。"如此掷地有声，就是要真诚接受社会监督：检察机关是不是零容忍，请各界拭目以待！

2020年6月，一则"收受贿赂不办事，正说明司法工作人员保证了道德底线"的"检察官雷语"舆情引爆网络。事后复盘时，有人解释，公诉人没把"法院人员退钱"这个关键情节表达完整，被舆论炒作了。问题是，即便当庭完整表述了这个情节，就一定能说"司法工作人员保证了道德底线"吗？人们有理由继续追问：法官是在什么情形下退的钱？退钱的原因是不想办，还是没办成？这种情形到底是"道德底线"还是法纪防线？没有思维的缜密，就很难有语词的严谨。

"世界上大多数纠纷都是由语言引起的"，多数自酿舆情莫不如此。不对文字死缠烂打，提升新闻执政力不过纸上谈兵。

一定要有提供观点的能力

人人都有麦克风的时代，信息不是稀缺资源，有时候连思想也不是，只有思想的影响力才物以稀为贵。新闻发言人要想避免浅层次重复、低水平徘徊，就必须努力在思想深度上下功夫，引领公众读懂信息中暗示的方向。

新闻发言人不能当"花瓶"

构建良性公共关系，新闻发言人必须时刻铭记，"服务媒体就是服务我们自己"。

新闻发布会上，新闻发言人既要发挥穿针引线的主持功能，还要起到帮助记者理解专业术语和疑点难点问题的翻译官作用，有时候面对紧急情况，还需要新闻发言人挺身而出"救场""补台"。因此，每场发布会前，我都认真研究发布内容，从确定一个通俗易懂的新闻发布主题开始，到发布时间、发布形式、主持文案、细节设计等，不厌其烦地与相关部门沟通，努力想公众所想，急媒体所急。

在"未成年人检察工作 30 年"新闻发布会上，我用 6 个"一"

概括未检工作意义；在"12309"检察服务中心实体大厅启用新闻发布会上，我用"只进一个门，就能办成事"解释"12309"检察服务中心的窗口功能；在修订《人民检察院刑事诉讼规则》新闻发布会上，我从证人如何受保护切入，将《规则》形容为"检察人员司法办案遵循的'一本通'"和"公民权利的'护身符'"；在"三个规定"落实发布会上，我现场展示《过问或干预、插手办案的重大事项填报表》，让各界对记录事项一目了然，"过问也是关心，干预必须记录"，决不让"零报告架空了好规定"。

千方百计提炼标题句

"信息接收能力决定你的竞争力，思想形成能力决定你的成功率。"这些年，无论是新闻发布还是稿件把关，我始终注意运用评论思维，提炼"五年改革看头年""浅河要当深河渡"这样的标题句，穿针引线，在事实和意见之间平滑过渡。

提炼标题句，角度是关键。我经常提醒自己用好"第一思维否定法"，对涌入脑海的第一个想法、判断，进行条件反射式的武断否定，逼着自己跳出"套路"。2018年5月，最高检决定将检察机关监督监狱工作的方式由派驻改为巡回。为什么？——"大家都知道熟能生巧，但也要警惕'熟能生懒'，防止'熟能生腐'。俗话说，'滚动的石头不长青苔'，实行巡回检察试点，目的就是为了防止权力长青苔。"我在新闻发布会上的这段话，很快被广泛传播和二次利用。半年后，《中国纪检监察报》还以此为由头发表评论《"熟能生腐"当警惕》。

检察机关在认罪认罚从宽制度适用中履行的是主导责任吗？发布会上，我告诉记者朋友，"检察官自我加压，不是为了刷'存在感'，而是为了增强群众的法治'获得感'"；有人说"群众来信

7 日内回复"事儿不大，是单纯的业务工作。我解释，"都说信访工作是'天下第一难'，如果各部门对群众来信都能件件回复并认真办理，上访人的怨气小了，社会戾气少了，'天下第一难'不就迎刃而解了吗？"

所有的成功都离不开传播，所有的传播都离不开思想。我把新闻发言人的优秀表达分为 5 个层次：原创力——独创性永远是最高的追求；思想性——即便无原创，也能总结提炼得高明一些；信息点——尽可能多地披露信息；视角差——用不同寻常的视角进行表达；简洁度——"一言明数事"，通过讲大白话来拆除视听的障碍。

新闻发言人"惹事多在评论上"

如前所述，新闻发言人传递的信息既包括事实信息，也包括观点信息。回顾近年相关案例不难发现，纯粹因为事实发布而引发争议的并不多，一旦失误也容易通过"再发布"等进行更正修补。相比之下，在传递观点信息上特别是原因分析环节"栽跟头"的则屡见不鲜：动辄夹叙夹议，夹杂个人私见，让人雾里看花，觉得事实不可信；轻率评论无视公众感受，贸然推论无视事实真相，让人觉得观点不可取；意气用事爆出"雷人雷语"，让人觉得言行不可亲。一旦评论失当，不仅修复不易，还直接损害权威度和公信力。

事实是客观的，它的生命是真实；意见是主观的，它的生命是真理。一个有经验的新闻发言人，要有事实与意见相分离的意识，在传播事实和表达意见时要有明显的区隔。对待评论要务求公正，决不轻率推论，对夹叙夹议保持高度警惕。多数情况下，新闻发言人主要对事实的真伪负责任，必须尊重媒体和公众的判断力，不让新闻发布演变成一个按照需要"裁剪"事实的过程。

观点打动人，论证说服人。新闻发言人要善于运用、组织论据去说明和证实论点，使论点、论据和论证三个要素之间形成严密的逻辑关联，让人感觉言之有理，心悦诚服。论点体现的是"思想含量"，是新闻发言人的判断力；论证体现的是"技术含量"，是新闻发言人的表达力：不仅要言之有物、言之有理，而且要言之有序，表达的观点要有可信的事实作为根据，论证要严谨周密，立得住、驳不倒，信息发布的时机、秩序与尺度都要恰到好处。

2016 年 4 月，在中国浦东干部学院新闻发言人培训班上，我提出新闻发言人"惹事多在评论上"的观点，得到了国务院新闻办原主任赵启正先生的肯定，"这是'真经'了，大家都把它记下来啊"。

结　语

"我是如此平凡，却又如此幸运。"在新闻发言人岗位上取得的每一点成绩，都是领导、同事和团队鼎力支持的结果。同时也感谢22 年的新闻历练：从编辑、评论员成长为总编辑，两次获得中国新闻奖（论文类），2009 年获得"长江韬奋奖（韬奋系列）"，2013年出版业内第一部法治评论专著。其间，我提出的"宽容评论、苛求推论""案件报道的 20 字避险规则""有事实依据不等于有客观事实"等，为我训练评论思维、做好新闻发言工作提供了有益的滋养。多个职场打拼，使我深刻认识到，新闻发言人的魅力在于他"化腐朽为神奇"的能力。"最高的竞争是思想的竞争，最大的优势是文字的优势，最雅的表达是简洁的表达，最强的伟力是创新的伟力。"

通往前方的路总是在施工，最好的新闻发布是下一场。

五年的新闻发言人岗位历练给了我最宝贵的职业财富，也给了我最深刻的职业体认：最有收获的时光虽充满艰辛，回忆起来却心潮澎湃。

作者简介 王松苗，1968年7月生，安徽岳西人。1990年，毕业于华东政法学院法律系法学专业，进入最高人民检察院工作，1991年后历任检察日报社编辑、评论部主任、副总编辑、总编辑。2013年，任最高检计划财务装备局局长，兼任基建办主任。2016年2月，任最高检办公厅主任、新闻办主任兼新闻发言人。2021年1月，任香港中联办秘书长。2000年，获吉林大学刑法学硕士学位，2013年获中国政法大学博士学位。2009年获第十届长江韬奋奖。

在改革发展中把握
"变"与"不变"

——走好教育特色新闻宣传之路

教育部新闻办公室主任、新闻发言人 续 梅

教育是国之大计、党之大计，攸关国家富强、民族振兴。教育也是民生之基，攸关社会进步、人民幸福。

教育新闻宣传，一头连接党心，一头连接民意。在发布信息、回应关切、引导舆论的过程中实现党心与民意的同频共振，是教育新闻发言人的职责使命，更是艰巨挑战。

自2008年6月被任命为教育部新闻办主任、新闻发言人至今，我在这个岗位上已工作了整整14个年头。

14年，正值教育事业快速发展、教育改革不断深化；

14年，恰逢媒体格局、舆论生态、传播方式急剧变革；

14年，人民群众对于教育有了更多的新需求与新期待；

面对挑战、面对变革、面对期待，14年来，在教育部党组的坚强领导和有力指导下，我和同事们始终坚持因势而谋、应势而动、顺势而为，稳妥把握改革发展中的"变"与"不变"，致力于探索一条具有教育特色的新闻宣传之路，努力为我国教育事业鼓与呼，也为我国新闻发布制度的建设贡献教育力量。

一、回顾过往：直面挑战，不惧"变化"

回顾2008年到2021年的教育新闻宣传工作历程，可以用从

"被动"到"主动"，从"平面"到"立体"，从"补救"到"预防"来概括。14年间，我们在主动而为，满足公众对教育的信息需求，凝聚共识共同营造教育改革发展良好氛围，构建系统立体工作体系，发挥教育新闻宣传工作新功效，不断提高传播力、影响力、引导力、公信力等方面进行了积极的探索。

（一）2008：以教育规划纲要制定为重要契机，推动转变观念、健全工作机制、拓展传播形式

我上任时，教育部的新闻发布工作已经有了较好基础。早在2004年，教育部就根据国务院新闻办统一要求建立了新闻发言人制度，成立了新闻办公室归口统筹新闻宣传工作。但也要看到，人民群众接受良好教育的呼声日益强烈，加之网络信息传播技术迅速兴起，教育还不能完全适应国家经济社会发展和人民群众需求，很多问题仍不时通过舆论反映出来。尽管教育新闻发布工作进展明显，但形式还比较单一，虽召开的发布会数量不少，但主题精准性、传播有效性等方面有待提高。更突出的是，教育系统领导干部媒介素养不足，只做不说、多做少说的思想普遍存在，很多同志怕出错、不愿主动发声，甚至认为不管主动发布还是热点回应，都是新闻办的事，跟业务司局无关。因此，如何主动而为满足公众的教育信息需求，如何凝聚共识、营造教育改革发展良好氛围就成为当时面临的主要问题。

2008年"开门"制定《国家中长期教育改革和发展规划纲要（2010—2020年)》（简称教育规划纲要）为我们创造了一个重要契机。

为确保这份21世纪以来我国第一个中长期教育规划纲要让人民满意、符合我国国情和时代特点，党中央、国务院明确提出"问

政于民、问需于民、问计于民"，在历时近两年的起草过程中，先后两次历时数月面向社会公开征求意见。这对于教育新闻宣传工作来说，既是艰巨挑战，更是重大机遇。期间，我们通过多次召开新闻发布会和通气会，组织有关负责同志接受媒体专访、做客网站访谈等方式，主动发布、解读、回应、引导。从始至终，天天有文章、有声音、有画面，社会各界积极建言献策，舆论热烈理性、平稳有序，人民群众对教育改革发展的紧迫性、艰巨性、复杂性有了广泛共识。在这一过程中，教育新闻宣传工作的重要性得到充分显现，领导干部的观念认识明显转变，增强了对新闻宣传工作的理解与支持，参与的主动性、积极性显著提升。

这一步走出来后，我们进一步明确了工作思路，将着力点放在三个方面：

第一，健全制度。建立健全长效机制，巩固既有成果、推动可持续化发展。从 2009 年开始，先后制定教育宣传工作规程、教育热点舆情应对规程及实施细则、司局受理媒体采访规程、司局新闻宣传工作考评办法、新闻发布会工作提示等规程制度。通过不断实践积累，又于 2015 年和 2017 年以教育部党组名义分别面向教育领域印发《关于进一步加强教育新闻发布工作的实施意见》，面向直属机关印发《关于进一步加强和改进教育新闻舆论工作的实施意见》，基本搭建完成了教育新闻宣传工作制度的"四梁八柱"，为高效有序推进教育传播提供了强有力支撑。最关键的是通过健全制度进一步厘清并明确了部党组、业务司局、新闻办的相应职责，明确了业务工作与新闻宣传工作同部署、同推进、同落实的要求。

第二，拓展形式。积极探索丰富传播形式。2008 年 8 月，组织撰写大型报告文学《热血师魂：记汶川大地震中的人民教师》，全景式再现了地震发生瞬间人民教师的英雄壮举，讴歌伟大师魂。

同年 9 月，首次与中央电视台联合策划制作了《开学第一课》节目，全国中小学生同上一堂德育课，至今已连续举办 15 年，成为深受孩子们喜欢的品牌电视节目。2010 年教师节，是教育规划纲要出台后的第一个教师节。我们会同《人民日报》等中央媒体首次举办全国教书育人楷模评选，联合中央电视台首次举办教师节文艺晚会。这些形式都一直延续至今，对于让优秀教师群体形象深入人心、积极引导尊师重教的良好社会风尚发挥了重要作用。

第三，抓好节点。每年全国两会，教育议题都是代表委员和媒体舆论关注的重点，从 2009 年开始，根据部领导要求，我们借两会主动介绍工作进展，坦陈热点难点，争取社会各方支持教育。每年 9 月是新学年，同时迎来教师节，我们将此作为发布教育新政策、介绍教育新进展、宣传优秀教师典型的又一有利时机。抓住这些重要节点，以点带面推动全年宣传工作。在此过程中，我们找到了一些重要的工作抓手，也形成了一些重要品牌。例如，在两个节点都会密集组织召开新闻发布会，逐步形成了教育"新春"和"金秋"两个品牌系列发布会。再如，从 2011 年开始，每年两会前都组织编写年度《教育热点 20 问》小册子，围绕当年教育的重点难点热点问题，图文并茂、通俗易懂地呈现进展、解疑释惑，得到了代表委员、媒体记者的欢迎和好评。

（二）2012：积极落实党的十八大后中央关于宣传思想工作的新部署新要求，全面构建系统立体的教育新闻发布体系

党的十八大后，习近平总书记就宣传思想工作、新闻舆论工作、互联网宣传工作多次发表重要讲话，中办、国办以及中宣部持续就新闻发布、政务公开、舆情回应等印发了多个文件。这些都为进一步做好教育新闻宣传工作指明了方向。为贯彻落实习近平总书

记重要讲话精神和中央有关部署要求，我们全面构建系统立体的教育新闻发布体系。

1.打造多层次、多系列、多主体、多场所、多形式、多阶段的教育新闻发布会品牌

2013年10月，国新办明确要求各部门实施"4·2·1+N"新闻发布模式。落实中，我们把部领导出席国新办等新闻发布会即"1·2"做强，把教育部例行新闻发布即"4"做足，把自选发布活动即"N"做亮。

教育部党组始终高度重视新闻宣传工作，我所经历的4任部长，对新闻宣传工作都是亲自抓，以身示范。陈宝生部长每周利用调度会指导新闻宣传工作，同时以上率下，多次出席两会记者会、国新办新闻发布会，作为"教育部第一新闻发言人"，以最权威之声解读教育政策、介绍教育成效进展、回应关注、引导舆论。近日刚刚到任的怀进鹏部长，对教育新闻宣传工作也是高度重视，多次强调要加强和媒体、公众的沟通，形成助推教育改革发展的合力。副部长们也积极通过出席国新办新闻发布会、接受媒体采访等多种形式，就分管领域的政策做好发布解读。在部领导的带动下，各业务司局负责人都努力当好各单位的"第一发言人"，新闻宣传"一把手工程"在教育部真正落到了实处。

教育部例行新闻发布会每月底召开，遇有重要发布内容随时召开发布会，每年平均举办新闻发布会30场左右。我们坚持政策出台"绝不单发"，发布解读必须同步，创新建立了教育政策的三级发布机制，通过"标配""高配""顶配"三种途径发布解读一般性、重要和重大政策。"标配"主要以新闻稿等介绍政策亮点；"高配"主要通过新闻发布会、答记者问等进行多角度的发布解读；"顶配"则综合运用多种手段"组合拳"式持续做好发布解读。

2014 年国家考试招生制度改革方案的发布解读，就是一个"顶配"的典型案例。文件发布当天，教育部三位部领导出席国新办新闻发布会，介绍方案并回答记者提问；随后，教育部的门户网站发布答记者问，政务新媒体"微言教育"首发"一图看懂"图解，中央电视台"焦点访谈"播出对部领导专访。第二天，部领导和相关司局长参加"权威解读考试招生改革"网络微访谈，与网友互动。之后连续两周，《人民日报》等主流媒体集中刊发一大批专家解读文章。此后，我们结合每年的高考和各高考改革试点省份改革方案发布、落地等，持续不断地进行考试招生制度宣传解读。发布中我们牢牢把握导向，深入浅出，风格活泼，覆盖面广，到达率高，实现了"阐释政策，加强引导，回应关切，凝聚共识"的目标，为这项"牵牛鼻子"的教育改革政策的顺利实施营造了良好的舆论环境。

与此同时，我们持续探索打造具有教育特色的新闻发布会品牌。除"新春""金秋"两个系列发布会外，我们还打破发布空间局限，创新组织"1+1"系列发布采访活动，将新闻发布与典型宣传有效结合起来。每场活动围绕同一主题召开一场现场新闻发布会，并组织一路媒体采访团。发布会开到基层、开到学校、开到新闻发生地。发布人有来自教育部相关司局的政策制定者，有来自地方政府或教育部门的政策执行者，也有来自基层学校师生代表等政策受益者，还有相关专家等政策研究者。记者参加发布会后，又立即深入教育基层一线实地感受、实地采访，采写出立体丰满、可读性强的报道。2017 年至 2019 年，连续组织了"迎接十九大 教育看变化""教育奋进之笔""落实全教会 奋进迎华诞"3 个系列共30 路发布采访活动。

对于一些重要政策的执行情况、一些看法不一的教育热点难点问题，我们更多选用通气会作为发布会的有益补充，变一次发布为过程性持续解读。如 2019 年底，围绕落实全国教育大会精神出台的系列教育改革发展重要政策落实情况，组织召开了"教育奋进看落实"系列通气会，请有关司局和地方教育部门、高校负责同志与记者进行面对面沟通交流，有效展示了教育系统"高标准落实、创造性落实、在奋进中落实"的奋进姿态和最新成效。

2. 建立和完善教育舆情监测、研判、回应的全流程管理制度

教育作为重要民生领域，量大线长面广，舆情多发常发，且热度高、燃点低、影响大。因此，我们坚持"大发布"概念，既有政策出台时的主动发布解读，同时也把对各种热点舆情的回应引导作为构建完备发布体系的组成部分。

我们建立了教育舆情监测系统和报告制度，实现重大舆情早发现、零遗漏、快报告、精分析。遇到重大舆情，部领导立即主持召开研判会，研究应对举措，指导业务司局及各地各校及时妥善处置。面对热点舆情，不回避、不畏惧，坚持能应尽应，该辟谣的辟谣、该表态的表态、该改进的改进、该问责的问责，建立了分级响应和分类应对机制，探索出新闻发布会和新媒体发布、接受媒体采访、提供权威信息、持续跟进回应等多种传播方式，充分保障公众知情权、有效纾解社会焦虑。

以 2017 年 11 月 22 日发生的"北京红黄蓝幼儿园虐童事件"为例，教育部先后 4 次持续回应。23 日"出声"，通过"微言教育"官方微博及时发声，表明教育部高度重视、坚决严查的态度。24日"出动"，国务院教育督导委员会办公室印发紧急通知，部署开展幼儿园规范办园行为专项督导检查。29 日"出行"，国务院教育督导委员会办公室赴地方开展幼儿园办园行为专项抽查。30 日"出招"，提出下一步学前教育发展的五大措施力争"幼有所育"，短

短几天内 4 次发布。

3. 花大力气构建"微言教育"政务新媒体传播矩阵

政务新媒体作为政府部门非常重要的传播平台，对于互联网时代开展政策解读、回应公众关切、加强互动服务、引领思想观念具有重要作用。我们按照习近平总书记"把网上舆论工作作为宣传思想工作的重中之重来抓"的要求，在各部门中率先建设政务新媒体，花大力气构建了"微言教育"政务新媒体传播矩阵。

2012 年 6 月，"微言大义话教育"专题活动微博在新浪网开通，迈出了发展教育政务新媒体的重要一步。在此基础上，把 2013 年确定为教育新闻宣传的"新媒体年"，以"微言教育"为名，于 1 月 1 日开通官方微博，12 月 1 日开通官方微信，12 月 31 日开通部门户网站手机版。经过近 10 年的持续发力，"微言教育"已形成"一端两微、九个入驻、一抖一手"（客户端、微博、微信，入驻九大新闻客户端和抖音、快手）格局，实现了教育部政务新媒体从无到有、从有到强，全网粉丝已超过 3000 万，成为教育政务新媒体的龙头品牌，先后获得"中国最具影响力政务新媒体""微信影响力十佳账号""移动政务影响力十佳中央机构"等 40 余个奖项。

此外，我们还积极推进教育系统政务新媒体联动建设。2013 年初，以"微言教育"为核心，联合部分地方教育部门、高校组成了"教育系统官方微博联盟"。之后连续 9 年召开教育系统政务新媒体年会，并经过 4 次"扩军"，从微博联盟到微博微信联盟，再升级成"教育政务新媒体联盟"，目前成员已达 1500 家。大力实施"教育政务新媒体星火计划"，打造百家新媒体骨干，依托千家单位，辐射万家平台，初步建立了上下联动的教育新闻工作大格局。

（三）2017：立足育新人、防风险、建融媒，发挥新时代教育新闻宣传工作新功效

进入新时代，在习近平新时代中国特色社会主义思想指引下，面对宣传思想工作"举旗帜、聚民心、育新人、兴文化、展形象"的新使命，我们在认识和实践上也不断升华，进一步充分发挥教育新闻宣传工作新功效，不断提高传播力、影响力、引导力、公信力。

1. 用足用好新媒体，加强对青年学生的教育引导

教育的根本任务是立德树人，这也应是教育新闻宣传工作的应有之义。我们以"宣传思想工作是做人的工作的，人在哪儿重点就应该在哪儿"为指导思想，以教育政务新媒体为主阵地，策划开展了多个重磅主题宣传。

2019 年，围绕新中国成立 70 周年说成绩、展形象、聚人心、扬正气，组织教育系统特别是高校师生广泛开展了"青春，为祖国歌唱"大型网络拉歌活动。"拉歌"成为当年教育宣传领域甚至教育战线和全社会的高频词。活动按 4 月"青春篇"、5 月"传承篇"、6 月"奋进篇"、9 月"祝福篇"分批部署推进，全国 2000 多所高校逾百万师生积极参与，人民日报、新华社、中央广播电视总台等主流媒体平台多次重磅报道，全网视频播放总量达 52 亿。这场网络拉歌，大力弘扬了爱国主义精神，展现了高校师生礼赞祖国、礼赞新时代的昂扬风貌，广泛激发凝聚起青年一代传承接力、筑梦奋斗的磅礴力量，成为国庆期间一道亮丽的风景线。

又如 2020 年初，面对突如其来的新冠肺炎疫情，我们发动"教育政务新媒体联盟"，快速策划推出"战'疫'公开课""用心

战'疫'""战'疫'我们在一起"三大系列专栏，通过短视频、长图、动图等多种形式，充分彰显教育系统同心战"疫"的信心和决心。各系列主题专栏累计阅读量超过 30 亿，仅微信平台"10 万 +"文章上百条。为助力打赢教育脱贫攻坚战，精心策划开展"我的2020——全国高校师生扶贫微视频"主题宣传活动，专题展示各校师生团队参与脱贫攻坚的先进事迹或感人故事，教育传播更潮、更靓、更富穿透力。

为庆祝建党 100 周年，我们策划组织了"我和我的学校·红色记忆"等系列活动，让广大青年师生跟随革命先辈足迹，感受峥嵘岁月，进一步坚定爱国爱党爱社会主义的理想信念。

2. 推进舆情服务政情，主动作为助力教育改革发展

面对错综复杂的国际国内形势，我们坚持底线思维做好舆情工作，不仅着手于事后的"救"，更要着眼事前的"防"，即加强预判预警、将舆情处置在未发之际，以有效化解或降低风险。基于此，2019 年我们开始实施"舆情服务政情计划"，将舆情信息与业务工作有效结合起来。一方面，加强教育政策出台前的分析研判，特别是公众可能广泛关注的政策点，在文件出台时全面充分地介绍政策背景、目标任务、主要内容、落实措施等，文件执行过程中，及时根据舆论反映，分段、多次、持续开展解读。另一方面，加大对教育舆情的关注，使其成为发现网上反映问题、搜集人民群众意见建议的重要渠道，更好地发挥舆情信息在反映情况、服务决策、推动工作方面的积极作用，助力教育改革发展。

3. 打出融媒建设"组合拳"，牢牢占据舆论引导、思想引领、服务师生的传播制高点

深入贯彻习近平总书记关于媒体融合发展的重要论述，按照部党组要求，我们开始谋划如何进一步顺应日新月异的信息技术，提升全媒体环境下教育新闻宣传工作的质量水平。针对教育系统媒体资源丰富，特别是"教育政务新媒体联盟"发展势头良好的情况，将"教育系统融媒体建设"作为新的发力点，快速打出了"融媒"建设"组合拳"。2020年9月1日，正式上线"中国教育发布"客户端，全力打造官方权威的中国教育信息服务移动端"航母"，力求成为政务融媒体新形态。同时，持续推进"微言教育"面向主流社交、资讯和短视频平台实现全覆盖。与新形势新任务相适应，集融媒发布、政务服务、公众互动等功能于一体的教育融媒体移动传播阵地和信息枢纽已初具规模。此外，2019年、2020年确定了教育系统两批30家融媒体建设试点单位，发挥先行先试的示范引领作用，并一体化策划开展了"青春，为祖国歌唱""抗疫，我们在一起"等多个主题融媒体活动，以战代训、以战促融，已基本形成教育融合传播矩阵，在构建教育宣传大格局上又迈出坚实一步。

十多年来，我们始终注重遵循教育发展规律和新闻传播规律，努力探索具有教育特色的新闻宣传之路，也取得了明显成绩。但教育涉及千家万户切身利益，永远是公众关注的焦点，面临新时代新挑战新任务，我们做好教育新闻宣传工作，仍需持续发力、久久为功。

二、面向未来：不忘初心，坚守"不变"

回望来路，我深深体会到，教育新闻宣传工作是党的宣传思想工作重要内容，是做人的工作的，必须坚定不移坚持党的领导，才能确保正确的政治方向、价值取向、舆论导向，才能站稳立场、保持定力、把准方向、行稳致远。这是我们十多年来探索路径上最根本最关键的基本遵循，也是一切成效进展取得的根本原因所在。

面向未来，我一直在思考，十多年的探索给我们带来了哪些经验和启示，是我们今后应该继续坚持和不断完善的。概括来说，有以下 6 个"关键词"：

关键词一，"公开透明"。能说必说，及时准确发布解读教育政策、全面展示教育进展成效，积极回应社会对教育的关切，充分满足公众对教育信息公开的需求，做好政府和群众之间的沟通桥梁和信任纽带。

关键词二，"成风化人"。坚持发布与引导并重，把服务群众教育信息需求同引导形成正确教育观念结合起来，着力解疑释惑、理顺情绪、合理预期、增进共识、汇聚力量，为教育改革发展赢得好的环境与土壤。通过宣传教育，引导青少年形成正确的世界观、人生观、价值观。

关键词三，"与时俱进"。紧跟中央要求，紧贴时代脉搏，紧扣技术变革，在理念思路、体制机制、渠道平台等各方面皆与时俱进，努力谋新局、抢先机，牢牢把握主动权。

关键词四，"因是制宜"。立足大局全局、结合教育实际、把准时机节点，坚持因时、因事、因地、因校，有针对性地开展工作，努力体现时、度、效的要求。

关键词五，"立体多元"。积极拓展教育新闻宣传的方法、手段、载体、流程，形成了丰富的"工具包"，根据需要打好"组合拳"，实现最优传播效果。

关键词六，"协同联动"。充分调动地方教育部门和高校的主体性、积极性，充分发挥教育系统的整体优势，形成上下联动、协同推进的工作机制，构建教育新闻传播大格局。

2015 年起，教育部连续 5 年在中宣部对全国部委和省区市新闻发布工作的年度评估中获评优秀，这是对教育特色新闻宣传之路的充分肯定。这个成绩来之不易，但更关键的是要清楚深刻而复杂的形势变化，用不变的初心推动我国教育事业的发展和进步。

作为教育部新闻发言人，十多年工作下来，使我对如何当好新闻发言人，也有一些感悟。

首先，要坚持胸怀大局谋大事。新闻发言人首先是政治上的明白人。要始终坚持正确的政治方向、价值取向、舆论导向，把能否站稳立场、保持定力、把准方向，能否熟于业务、勇于担当、敢于斗争作为标准和追求，切实做到围绕中心、服务大局。

其次，要坚持以人民为中心。我们工作的出发点和落脚点不是仅为发布而发布、为公开而公开，而是要知民情、解民忧、纾民困、暖民心，把中央对教育的重视和反映人民的教育心声统一起来，真正成为畅通党和政府与人民群众联系的有效渠道。

再次，要坚持理念与手段创新。"明者因时而变，知者随事而制。"要始终保持思想的敏锐性和开放度，积极适应社会信息化持续推进的新情况，主动欢迎、拥抱全媒体时代的新技术，加强理念创新、手段创新，探索破解工作难题的新举措和新办法。

最后，要坚持实事求是。要结合实际，科学遵循新闻传播规律和教育规律。要追求实效，召开新闻发布会求质不唯数，组织宣传活动求精不唯多，记者服务求实不唯虚，领导参与发布求效不唯全。要抓好落实，始终以奋进姿态、钉钉子精神，真抓实干、埋头苦干，高标准、创造性地落实工作。

心有所信，方能行远。全媒体时代的到来，为我们带来挑战也带来机遇。面对新起点、新使命，教育新闻宣传工作大有可为、大有作为。我们将一如既往当好沟通的架桥人、政策的宣传队、观念的引导者、工作的助推器，守正创新、奋发有为，在教育特色新闻宣传之路上行稳致远，为加快教育现代化、建设教育强国、办好人民满意的教育提供有力的舆论保障和强大的精神力量。

作者简介 续梅，女，北京师范大学毕业，获教育学学士、文学硕士学位。曾在中国教育报刊社做记者、编辑 15 年，先后任部门主任、编委、副总编辑等职务。2008 年 6 月，任教育部办公厅副主任兼新闻办主任、教育部新闻发言人，2017年 4 月，任教育部办公厅巡视员兼新闻办主任、教育部新闻发言人。曾获得首届中央国家机关青年五四奖章。第十一届、十二届全国青联委员，第五届中央国家机关青联常委。

讲好新时代中国
知识产权故事

国家知识产权局专利局副局长兼知识产权局办公室主任、
新闻发言人 胡文辉

2019 年 4 月 26 日是第 19 个世界知识产权日，这一天恰逢第二届"一带一路"国际合作高峰论坛开幕，习近平主席在论坛开幕式的主旨演讲中专门强调，要以更大力度加强知识产权保护国际合作，着力营造尊重知识价值的营商环境，全面完善知识产权保护法律体系，加强对外国知识产权人合法权益的保护，依法严厉打击知识产权侵权行为，进一步向国际社会传递了中国依法严格保护知识产权的鲜明立场和坚定态度，在国内外引发强烈反响和广泛关注。

其实，世界知识产权日的设立，正是由中国和阿尔及利亚在 2000 年世界知识产权组织（WIPO）第 35 届成员国大会上提出提案并获得通过。从 2001 年正式设立起算，到今年已经走过 20 个年头。20 年来，一个国家的最高领导人在世界知识产权日当天就知识产权工作做出重要指示，这在全世界来说都极其少见。这充分体现了中国政府对知识产权工作的高度重视，也说明了在知识经济背景下，知识产权正越发成为国家发展的战略性资源和国际竞争力的核心要素。

国家知识产权局在此形势下应该如何顺风而呼，切实做好新闻发布工作，让中国知识产权故事传得远、使人听得清是我们一直在思考和践行的命题。我自 2014 年底担任国家知识产权局新闻发言人至今，见证了知识产权新闻发布在全媒体时代跨越式发展的 6

年，借此机会，就这些年我局的一些做法和经验谈几点体会。

一、我们有故事可讲、有故事要讲

"中国的知识产权发展是一个了不起的故事，是一段非常了不起的旅程，我们应该承认这一点。" 2019 年底，在我局支持中国国际电视台（CGTN）制作、面向全球播放的英文纪录片《中国专利》中，WIPO 总干事弗朗西斯·高锐如此评价。诚如斯言，辉煌 40 年，中国知识产权事业发展令世人瞩目，让我们有故事可讲，也有故事要讲。

（一）我们有故事可讲

在我国，如果说有某项事业是与中国改革开放 40 多年的伟大实践同频共振、步伐一致，都是从无到有、从小到大的话，那其中一定有知识产权。起源于西方 17 世纪的现代知识产权制度，自 20 世纪 80 年代初被引入至今，在中国仅走过 40 个年头。作为舶来的法律制度，知识产权迅速在中国的文化土壤和政治土壤里成长。40 年间，勤劳智慧的中国人走过了西方国家将近 400 年的路，走在了各国的前列。

目前，中国是全世界受理专利商标申请量最多的国家，中国国家知识产权局是世界上最大的知识产权局。WIPO 发布的数据显示，2019 年，中国申请人通过《专利合作条约》提交的国际专利申请达到 5.899 万件，首次超过美国，位居全球第一；通过《商标国际注册马德里协定》提交的国际商标申请，位居全球第三；在 2020 年全球创新指数排名中，中国蝉联第 14 位，稳居中等收入经济体之首。国内统计数据显示，2018 年，全国专利密集型产业增加值达到 10.71 万亿元，占当年国内生产总值的 11.6%，对 GDP 增长的贡献率达到 15.7%；2019 年，我国知识产权保护社会满意度总体得分为 78.98 分，较 7 年前调查启动之初提高 15.29 分，其中外资企业的满意度一直高于国内企业。

这些数据，正是中国知识产权制度高效运行的佐证。美国国家知识产权协会前主席、斯坦福大学约翰·巴顿教授曾经讲过，"发展中国家与发达国家在知识产权方面的差距不在于制度本身，而在于制度运作经验"。知识产权制度在中国的成功运作经验，不仅是可供发展中国家参考的中国智慧和中国方案，也是中国知识产权人接续奋斗的故事和旅程。

（二）我们有故事要讲

如果说 40 多年的辉煌历程让我们有故事可讲，那么面对推动共建"一带一路"不断走深走实、越来越多外资企业来中国投资兴业的发展实际，我们则必须要讲好中国知识产权故事，充分阐释事业发展成就，全面呈现通过加强知识产权保护营造良好营商环境的突出成效，切实服务党和国家的发展大局。

与此同时，由于多年来我们注重埋头搞建设，存在做得多、说得少；被动应对多、主动发声少；即便是说了也影响力有限等问题，导致我国在国际上的知识产权国家形象与实际成就不符，仍有一些国家和媒体认为我国知识产权保护不力，甚至对我们的成就进行歪曲抹黑。这更加让我们不得不讲、一定要讲，并且要大声讲好中国的知识产权故事，力争通过讲好故事增进认同，努力把知识产权事业发展成就转化为知识产权方面的国际话语优势。

二、我们努力讲好故事

故事是"世界语"，一个好故事胜过一打大道理。讲好故事不易，讲好专业性很强的知识产权故事更难。通过做好新闻发布讲好中国的知识产权故事，需要知道明理、习术提能，全面推动。

（一）参透讲故事的"道"

无论是对内还是对外，我们在通过新闻发布讲述中国知识产权故事时，都注重贯穿中国知识产权事业改革发展之"道"，凝聚事业发展共识；注重贯穿与各国携手推进世界知识产权事业发展之"道"，展现中国作为，彰显中国主张。

1. 中国知识产权事业改革发展之道

目前，我国的知识产权事业进入注重高质量发展的阶段。2018年，国家知识产权局重新组建，实现了专利、商标及原产地地理标志的集中统一管理。为与知识产权事业改革发展的进程相贴合，我们通过调整指标设定等方式，讲好中国知识产权改革发展的故事。例如，我们在2017年1月发布上一年度的知识产权数据时取消了专利申请量指标，采用发明专利授权量指标，体现高质量发展导向。2018年机构改革后，在当年7月发布半年数据的例行新闻发布会上，我们以国家知识产权局首次集中发布专利、商标、地理标志相关统计数据为主题，有效引导舆论。

2019年，我局年初启动的打击非正常专利商标申请注册行动取得实效，上半年申请数据有所下降、符合预期，同时国外在华的知识产权申请量稳步增长，显示出国际社会对我国知识产权保护的信心。基于此，在当年的半年数据的新闻发布会上，我们对这两组数据进行了重点解读，当晚《经济日报》以《知识产权申请量一升一降，竟然是好事？》这样抢眼的标题刊发正面解读报道，一度在朋友圈刷屏，有效引导舆论。

2. 与各国携手推进知识产权事业发展之道

我局主要负责同志将中国知识产权事业发展理念以好懂、好记、好传播的方式，在参加国际国内多边以及双边外交活动，或是在接受外媒专访、参加国新办新闻发布会时，广泛进行阐述。例如，在加强知识产权保护方面，我们凝练形成"严大快同"，即"严保护、大保护、快保护、同保护"的工作体系，并且在2019年，由中办、国办联合印发的《关于强化知识产权保护的意见》中形成了制度性安排。目前，中国已经建立起了符合国际通行规则的知识产权法律体系，与80多个国家和地区建立了知识产权合作关系，为此，我们在各种场合都积极强调，用事实说明，中国是知识产权国际规则的参与者、维护者和建设者。

（二）提高讲故事的"能"

互联网给新闻发布工作带来了新机遇，社交媒体的兴起为讲好中国知识产权故事提供了绝佳平台。讲好新时代中国知识产权故事，需要夯实制度基础、精准设置议题、畅通传播渠道、扩大发声阵容，从多个方面为有效传播赋能。

1. 强化制度赋能

新闻发布是组织行为、是"一把手"工程。实践证明，"一把手"重视程度高的部门，新闻发布制度都比较健全，新闻发布工作都卓有成效。我局在新闻发布方面的进步，正是得益于局党组的高度重视，为做好新闻发布制度夯基垒台、立柱架梁。

2017 年，我局印发例行信息发布的暂行规定，明确以新闻发布会等方式，围绕重要法律法规的颁布等事项，定期或临时组织新闻发布。2018 年，局党组将加强对外新闻发布作为重点工作，印发专门文件，主动加强国际传播宣传策划。当年下半年，我们完善了境外舆情监测机制，定期出版境外舆情月报。2020 年，局党组进一步强化舆情工作长效机制，印发专门意见，要求在局内构建形成由党组统一领导、办公室和相关职能部门按责任落实的舆情工作领导协调机制等四个工作机制。

在对外传播方面，我局在 2018 年底加入中宣部、国新办对外新闻局的有关工作机制。受益于这个机制提供的平台和指导，我局主要负责同志接受了美联社的专访。此外，我们还成功举办了中外媒体走进国家知识产权局等系列参观采访活动，让中国知识产权的信息更加透明，传播更加开放。

2. 强化议题赋能

新闻发布的本质就是通过议题设置，引导公众和舆论思考什么、如何思考。傅莹女士在《我的对面是你——新闻发布会背后的故事》一书中，谈到"寻觅公众心中的问号"时，分享了她初做新闻发言人时如何尽快找到方向的心得和体会。我想，傅莹女士在这里所谈论的正是如何准确回应社会关注、充分做好新闻发布的议题设置。我们认为，要成功进行议题设置，需要做到四个"把握好"。

（1）把握好工作重点

党中央、国务院关于知识产权工作的各项决策部署是局党组确定年度及阶段性重点工作的根本遵循，更是新时期做好知识产权新闻发布工作的路线图。例如，2020 年，围绕知识产权助力企业复工复产这一主题，我们组织了多场新闻发布会，通过事例和数据报道进展成效。其中，在 7 月举办的三季度例行新闻发布会上，我们就 2020 年上半年全国专利商标质押金额逆势同比增长 45% 等内容设置专门议题，为公众了解相关政策、获取支持、增强信心进行了有效的舆论引导。

（2）把握好境外焦点

在知识产权领域，境外媒体长期聚焦的议题包括中美经贸、华为等内容，2020 年以来随着疫情发展，又先后涉及在研药瑞德西韦的在华专利申请、国际及国内的疫苗专利等。我们都会通过日常的境外舆情监测进行收集，在国新办或局内召开新闻发布会时，根据事态最新发展准备问答口径。2018 年以来，仅在国新办的新闻发布平台上，围绕国际关注焦点问题，我局主要负责同志就接受了路透社等近 10 家境外媒体记者提问，澄清了错误认识，阐明了立场和态度。

（3）把握好境内热点

近些年，在国内，随着知识产权概念的不断普及，知识产权也逐渐成为高频词，许多社会热点都会涉及知识产权领域。尤其是 2020 年初，有个人及公司就"雷神山""火神山""钟南山"等涉疫标识提交非正常商标申请注册，引发公众的强烈反响。我局第一时间对相关商标注册申请进行管控，并根据有关规定驳回相关商标的注册申请，协调《人民日报》等主流媒体开展 5 轮次报道，覆盖人群超过 4 亿人次，获得了公众的普遍认可、广泛支持。

（4）把握好潜在风险点

随着自媒体尤其是业内自媒体的发展，政府机构受到的舆论监督更加全面深入。我们在筹备有关政策和数据的新闻发布会时，也更加注重风险研判。当发现有些数据公布后可能引发不当炒作、引起舆论风险时，就会协调相关职能部门进行合理调整，避免潜在的风险点而引发次生舆情。

3.强化渠道赋能

渠道是沟通信息和公众的媒介。多元、畅通的渠道是扩大新闻信息影响力的关键因素，是对外传播好中国知识产权故事的必须路径。在全媒体背景下，如何用好用足各类媒体平台，强化渠道赋能，也是我们一直在积极探索、不断创新的工作内容。

（1）通过主流媒体讲故事

多年来，我局不断强化与《人民日报》等中央主流媒体的合作，在重大政策发布、重大活动举办期间积极配合报道，引导舆论。比如，围绕《关于强化知识产权保护的意见》的印发，《人民日报》刊发头版报道，新华社、中央人民广播电视总台均予以广泛宣传。同时，我们还与媒体合作共建宣传平台，包括与《中国日报》联合开设"知识产权周刊"，与人民网共建"知识产权频道"等。这些年，随着中国主流媒体在境外的声量逐渐增大，知识产权新闻发布也积极"借船出海"。如前面提到，2019 年，我局协助 CGTN 制作首部英文纪录片《中国专利》，顺利面向全球 170 多个国家和地区同步首播，用贴近境外受众的方式和语言展示成就，在境内外获得了较大的关注。

（2）通过西方媒体讲故事

在国家知识产权局，大家都把 2018 年称为知识产权的"外宣元年"。如前所述，在这一年里，局党组将加强对外新闻发布作为重点工作。同年，在中宣部、国新办的统筹下，我们开展了多项具有开创性的对外传播活动。比如，2018 年，我局主要负责同志接受美联社专访，针对国际社会关心的问题回应澄清，相关的报道被《纽约时报》等近 20 个国家和地区的主要媒体转载，产生了广泛积极的影响。2019 年，我们举办了中外媒体走进国家知识产权局活动，这也是外媒记者首次走进我局，现场气氛友好，记者反响积极。活动结束，外媒记者们感叹，有三个"没想到"：没想到中国知识产权机构如此现代化！没想到中国知识产权局的官员和审查员如此开放自信！没想到中国知识产权事业发展成就如此大！

（3）通过商业媒体、新媒体讲故事

近年，我们充分利用新浪微博平台的舆论广场效应，有效引导社会舆论，还把加强与今日头条、腾讯新闻等商业媒体，学习强国、荔枝新闻APP客户端等新媒体的合作列为重点，邀请对方参加新闻发布会，合作开展宣传报道。例如，2020年，在联合中央宣传部等20个部委共同举办的全国知识产权宣传周活动期间，我们在学习强国APP上建立专题页面，3次实现首屏高位推送，其中推送的宣传周活动启动仪式视频、主题海报等内容，阅读量超过150万。

（4）通过局属媒体讲故事

在国家知识产权局内，我们积极加强"一网两微一抖"（局政府网站、政务微信、政务微博、政务抖音）、"一报四刊"（《中国知识产权报》，《知识产权》《创意世界》《中国发明与专利》《专利代理》）等媒体平台的大传播工作格局，通过定期召开工作例会、专题会议等形式，打通部门壁垒，做到重大信息发布同步联动，统筹推进。

例如，为做好新中国成立70周年的宣传报道，《中国知识产权报》推出特刊、专版、专栏，4份杂志分别设立专题，刊发学术文章、人物专访等稿件近30篇。再如，我局2020年4月开通了政务抖音账号，在4月1日我国专利法实施35周年之际发布短视频——《致敬！专利法起草小组的前辈们》获赞3.3万，受到国内外各界人士好评。2020年，我们正在推进我局政府网站英文版的改版，为境外公众了解中国知识产权提供权威、便捷的信息平台。

4.强化人才赋能

知识产权工作专业性很强，通过新闻发布讲好知识产权故事需要发言人队伍、工作队伍、记者队伍、专家队伍、校园队伍等各类人才队伍形成合力，扩大影响。这些年，我局经过积累，基本形成5支人才队伍，积极促进新闻发布工作有效推进。

（1）一支发言人队伍

在我局，除了局主要负责同志作为"第一新闻发言人"广泛发声、其他局领导积极参与各项新闻发布活动之外，还锻炼培养了一支规模在10人左右，包括局新闻发言人在内的素质过硬、业务专精、从容自信面对境内外媒体的司局级新闻发言骨干力量。这些司部长们多数已在国家局工作了10多年，不仅历经专利实审复审、审查流程管理、京外审查协作中心创建、办公室综合协调等多个岗位的锻炼，全面熟悉了解各项业务工作，还参与了多项知识产权政策研究和制定，能宏观把握政策方向，出色胜任新闻发布职责，向公众介绍好知识产权工作。

（2）一支工作队伍

新闻发布是组织行为，新闻发言人不是单打独斗，而是一个团队的共同责任。在新闻发言队伍的背后，我们有一支由局办公室负责政策研究与新闻宣传的工作人员、各职能部门有关工作人员、舆情监测工作人员等组成的新闻发布工作团队，大家各司其职，密切配合，确保了每次新闻发布工作的高效、顺利完成。例如，2019年12月24日《关于强化知识产权保护的意见》印发，我们次日就及时召开了新闻发布会。在这个队伍中，有不少都具有海外留学经历，可以说是一支国际化、专业化水平较高的新闻发布工作团队。

（3）一支记者队伍

目前，我们已与60多家中央主流媒体、行业媒体、商业媒体、新媒体以及境外媒体建立了常态化联系，每场新闻发布会中平均有近 40 家媒体参加。为了加强媒体记者对知识产权工作的业务了解，更加准确地开展报道，我局每年年初都会举办媒体知识产权培训班，强化政府与媒体的沟通交流，回顾上年度工作，通报本年度工作重点，同时还邀请多位知识产权专家进行专题授课，有效提升了记者们报道知识产权的专业水平，受到一致好评。

（4）一支专家队伍

专家队伍在新闻发布中起着重要作用。对外，可以在国际组织、国际会议等平台向世界传递中国知识产权发展的信息；对内，可以在法律政策解读、热点事件回应等方面发挥舆论引领作用。例如，2020 年初，针对公众有关药品用途专利的争论，多位业内专家通过接受媒体采访、刊发署名文章或自媒体刊文等方式，向公众解释药品新用途专利相关问题，澄清认识。2018 年，我们在国新办举行改革开放与知识产权事业发展中外记者见面会，邀请新中国第一件专利申请发明人、参与专利法起草专家、知名学者等 5 位代表嘉宾出席，以亲身故事展示中国知识产权事业发展历程，在境内外获得很高的关注。

（5）一支校园队伍

自 2015 年起，我局联合教育部开展全国中小学知识产权教育试点示范工作，截至目前，累计评定国家级试点示范学校 165 所，各省评定省级试点示范学校近 1400 所，覆盖师生超百万。美国知识产权认知中心 2018 年发布的《世界知识产权教育现状：七个领导型国家》报告认为，在中美日等 7 国中，中国的知识产权教育开展最晚但发展最快。这些试点示范学校的师生，成为庞大的中国知识产权故事的传播群体。例如，在 2019 年召开的"一带一路"知识产权意识提升研讨会上，一位来自内蒙古试点学校的校长向 60

多个国家展示了该校知识产权教育的做法成效，声情并茂，反响良好。

（三）提升讲故事的"术"

讲故事是一门艺术。"法与时转则治，治与世宜则有功"，互联网时代，要提升通过新闻发布讲好中国知识产权故事的"术"，就要做到守正创新，创新语言，创新内容，创新手段，确保舆论场在哪里，我们的信息就能有效传导到哪里。

1.创新语言

打造符合网络传播特点的"金句"是做好新闻发布工作的更高要求，能产生意料不到的效果。2018年，电影《我不是药神》引发公众对专利药和仿制药的集中讨论。当时恰逢年度三季度新闻发布会召开，我们预判会有记者提问。在针对这个问题拟定答问口径时，不到600字的材料，反复修改了不下10次，最后凝练形成"让老百姓既有好药用，又能用得起"，向公众传达了知识产权制度平衡创新者利益和公众利益的重要作用。发布会结束后，多家媒体引用上述句子进行报道，实现了较好的舆论引导。

2.创新内容

讲好知识产权故事，让公众愿意听、愿意讲、愿意进行二次传播是提高知识产权新闻发布工作传播力、引导力、影响力、公信力的重要内容。2018年，在改革开放40年成就的报道中，我们用了近一个月的时间，打造了彩色漫画长图《长长长图！快来穿越知识产权燃情40年》，在微信公众号推出后，阅读量超过4万，有关内容被多个中小学知识产权教育试点学校打印出来，通过易拉宝展示，供孩子们学习了解。

3. 创新手段

2020 年，新冠肺炎疫情让互联网"云生活"成为常态，超过 9 亿中国网民成为"云居民"。这一年，知识产权新闻发布也走上"云端"。在 2020 年 4 月的宣传周活动期间，不仅启动仪式在十几家宣传周组委会成员单位的政府网站"云同步"，我局的开放日也首次实现了"云开放"。统计显示，其间，新浪微博和抖音平台上参与人数超过 10 亿，宣传周活动相关信息报道量同比增长 86%。7 月，我们的三季度新闻发布会采用线上形式举办，4 位新闻发布人首次通过屏幕与记者互动，数据显示，相比 2020 年初的一季度线下新闻发布会，该场新闻发布会的报道量增长约 218%。

三、新时代要更加生动鲜活地讲好故事

2020 年初召开的全国宣传部长会议提出，要"更加生动鲜活地讲好中国故事"。对标新时代新要求，讲好中国知识产权故事我们并不陌生，但离要更加生动鲜活尚有差距，需要进一步改进提升。

（一）要更加会讲故事

讲好故事，事半功倍。善讲故事是古今中外著名政治家的共同特点，习近平总书记是讲故事的大家，无论是会议发言、调研谈话，还是出访演讲、报刊文章，总书记都善于用故事来传达深意，感染他人。我们要向习近平总书记学习如何讲好中国知识产权故事，在新闻发布工作中，不仅注重数据呈现，还要积累和挖掘生动具体、通俗感人、思想深刻的人和事，以符合新技术传播、适应新

媒体生态的分众化需求，以人文情怀和哲学底蕴提高讲好知识产权故事的本领。

（二）要让更多的人讲故事

功以才成、业由才广。在继续建好局内新闻发言人队伍、新闻发布工作团队等队伍的同时，要联合中宣部、最高法、最高检、外交部、商务部、海关总署、市场监管总局等部门的新闻发言人队伍，形成传播合力。同时，还要积极推动建设一支更加善于发声、愿意发声的专家学者队伍，让更多具有开阔国际视野、深厚文化素养、出色表达能力、优秀沟通能力的优秀人才加入中国知识产权故事的传播者队伍中来，发出中国声音，传递中国理念。

（三）要有更多的渠道讲故事

察势者明，趋势者智。互联网是新时代知识产权新闻发布工作的大"势"，网络是舆论引导的主战场，必须不断强化阵地意识，对内加强与中央主流媒体、商业媒体等的合作，对外拓展与西方主流媒体的沟通交流，同时加强局属融媒体建设，强化对微博、微信、客户端以及网络直播平台、问答社区等新媒体形态的了解和把握，采取不同策略，利用不同平台，实行知识产权信息的差异化传播，精准引导舆论，提升传播效果。

当今世界，知识产权对一个国家和经济社会发展意义非凡，世界各国概莫能外。新时代的中国知识产权处于世界聚光灯下，进一步做好我国知识产权的新闻发布和传播任重道远。未来，我们将继续守正创新，不忘初心、牢记使命，积极发挥职能部门的作用，不断提高专业知识和传播能力素养，对内提升公众的知识产权意识，让知识产权为国家和人民带来更大福祉；对外更加积极主动传播中国声音，讲好中国知识产权故事，赢得与中国知识产权事业发展成就相匹配的国际话语权，为树立中国的国际形象，提升国家软实力做出自己的特殊贡献。

作者简介　胡文辉，法学硕士，国家知识产权局专利局副局长兼知识产权局办公室主任，全国知识产权领军人才。2014年起，兼任国家知识产权局新闻发言人至今。曾先后任国家知识产权局专利复审委员会副主任、专利局初审及流程管理部部长、专利局专利审查协作河南中心主任、国家知识产权局办公室主任，2020年9月起任现职。熟悉专利审查、政策制定、新闻舆论和宏观管理等知识产权各项工作，具有较深厚的理论功底和较丰富的实践经验。

做好重大突发公共卫生
事件风险沟通的体会

国家卫健委规划发展与信息化司司长、
原卫生部新闻发言人　毛群安

中国健康教育中心信息管理部主任　解瑞谦

2020 年伊始，我国遭遇了一场突如其来的新冠肺炎疫情，全国特别是卫生健康系统面临严峻考验。能否尽快控制疫情蔓延，有效救治病人，解除疫情的严重威胁，恢复正常经济发展和社会秩序，是对我国应对重大传染病疫情防控能力的一次严峻考验。面对疫情挑战，党和政府把人民生命安全与身体健康放在首位，习近平总书记亲自指挥、亲自部署，中央成立应对新冠肺炎疫情工作领导小组连续召开会议，研究部署疫情防控工作。

全国卫生健康系统把防疫工作作为重中之重，举全系统之力投身疫情防控，发挥举国体制的优势，统筹各方面力量，以创纪录的短时间确定了病原体，调配全国应急医疗资源支持湖北，快速建设应急救治医院，创新性建设方舱医院。在疫情防控过程中，各级政府和卫生健康部门高度重视风险沟通工作，通过多种途径和方式及时发布疫情信息，回应社会关切和疑问，形成了部门联防联控，社会群防群控的良好局面。回顾这场疫情防控以及过去所经历过的非典、甲型 H1N1 流感疫情、人感染 H7N9 禽流感疫情等重大突发公共卫生事件处置中的风险沟通工作，有许多值得总结的好经验与好做法。

一、强化风险沟通意识

随着现代社会风险因素的不断增加，风险沟通问题越来越引人关注，它不仅带来了一系列涉及媒介研究、传播学、心理学、政策分析、管理学和公共关系的跨学科问题，而且成为一个既需要理论探索又需要技术指导的新兴知识领域。

（一）风险沟通的概念

1.风险来源。在日常生活和各种社会经济活动中，人们经常会提到风险一词。一般说来，风险在不同场合下有着不同的含义，很难给出一个严格的、可以被普遍接受的定义。目前，学术界对风险的内涵还没有统一的定义，由于对风险的理解和认识程度不同，或对风险研究的角度不同，不同的学者对风险概念有着不同的解释。

2.健康风险。在卫生健康领域，风险一般是指对人体健康和生命安全造成潜在危害的可能性。其既具有客观存在的自然属性，且在特定的社会环境中产生，还会受到人们的认知、情感、习俗、传统等因素的影响。同时，涉及政府相关部门及其工作人员、企事业单位（特别是医疗卫生机构）及相关工作人员、公众、患者、患者家属等多个主体，使卫生健康领域的风险显得更加复杂。

3.沟通的概念。沟通是人与人之间传递和交流信息的过程。它是人类活动的基本特征之一，是维系组织存在，保持人际关系的纽带。有效的沟通是良好合作的基础和前提，能够提高办事效率。善于沟通的人懂得如何维持和改善相互关系，清楚展示自己的需要，了解他人需求，从而最终赢得更好的人际关系和工作的成功。

4.沟通过程。沟通过程包括输出者（提供信息的人）、接受者（获得信息的人）、信息（传给接受者的消息）、渠道（信息得以传送的载体）等四个方面。输出者必须充分了解接受者的情况，选择合适的沟通渠道，以利于接受者的理解。接受者需要将信息转化为自己能够了解的想法和感受。这一过程受接受者的经验、知识、才能、个人素质，以及对信息输出者的期望等因素的影响。信息是指在沟通过程中的消息，能够传递思想和情感。同样的信息，输出者和接受者可能有着不同的理解。沟通渠道包括个人和非个人两种类型。个人沟通渠道是两个或更多的人直接互相交流（包括面对面、通过电话甚至通过邮件等）；非个人沟通渠道主要通过媒体、会议和活动。

5.风险沟通。风险沟通是一种能够改善公众健康和安全的工具，包括告知、解释、引导，以及冲突解决等方面。在告知方面，就是告诉相关人员有关风险的知识，增进他们对风险的认识；在引导方面，就是协助相关人员形成准确的风险认知，通过个别或集体行动来降低风险；在冲突解决方面，即指政府和组织必须调解因风险问题而造成的利益冲突。

突发公共事件处置中，卫生健康部门如何与政府、相关部门、媒体、公众相互沟通，及时了解、掌握事实真相和进展情况，发布相关信息，是成功处理事件的关键。突发公共卫生事件应急工作中的风险沟通，是指在卫生应急风险管理中共同讨论和决定如何管理（预防、减少）风险。它强调所有相关部门的参与，并要达成共识，以便采取统一行动，有效地管理风险。因此，突发事件卫生应急风险沟通是指在人们普遍存在着对潜在的不确定的有关健康风险的问题上，以传达相关信息为主要形式，以科学为基础进行有效的沟通。

（二）风险沟通的影响因素

1.精神干扰。有效的沟通可以确保我们在恰当的时间，以更高的效率使正确的信息被适当的人所获取。然而，当人们紧张、焦虑（精神干扰）时，常常难以听进、理解、记住信息。精神干扰会降低一个人80%以上的信息理解能力。在向公众传播风险信息时，若信息冗长复杂则达不到有效地传播信息的目的。此时，风险沟通人员面临的挑战就是如何克服精神干扰产生的影响，为不同社会和文化背景的各种公众带来准确的信息，并且在最大范围内取得有效的沟通效果。

2.负面信息。人们对风险问题经常向消极的方向考虑，容易关注语言和行为中的负面信息。所以在风险沟通过程中需要：（1）积极构架传播内容，在呈现负面信息的同时，传播大量正面的信息，如解决问题的方法和部门的积极应对，这样可以缓解负面信息对个体的心理冲击。（2）在描述风险事件时应当尽量少用诸如"不是""不""从不""没有"和"没有任何人"等字眼。（3）在提供1条负面信息的同时，要提供至少3条正面信息来平衡负面信息带来的影响。

3.风险认知。专家、公众、决策者在风险沟通中的知识背景不同，因此在风险认知水平上存在差异。公众经常会质疑风险评估或决策的合理性，专家和决策者则会抱怨公众不能理性地认知风险信息并做出积极反应。人们对于风险事件的感知会影响到人们的情绪状态，如愤怒、焦虑、害怕等，从而进一步影响到个体的态度与行为。人们一般容易接受可控制、自愿性、公平、可逆性或自然的风险，而不愿意接受不可控、非自愿、不公平、不可逆和人为制造的风险。因此，正确处理和消除认知差异成为风险沟通过程中的重点。在沟通过程中，专家和决策者可以采取积极有效的沟通方式，建立并维持与公众的相互信任，提高公众风险认知水平，从而降低公众遭受危害的可能性。

在风险沟通实践中，我们会发现不同的人、不同的媒体或不同的合作伙伴对我们所提供的信息不同，沟通的目的、风险认知和接受程度不同。因此，我们需要清醒地认识到不同机构对待风险问题在角度、态度上，以及认识水平上的不同，通过反复的沟通，做到求同存异，才能达成比较一致的沟通结果。

4. 信息渴望。突发公共事件，特别是突发公共卫生事件的危害性、公共属性，事关社会成员的切身利益（所有事件发生时在事件影响范围内的人都有可能受到伤害，危害包括公众健康和生命安全、社会经济发展、生态环境等，也包括事件引发公众恐惧、焦虑情绪等），从而使其在发生之初，往往会引发公众对信息的渴求。人们自我保护的本能使得在危机发生时，第一反应和最大需求就是了解信息，急于知晓事件发生情况和发展过程，事件是否对社会和个人利益造成影响，政府目前的态度和所采取的相关处置措施，等等。

同时，突发事件无疑又是新闻媒体最为关注的热点。其一是突发事件本身具备较高的新闻价值；其二是受众的高度关注，是媒体吸引受众、扩大影响的极佳时机；其三是媒体之间竞争的着力点。因此，在社会信息化时代，突发事件的新闻传播越来越快，影响力也越来越大。

二、风险沟通的原则和作用

（一）风险沟通的原则

风险沟通是风险管理的重要途径之一，对于获得关于风险的有效信息，协调政府部门与公众的认知、决策、行为起着至关重要的作用。风险沟通是政府、公众、媒体间的桥梁，它的有效性很大程度上取决于沟通本身的特点，因为风险沟通的某些特征会影响到政府、公众、媒体的风险认知。为有效处置突发事件，应急风险沟通需要坚持以下 6 个基本原则，并且贯穿于风险沟通工作的方方面面。

1.提早准备。制定并不断完善风险沟通方案。在突发公共事件处置过程中，有效的风险沟通是任何机构都要面对的挑战。因此，需要明确本地区最可能发生的突发公共事件的种类，提前制定突发公共事件风险沟通方案和预案；评估确定受众对信息的需求，查明人们最关心的事情；开发公众普遍关注的背景材料；测试、修改根据事件的特点而事前开发出的信息。

要有强烈的突发公共事件危机意识。风险无时不有，无处不在。特别是突发公共事件发生后，风险的不确定性有时更让人难以把握，从而导致一件小事变成一起大事。因此，要认真细致地核对事实，确保传播的信息准确、无误。

开展风险沟通要做好充分准备。沟通工作需要根据不同的对象，如政府、患者、患者家属、公众、医务人员、媒体等的不同而有所区别，明确他们的需求；事前需要培训突发公共事件处置相关的新闻发言人；通过风险沟通监测系统实时掌握公众和媒体的舆情动态；做好了充分准备，才能在突发公共事件出现时，科学、有序地开展应急沟通工作。

2. 及时主动。在当今信息时代，信息传播非常迅速，事件相关信息会很快引起新闻媒体和公众的关注。研究表明，突发公共事件发生后，公众渴求及时获取相关信息，容易对信息不加分析与判断而接受，即使是以讹传讹也深信不疑。因此，这也就要求应急工作者快速作出反应，提出处置对策和信息沟通要点，尽快主动地让公众和合作伙伴了解突发公共事件的真相，掌握舆论主动权。

3. 信息真实。突发事件发生后，事态不会因我们说法的"缩小"而缩小。在网络时代没有不透风的墙。就已知的和未知的情况及问题与公众进行积极地沟通，让人们知道一旦有新的信息就会及时地告知他们，让他们了解到政府应对事件所做的决策和过程，并在描述情况及应对中表现出开诚布公的态度，以满足公众的需要。开展风险沟通要以准确为前提，一些突发公共事件较为复杂、尚未弄清全部情况，或者是因发布时机选择的需要，可先发简短消息，再作后续报道。应避免发布不实消息，否则将会对整个应急处置工作造成被动。

4. 口径一致。这是取信于民的至关重要的原则。当突发公共事件发生后，早期信息缺乏、事中信息大量涌现，事件的发展存在着不确定性。因此，此时对外公布的口径应保持高度统一，无论是事件处理者还是新闻发布者，无论是行政领导还是与事件有关并可能接触媒体的人，对外口径必须高度一致，不能提供互相矛盾的信息。口径不一致，沟通就可能导致舆论危机，增加了突发公共事件的处置难度和复杂性。

5. 有利应对。通常情况下，任何突发公共事件的发生都会使公众产生种种猜测和怀疑，新闻媒体在无法获取准确信息时常常会放大事实，进行猜测性的报道，更容易引起公众的猜疑和不信任。因此，要想取得公众和新闻媒体的信任，必须采取真诚坦率和公开透明的态度，围绕事实，放大有利的一面，但绝不能掩盖事实，越是隐瞒越会引起更大怀疑。

6.维护信任。在风险事件中，个体对负面信息存在优势倾向认知的特点，它决定了在风险沟通过程中沟通双方相互信任的重要性。信任的构建需要长时间的努力，但却可以十分轻易地遭到破坏。信任这种特点使信任本身的建立变得相当困难，如果沟通双方在没有信任的背景下交流，就不可能真正克服沟通的障碍，所以建立和维持双方的信任显得尤为重要。

一般来讲，人们首先要知道你是关心他们的，才会在意你知道些什么。在公众高度焦虑的状态下，能够做到公开诚实，敢于承认错误并致歉，做到换位思考，为公众着想，兑现所做的承诺，真实的倾听、关照和同情，这些都是建立信任的关键。

突发事件发生后，作为社会的管理者、事件处理的主体，政府行政部门在积极组织事件处理（避免组织决策等出现问题）的同时，为维护好社会大多数人的利益，需要站在公正的角度，及时发布权威信息。

卫生应急风险沟通强调所有相关部门的参与，以及受影响公众的参与，并要达成共识，以便采取统一行动，有效地管理风险。对受影响的公众而言，公共卫生人员沟通的目的是解释、说服，以及给公众提供选择自我防护措施的权利。由于突发公共事件具有突发性、紧迫性的特点，其发生发展难以预测，因此需要参与事件处理的专家对事件的处置前景保持乐观、积极的态度。

（二）风险沟通的作用

风险沟通是突发公共卫生事件应急工作中的一个重要组成部分，是组织决策的前提和基础，是政府部门、专业机构、公众与媒体之间建立的理性沟通桥梁，具有帮助公众克服心理上的恐惧和不安的作用。风险沟通的主要作用包括以下几个方面：一是为社会公众、家庭或机构及时提供准确的风险信息，帮助人们克服心理上的恐惧和不安。二是告知公众突发事件带来的潜在风险及应采取的行动，改变人们对风险的态度和行为，鼓励社会公众参与风险应对。三是履行法律赋予公众的知情权。四是为媒体提供正确引导公众的舆论信息。五是增加部门间、专家间的信息交流。六是为政府及有关部门提供有效处置突发公共卫生事件的措施建议。

三、建立健全风险沟通机制

突发事件的处置是对各方面风险沟通水平的考验。以新冠肺炎疫情风险沟通工作为例。在全力做好疫情防控的同时，我国以对人民生命负责、对历史负责、对国际社会负责的态度，建立了最严格且专业高效的信息发布制度，第一时间发布权威信息，发挥专家学者的权威作用，及时有效回应公众关切、凝聚了社会共识，为疫情防控措施的顺利实施奠定了基础。

（一）信息收集

信息收集是有效防范和应对突发事件的前提和基础。要提高对突发事件的预见力和熟悉度，提高应对突发事件的效率、效果，一个很重要的手段就是要获取尽可能详细、具体的突发事件信息。突发公共卫生事件信息的收集是多渠道的，有疾病监测报告系统、事件监测报告系统、医疗救治信息系统、症状监测系统等，并对报告内容、时限作出明确要求。

（二）信息举报

突发公共卫生事件涉及社会公众的身心健康，单凭医疗机构的监测所收集的信息是不够全面的。根据规定，任何单位和个人有权向人民政府及其有关部门报告突发公共卫生事件隐患。同时，按照有关规定建立突发公共卫生事件举报制度，各卫生应急机构设置专门的举报、咨询热线电话，接受公众的报告、咨询和监督，对瞒报、缓报、谎报的，依照法律、法规规定严肃处理。此外，开设的"12320"全国公共卫生公益电话，为群众举报公共卫生问题提供平台。

（三）信息发布

依法及时公开发布疫情。一是建立严格的疫情发布机制。坚持依法、及时、公开、透明发布疫情信息，坚决防止瞒报、漏报、迟报。武汉市从 2019 年 12 月 31 日起依法发布疫情信息，并逐步增加信息发布频次。2020 年 1 月 21 日起，国家卫生健康委每日在官方网站、政务新媒体平台发布前一天全国疫情信息，各省级卫生健康部门每日统一发布前一天本省份疫情信息。二是建立分级分层新闻发布制度。坚持国家和地方相结合、现场发布与网上发布相结合，建立多层次多渠道多平台信息发布机制，持续发布权威信息，及时回应国内外关注的疫情形势、疫情防控、医疗救治、科研攻关等热点问题。截至 5 月 31 日，国务院联防联控机制、国务院新闻办公室共举办新闻发布会 161 场，邀请 50 多个部门 490 余人次出席发布会，回答中外媒体记者 1400 多个提问；湖北省举办 103 场新闻发布会，其他省份共举办了 1050 场新闻发布会。

（四）信息通报

突发公共卫生事件信息通报是指掌握突发公共卫生事件信息的有关行政机关向其他行政机关及时通报相关信息。这种纵横协调的信息通报系统，既有卫生行政主管部门之间的纵向通报，又有其他行政主管部门对卫生行政主管部门的横向通报；既有自上而下的国务院卫生行政主管部门的通报，又有毗邻省际、地区、国际之间的通报。

（五）媒体合作

突发公共卫生事件发生后，信息迅速传播开，媒体会密切关注并要求了解有关信息。如果与媒体的沟通不好，则可能非主流信息甚至谣言大行其道，造成公众心理恐慌或对卫生行政部门的措施不配合、不理解，从而不利于事件的处置。

媒体具有覆盖面广、传播便捷、可迅速复制的传播特点，媒体的社会属性决定它具有各自的观点立场。媒体合作主要是通过与媒体的良性互动和有效沟通，借助媒体的宣传、引导作用，使社会公众形成正确的认知，以赢得社会公众的理解和支持。与媒体沟通的内容，主要应是公众关心的、有必要了解的，包括突发公共卫生事件发生的时间、地点、事件经过、主要情节、目前发展趋势、发生原因，罹患者的主要临床表现、治疗方法、预后、预防和控制方法等。

妥善处理与媒体的关系，建立正确有效的媒体沟通机制，使新闻媒体对突发公共卫生事件，特别是重大突发公共卫生事件的发生、发展进行正确的报道，可防止或减少谣言，同时获得社会、公众的支持和理解。

行政部门和涉及突发公共卫生事件发生、处理的各有关部门，密切关注媒体对突发公共卫生事件的新闻报道。及时安排和协调记者的采访活动，审定有关稿件。对中央和省级主要新闻媒体的有关采访活动给予支持和帮助。加强舆情收集，有针对性地解答公众的疑惑，发现错误或片面的报道倾向时，及时核实、了解情况，迅速发布权威信息，澄清不实报道和谣言，防止媒体炒作。

（六）公众沟通

公众沟通是消除公众恐慌、动员公众有效参与突发公共卫生事件危害的预防和控制行动的有效手段。公众沟通需要分析受突发公共卫生事件影响的社会公众群体具体情况。首先考虑的是突发公共卫生事件的性质和级别，分析当前事件对大众影响的范围和程度，最后根据受众群体、公众需求（认知需求、情感需求和信息需求）决定风险沟通的方式和策略。

在新冠肺炎疫情防控过程中，国家卫生健康委中、英文官方网站和政务新媒体平台设置疫情防控专题页面，发布每日疫情信息、解读政策措施，介绍疫情防控工作进展，普及科学防控知识，澄清谣言传言。各省级政府网站和政务新媒体平台及时发布本地疫情信息和防控举措。通过科普专业平台、媒体和互联网面向公众普及科学认知、科学防治知识，组织权威专家介绍日常防控常识，引导公众理性认识新冠肺炎疫情，做好个人防护，消除恐慌恐惧。

作者简介 毛群安，1985 年毕业于北京中医药大学，获医学学士。1992 年毕业于同济医科大学公共卫生学院，获医学硕士。1987 年，从北京中医学院调入卫生部办公厅工作，历任主任科员、副处长、处长。2002 年 9 月，任卫生部办公厅副主任，新闻发言人。2008 年 10 月，任中国健康教育中心 / 卫生部新闻宣传中心主任，党委书记。2013 年 5 月—2017 年 11 月，任国家卫生和计划生育委员会宣传司司长、新闻发言人。2017 年 11 月，任国家卫生和计划生育委员会疾控局局长。2019 年 1 月，任国家卫生健康委员会规划发展与信息化司司长，健康中国行动推进委员会办公室副主任。

解瑞谦，中国健康教育中心信息管理部主任、研究员。

从被舆论引导到引导舆论

——危机管理中的议题设置

公安部宣传局原局长、原新闻发言人　武和平

习近平总书记在党的十九大报告中指出："建设具有强大凝聚力和引领力的社会主义意识形态，高度重视传播手段建设和创新，提高新闻舆论传播力、引导力、影响力、公信力。"充分说明新闻舆论事关党和国家大局、事关国家治理体系和治理能力现代化。在中国，曾经是吃饭问题最大，现在吃饱了肚子，就得重视和研究说话。政务公开、新闻发布事关百姓的知情权、表达权、参与权和监督权的满足，也是人们美好生活向往的重要前提和内容。同时也给新闻发布、舆论危机管理工作提出了新挑战，倒逼我们必须在原有工作的基础上实现新跨越和新发展。如果将 2003 年非典之后的新闻发布作为开创初期，此后十五年来可谓发展成长期，以党的十九大作为新的历史方位，应当是日臻完善期，或称新的跨越期。

客观而论，中国新闻发言人的制度化、系统化始于 2003 年非典之后，国务院颁布了《中华人民共和国信息公开条例》，于是有了发言人制度的第一个尚方宝剑；有了第一届被称为"黄埔一期"的发言人培训班；有了第一批被媒体称为"三剑客"、由国新办确定的三个部委"定时定点"的新闻发布会。如今，不少首批发言人虽已退场，但千万个新闻发言人已站起来，国家多个部委和地方党委政府普遍建立了新闻发言人制度，三人小合唱变成了万人大合唱。每年的新闻发布会达到了数千场，并且一路走来，历经非典、"5·12"汶川地震、拉萨"3·14"打砸抢烧事件及"7·5"事件、冰雪灾害和奥运会等一系列重大突发事件的洗礼与考验，磨砺出一支队伍、积累了宝贵经验，培养出一批优秀的发言人，探索建立了一套行之有效的发布机制。

概括来说，近年来的新闻发布制度建设发生了 9 个方面的可喜变化：从"门虽设而常关"到发言人群体登场、形成方阵；从不敢说、不善说到占领话语场、掌握定义权、释放正能量；从处置突发事件的应急发布到政务公开的常态发布；从一般陈述性答问到金句妙语答客难；从简单的追问式发布到主动策划设置议题；从国内信息公开常态新闻发布到国际公关传播讲好中国故事；从专职发言人的表述到党政主要负责人担当"第一新闻发言人"；从单一的发布样式到融媒体矩阵传播，运用多元话语方式打好全方位舆论战；从被动舆论引导到主动引导舆论。

最具意义的变化是新闻发言人和新闻发布工作负责人普遍提高了媒介素养，善于进行议题设置，通过议题设置主动引导媒体，由媒体设置议题来有效引导受众，从而化解公共舆论危机。

据《新京报》报道，2018 年 8 月 27 日，江苏昆山一辆宝马车驾驶员在抢道时与一台电动车骑行者发生冲突，争执中宝马车司机刘海龙从车上拿下砍刀挥砍电动车车主于海明，搏斗中砍刀掉落，于海明捡起砍刀反过来将刘海龙砍死。9 月 1 日，警方通报和检方释法占据了法治制高点，有力引导了舆论：昆山市公安局通报侦查认定事实及定性为正当防卫的理由，并宣布撤销案件；昆山市检察院发布了认定警方撤案决定合法的通报。同时发布检方释法意见：一是法律优先保护防卫者；二是合法没有要向非法让步；三是对行凶的暴力行为无防卫限度限制。截至 9 月 4 日，昆山公安官方微博通报获 47 万点赞，昆山检察院官微通报被阅读 12 万余次，转评、点赞 7 万余次，之后被阅读 89 万余次，网民评价司法部门"维护的是公平正义，温暖的是世道人心"。

这起事件的舆论化解和议题设置说明，在互联网时代，随着社会进步与传播手段的深刻变革，公民以前所未有的深度和广度关注社会敏感事件，时常会形成"个人编发、公众交流"的巨型舆论场，这个舆论场已成为信息的策源地、舆论的生成地、思想的集散地和司法的评论地，对每起敏感的社会事件，人们几乎都会拿到这个舆论场评判是非曲直，这就要求政务信息公开部门和官方新闻发布机构必须迅速对事件做出事实判断和价值判断，积极回应社会关切，不失时机地将具有价值导向的事件真相以及法治思维提供给受众，使碎片化、多元化的网络意见尽快凝聚成共识、导向"党心民心的共鸣"，最终导向全面依法治国的主流意识形态，使广大人民群众感受到公平正义。

议题设置对于引导舆论、化解热点舆情和"更好地强信心、聚民心、暖人心、筑同心"具有重要意义，议题设置在"人人都是记者，个个都拿麦克风"的众声喧哗时代，能够将主流价值融入信息洪流，与亿万网民近距离对话，平等交流，增信释疑，在解决思想认知中协商共进，在互动博弈中扬弃不足，倒逼改进工作，可谓社会治理体系创新的题中应有之义。

在新时代，政务公开和新闻发布不能仅止于信息公开和简单回应，更需要说明事实，剖理释疑，明辨是非；不仅要立正竖直干得好，还要提供基础知识和"看法"，诠释方针政策，影响并塑造舆论，避免信息的不对称造成舆论胜于法律的媒体审判。政治是需要讲的，道理是需要摆的，舆论是需要导的，形象是需要塑的，议题是需要设的。"徒法不足以自行"，民主法治社会绝不会从天上掉下来，而需要执政执法者深通传播沟通之道，主动作为，占领信息制高点，掌握事态定义权，善于把握导控点，在信息的汪洋大海上，充当引航者的角色，增强"舵手"意识，决不随波逐流，而要立于潮头，引吭高歌。在突发事件舆论危机的关头，善于因势利导，引水入港，力挽狂澜，在最大限度满足人民群众知情权、表达权、参与权、监督权的过程中，在向公众提供更多更好的公共信息的前提下，鼓励、引导多元主体的广泛参与，将"服务群众同教育群众结合起来，将满足群众需求同提升公民素质结合起来"。通过"内容＋价值"的议题设置，促进信息健康有序、成熟理性地传播，为人民美好生活需要的实现创造良好的舆论氛围。

那么何为议题设置，如何在舆论的热点乃至舆情的危机中进行议题设置呢？简而言之，议题设置即新闻媒介对公众意见的形成施加影响。这种"影响"不仅能让人们去"想什么"，还让人们"怎么想"，议题设置的宗旨就是要在无形之中实现对公众意见的引导。

具体而言，媒体是怎样用无形之手左右人们的思想和行为呢？这在于媒体拥有得心应手的武器——设置新闻报道框架，对公共事件进行有目的的选择、强调、排列和组合，选取有利于观点的论据，从而突出事件某一方面意义的报道策略，这个框架内是一种拟态的新闻事实，即被加工了的事实，是被赋予了情绪和观点的事实。更由于其反复强调的定义或议题，形成了"舆论流"，也称"制造同意""定义新闻"，让你不知不觉参与其中被牵引。媒体这一特有的强大功能，笔者往往称之为"被舆论引导"，即社会舆论往往被媒体所引导。而我们今天研究解决的恰恰是"引导舆论"，即以政府为主导，如何善于运用媒体实现自身的议题设置。这是因为政府及社会组织在社会生活中掌握着大量信息，须履职依法公开，是引导舆论的主体，而媒体只是传导中介，客体则是广大受众。由此而言，政府既是信息源，又是影响源，作为信息的第一提供者，理应在突发事件的第一时间主动设置议题影响媒体，再由媒体设置议题影响受众。这才堪称是"引导舆论"而非被"舆论引导"。

如何坚持主体地位，主动设置议题呢？首先，是"怎么看"，即政府组织对突发事件要有准确客观的分析判断，有鲜明的主张和观点，然后决定怎么说，即对事件评价站在什么角度说，说什么，怎么说，要导向何方，对此需有定见。其出发点必须是不断满足公众日益增长的知情权，最大限度向人民群众提供国内外重大事件的真实信息，从而不断增强政府组织在人民群众心目中的地位和声望。但是，这也不意味着知无不言言无不尽，而是要在事实真相公开透明的前提下，确定说什么，不说什么（底线原则：如国家秘密、商业秘密、个人隐私等均不宜公开）；先说什么，后说什么（根据轻重缓急排序，符合传播与认知规律）；多说什么，少说什么（强调突出或者弱化淡化某些信息，以利矛盾化解），赋予事件以新的叙事框架，而非自然主义原生态的实录或直播，特别是对恐怖袭击和恶性刑事案件，那些令人发指的残暴手段和血腥场面必须严格控制。

其次，议题设置不是一锤子买卖，也绝非一厢情愿，更不能强迫命令，必须遵循传播规律，符合社会学和心理学要求，审时度势，把握好时、度、效，讲求细节的精准，像外科手术那样将每根神经、每个毛细血管接好，才能将政府的意图、媒体的关注、受众的关心有机统一起来，构成箭、弓和靶心的关系，达到一箭中的的目的。应先由政府组织将主导意象转换为议题，再通过媒体转化为新闻话语，这种转化需要在博弈中调整、在变化中引导，并通过新闻内容源源不断地传递，实现政府信息导向与媒体新闻导向的统一。切忌向媒体发号施令，议题生硬直白，而是真诚与媒体合作，尊重新闻传播规律，创新方法手段，寓政府导向于生动新颖的新闻话语中，注重实证以及人性化的话语方式，将政府主张潜移默化为媒体的传播取向，使人们在接受新闻资讯和观点时，不知不觉认同支持政府的决策和意向。

最后，议题设置必须以社会主义核心价值观为最高准则，将公共价值作为议题的灵魂，据此公布真相、判断是非、讲清大局、揭示本质，这才是议题设置的最高原则，即"内容＋价值"，围绕价值核心，坚信舆论是可以引导的，社会的认知和态度是可塑的，从而积极有所作为。

在公众知情范围不断扩大、表达空间不断拓展、监督权力日益加强、参与程度不断提高的今天，政府不仅提供信息，还要提供服务；不仅提供事实，还要提供引领和解读；不仅描述新闻，还要肩负法治建设之责，作用于人们的思想和行为。

更为重要的是，这种引领和解读的方式，不是命令公众，而是真诚与之交流沟通，是平等对话，不是居高临下的讲话。要让公众成为倾听者，首先要让其成为表达者，成为公共价值议题的共同参与者，构建起新型的说与听的关系。特别是对于突发事件的信息公开和新闻发布，更应将其纳入对话沟通的范畴，纳入体制内的对话协商，将对立方变为当事方。即使对话未能解决具体问题或全部问题，公众也会因发自内心的理解而接受。这种议题设置模式正可借助新兴媒体成为得力载体，利用网络互联互通的作用，第一时间占领信息高地，倾听意见呼声，发现不足，纠正偏差，化解矛盾，完善制度；第一时间担负起法治政府引领"影响流"的责任，对占有的信息进行科学分析，以法治思维澄清是非，不仅让人们"睁大眼睛"看清真相，还要引导人们"开动脑筋"理性思考，更要启发人们"张开嘴巴"，形成有序表达、求同存异的和声，从而疏导焦虑情绪，排除误解偏见，驱散传言谣诼，用更高的价值追求释放善政的能量，是教育、引领、沟通、说服、倡导、化解和培育，而不是退让、妥协，被舆论挟裹，当公众的尾巴，甚至牺牲原则换取一时之安。

了解了议题设置的功能和作用，我们就找到了化解舆论危机的钥匙。长期以来，人们对风险管理的误读是：只要在突发事件中能够控制或缩小危机的信源、范围及影响，通过不说、少说的"减法"，就能缓解乃至消除负面效应。事实与教训反复证明其大谬不然，成功的案例一再说明上乘之法只能是正视危机，迎难而上，因势而导，运用议题设置的方式，通过提供、回应、解读、修复的方法，才能最大限度降低事件的负效应，维护自身的权益和品牌形象。

一言以蔽之，危机公关有技巧、有方法，这就是议题设置的运用，而议题设置的成败，核心在态度。一个负面事件之所以具有"墨点"效应，迅速得以扩散传播，焦点往往不在事件本身，而在于事件折射的社会问题和情绪反应。因此要善于跳出事件，找准问题，针对问题采用正确的态度和诚恳处理方法，万勿陷入事件的漩涡而不能自拔。在舆论危机中，处置态度决定思路，思路决定方法，最终决定着舆论引导的效果。相对技巧而言，态度永远是第一位的，有了正确的态度指向，再灵活使用以下多种方式，就可以做到成功地"引导舆论"，这些方法包括：主导法、阻燃法、抽薪法、切割法、转移法、化解法、缓释法、构建法。

主导法——说出真相，国家才有力量

真正的制度自信源于对民心的信任，而民心的信任源于让群众了解国家的一切，包括严重的失误、重大的损失乃至幕后的丑闻。

因为只有当群众知晓一切、判断一切的时候，才能坚定地站在自己所归属的制度一边。对自身存在的问题，敢于主动用"自己的刀削自己的把儿"，勇于挺身而出，公布真相，坦承错误，表明态度，这本身就是强有力的舆论引导。因为只有说出了事实真相，才能明辨是非，才能拦截谣言，才能宣示决心，才能挤压负面新闻的空间，才能主导舆论，修复形象，赢得民心凝聚力。

党的十八大以来，党中央以前所未有的力度肃贪反腐，对周永康、徐才厚、令计划、苏荣等多名高官的贪腐问题开展调查，同时通过新闻方式昭告天下。这种主动击浊揭丑、自我曝光的做法非但无损政党声誉，反而显示了新一届党中央集体查处腐败的决心，树立了依法治国不可抗拒的威严，因而赢得了广大人民群众的一致拥护。

阻燃法——给信息安上"减压阀"，铺上"隔热层"

祸患常积于忽微，风起于青萍之末。突发事件多有前兆，在矛盾处在萌芽状态时，解决成本最低。当事件酝酿发酵时，就应动员足够的力量进行说服、化解，阻断信息纵向的延伸、横向的扩散。因此须牢牢掌控舆论的减压阀和总开关，在社会组织和新闻媒体配合下，主动释放善意，疏导情绪，诠释法意，对燃点降温，对热点冷却，对会给社会带来恐慌和弊害的视频图像进行依法管控，对不实传言采取有效澄清，对谣言进行坚决地揭露和抵制。通过对"可燃物"的转移缓解释放压力，防止积薪助燃，从而最终熄灭火种，排除引爆点。

换言之，危机管理的目的，是通过信息的及时导控来遏止事态的恶化，尽量减少社会危害和损失。在危机中，或许不能改变面临的灾难，但可以导控危机的走向，缓解事件冲突和矛盾的激化，通过主动介入和有序管理引导信息的传播，从源头上掌握事件的总开关，将信息闸门转变为"减压阀"，铺上"减震器"和"隔热层"，最大限度遏制危机蔓延的范围和损失的程度。

首先是信息源头的管理，要特别注意信息首因效应，明确速度就是新闻，政府和相关部门有必要主动出击，抢占制高点，把握首发权，第一时间尽快释放良性阻燃信号，遏制"有害易爆"信息，将事件纳入有序的解决轨道。这是因为人们对最先出现的信息格外关注，而第一反应又往往基于情感判断，当第一时间的信息先入为主之后、紧随而来的信息特别是相左的观点往往被排斥和过滤掉，并很难再进行客观的价值判断。这种状态又很容易在网络作用下形成情绪的沸点，每个分子都成了信息传递者和信息裂变者，这种极富感染性的舆论环境一旦形成，极端的倾向便会像雪崩式地爆发，直到宣泄净尽，带有很大的破坏力。

因此，初始逻辑体系建立至关重要，它会在很大程度上决定事件走向，起到事半功倍的作用。在应急处置中一定要本着可化不可激，可散不可聚的原则，将矛盾化解和舆论导向同步操作，充分发挥各级社会组织优势，采取行政的、法律的、经济的和教育的多种方式，把冲突消解在萌芽阶段，并在这一过程中统一信源，主动释放权威声音，减少无端猜测，切断谣言蛊惑。

例如，辽宁蚁力神公司以虚假广告骗取"国家合格评定质量信得过产品"称号，并设立 46 个分公司、一万个销售公司进行诈骗活动，涉及全国 17 个省区市 113 万养殖户资金额高达数百亿。骗局败露后，公司负责人企图将危机转嫁给政府，称公司崩盘是政府打压造成的，并煽动养殖户 2007 年 10 月 19 日聚集冲砸公权机构，堵塞交通干线。当地党委政府组成了由二十多个部门负责同志参加的领导小组，按照"谁的人谁管，谁的事谁办，谁主管谁负责"的方针，对涉罪主犯王奉友加强侦办，"破产清算、专案侦查、维稳防控"三管齐下，针对可能出现的群体聚集，及早发现，及早劝离。通过各级基层组织深入细致的工作，将群体性事件纳入了依法解决的途径。

抽薪法——网下快解决，网上快回应

柴草是易燃物和引火物，只有抽去锅底下的柴草，才能熄灭火焰；只有曲突徙薪，才不至于由于烟道遭堵被大火烧掉房子。最好的灭火剂是查准起火点，清除可燃物，消解和切断火源，而非顶风扑火，一味压服。因为舆论危机往往是表象，虚拟社会的风雨云晴，往往是现实社会的矛盾反映。网上起波澜，网下有积怨，网上的情绪高地，往往掩盖着民生洼地，必须关注社会情绪，及时打捞"沉没的声音"。欲解民心，先听民声，再达民意。缺乏沟通释放的渠道，民怨就会像燃点极低的甲烷气体，遇火星就会燃烧爆炸。因此，欲要稳定，首先疏导民心，清除燃点，化解热点，排除焦点，才能避免炸点。这就需要面对群众，不要怕群众、怪群众、压群众，重新回到团结服务群众、说服教育群众的优良传统上来，就会找到化解矛盾的灵丹妙药。不敢接触群众，是一种危险，与群众对立，离出事就不远了。须知虚拟社会的风浪，源于现实社会的深澜，敬畏民心，引导民意，化解民忧，解决民怨，对突发事件要网上快回应，网下快解决，矛盾方可迎刃而解。

对于危害社会制度、祸及稳定的重大突发事件则另当别论，应依法通过对有害信息的删除、谣言制造者的查处和对要闻区、论坛、博客、问吧等互动栏目的行业管理，扶正祛邪营造风清气正的网络环境。

切割法——切割，无损整体；掩盖，祸及全身

城门失火，殃及池鱼；害群之马，一马足可害群。政府组织或企业出现贪腐丑闻，企业被曝伪劣产品，就像肌体发现肿瘤，必须实施外科手术，毫不犹豫地实行快速切割，必要时对病灶区进行化疗，否则就会使癌细胞迅速扩散到健康的神经、淋巴系统，甚至危及整个肌体。违纪违法个案、批次劣质产品都可能因人为遮掩波及整体，造成局部影响全局，个体祸及整体，小患不除、大病叫苦的后果。因而对一旦出现的丑闻要勇于曝光，坦承失误，主动担当，公布举措，并且朝闻夕改，杜绝今后。做到不掩饰、不回避和不护短，让社会公众看到壮士断腕的决心，就会使负面形象与影响最小化。谨记丑闻由自己说出来不丑，由别人揭出来就丑，被别人揭露出来还自我辩护则更丑，并且越描越黑、愈涂愈乱，最终不可收拾。须知今天这个时代，你不披露就会被揭露，你怕伤皮偏会被伤骨，只有痛快淋漓切割腐肉，果断革除积弊，才能迅速化危为机，将负能量转化为正能量。

2013年6月9日，上海市高级人民法院法官陈某、赵某等一行5人到上海衡山度假村夜总会集体嫖娼的视频后来被公布到微博上，上海市高级人民法院于第一时间做出回应，上海市纪委牵头对事件展开调查，决定给予赵某和陈某开除党籍处分，由上海市高级人民法院提请上海市人大常委会将其开除公职。给予倪某开除党籍处分，免去其高院纪检组、监案室相关职务。上海市委主要负责同志在此后召开的全市政法干部会议上严肃宣布：今后对政法队伍内部这种违法违纪行为零容忍，一经发现，坚决依法依纪严惩，清除害群之马。很快，负面舆论得到平息。

转移法——后浪推前浪，新闻代旧闻

新闻的时效性来自人们对新闻的"喜新厌旧"，一个新闻事件若无新的爆料，其生命周期一般在 5 天到 7 天，则渐为明日黄花，不再受人青睐，其命运则由"置顶"到"沉底"乃至被搁置"冷宫"，因为此时受众会被日新月异的新热点吸引。"新闻时时有，唯有今日奇"，人们关注新闻，放掉旧闻，甚至"弃之如敝屣"的现象屡见不鲜。

2011 年 6 月 21 日，网络新闻大量发布郭美美炫富事件，一时间成为各大网站的头条新闻。可时隔 33 天，赖昌星从加拿大遣返回国受审，霎时间对郭美美的口诛笔伐淡出公众视野，代之而起的是对赖昌星案件来龙去脉的追问，猜测高悬十余年的法槌如何重磅落下。

这种随时间的延续和空间的继起所形成舆论热点的"漂移"属于新闻传播的重要特征，这一规律完全可以为我所用，可化为以下三种议题设置：一是在既有的多起负面新闻事件中，两害相权取其轻强调一个，弱化一个，以强势新闻挤压弱势新闻出局。二是植入正能量的新闻事件，冲淡负面事件的影响，营造公众新的关注点。三是在危机事件处置过程中，设置新议题，持续不断地将"舆论流"导入理性轨道。

化解法——放低身段，沟通交流

大量事实证明：舆论危机并不可怕，可怕的倒是对待危机的态度，若态度错了，就会坐失良机，一错到底。因为危机中包含着危险与机遇两个因素，二者之间是可以转换的变量，只要态度正确，方法得当，往往可以从危困中解脱，走向新的境况。因此对舆

论危机要客观分析、理性对待。特别是对待批评和指责要有包容的胸怀，对激烈的反面声音也要发乎于情，止乎于礼，只要不是诋毁与诽谤，就要像太极拳一样讲求"以柔克刚""圆润含化""以静御动"，做到避免斗气、争锋和"掰手腕"。须知政府组织的心胸开阔度，决定百姓批评的尺度。政务公开的程度，反作用于突发事件的裂度：政府组织说得越多，突发事件发生的机率越小，公众的质疑就会越少。媒体特别是互联网上有一定数量的批评乃至负面信息，是正常的舆论生态，换一种思路对待网络过激的言辞，就会化害为利，海阔天空。切记：删除不如善用，封堵不如提供，反制不如回应，辩护不如求证。对确系政府及组织的失误、错误应闻过则喜、知错就改，反而会重新赢得尊重，不仅可以收获信任，还可以赢得谅解，转危为机。若能在舆论的倒逼中反躬自省，还能举一反三，完善制度机制建设，更可以化害为益，否极泰来。当然，化解危机的过程中，还要注意讲求细节、推敲用语，妥善把握时、度、效。

2012 年 7 月 23 日，装有中国石油化工集团公司聚丙烯胶工业原料的 6 个集装箱掉入海中，被吹入香港海域，香港一家媒体以《生态灾难市民在鼓里，癌胶粒 60 亿粒遍港海》为题进行夸张报道，有人遂到中石化集团驻港公司门前抗议并索赔。中石化新闻发布部门迅速赴港，在公关公司协助下化解疑虑，缓释危机。中石化新闻发言人在港召开新闻发布会表示：第一，不管这个责任事故是谁，我们都来积极地参与清场；第二，不管这个事故责任在谁，我们都愿意先垫付 1000 万港币来善后；第三，将来法律责任界定是中石化的，不管多少钱，我们承诺赔付。紧随其后，中石化又派出专业技术人员参与清场，这样的态度和做法有效遏制了媒体恶意炒作空间。

缓释法——事件处置不止，信息发布不停

缓释法又称阶段披露法和滚动发布法，即在突发事件发生后，按照事件潜在、处置、扩散、善后、修复的发展变化，持续不断地向媒体和公众提供处置进展情况，从而表达政府组织的原则态度、所采取的应急举措，不断释疑解惑，以话语权决定主导权，善始善终，尽到服务政府的职责。做到事件处置不止，信息发布不停，并且不拘形式，多媒并用，碎片化地释放信息，这种不间断满足公众对信息需求的方式犹如治水，分段泄洪，导控分流，持续释放，既符合舆论引导的规律，又遵循事件真相由浅入深、信息由少到多的认知过程，从简说事实，表明态度到由简入繁出结论，缓释渐进，化解公众焦虑，缓解舆论压力，襄助事件由危转机。

构建法——构建新话语，重塑新形象

在危机管理中，政府及组织要善于在逆境中发现转机的正能量，从负面事件中找到闪光点以利于导控。因为舆论是经媒体拟态化了的事实，真实事件往往有多重含义，可以有不同导向的引申义，这给我们用新的拟态诠释事实提供了广阔空间。同样是灾难爆发，既可引起悲痛绝望，亦可导向"多难兴邦，化悲伤为力量"，这就要求我们了解并用好媒体，立足媒体建构新故事，推出新举措，重塑新形象，制造新认同，赋予事件以积极向上的象征意义，培育"嫁接"出新的舆论平台，走出事件阴影，摆脱舆论危机，推送给全社会以新希望的舆论制高点。

作者简介　武和平，1951年生，籍贯山东沂水，犯罪学博士，中国作协会员。现为全国公安文联副主席，中国政府公共关系委员会主任委员。曾任河南省开封市公安局长、市人民政府副市长，公安部宣传局局长，陕西省政法委副书记，中国人民公安大学政治委员，公安部办公厅副主任兼新闻发言人，北京侦探推理文艺协会会长。作者长期从事文学创作与理论研究，曾出版长篇小说《血案疑踪》《掩盖》《预备警官》及报告文学《"九一八大案"备忘》，其中多部改编为电影、电视剧。由中央电视台主拍的电视连续剧《九一八大案纪实》荣获中宣部"五个一"工程奖。理论专著有《大治安》《黑社会犯罪新论》《打开天窗说亮话——发言人眼中的突发事件》与《公开才有力量》等。曾被评为"中国新闻发言人制度文化建设贡献人物"。

新闻发言人的
担当与追求

原铁道部宣传部长、新闻发言人　王勇平

铁道部新闻发言人是我一生最重要的职业经历，我对这段经历的感悟是：一位合格的新闻发言人，除了要有真诚的为人态度、机敏的反应速度、优秀的表达能力和广博的专业知识外，更要有对自己这份事业的信心追求和责任担当。

一、以最大的忠诚体现责任担当

发布台是一个特殊的载体，承载着政府信息的发布、大众诉求的回应、媒体的提问对答，充满了压力、冲突与交锋。政府新闻发言人从登上发布台的那一刻起就构成了事实上的责任担当。这种担当体现在日常发布的殚精竭虑中，更体现在舆论危机爆发时别无选择地置身于风口浪尖上。担当需要勇气，需要智慧，更需要忠诚。政府发言人的价值本身体现在对国家、对政府、对人民的责任担当中，这是一种容不得半点虚假的忠诚。

我是 2003 年夏调任铁道部政治部宣传部部长并担任铁道部新闻发言人的。这个阶段，正值中国铁路处于深刻的变革时期。当时的铁路虽有一定发展，却与国民经济发展和人民群众出行需求有着相当大的差距。这种差距主要体现在两个方面：一是铁路的营业里程十分短缺，2003 年全国铁路里程才 7 万多公里，人均铁路里程在世界各国排名一百名之后；二是铁路运输技术装备还比较落后，绝大部分铁路的客运速度每小时不到一百公里。运力与运量的矛盾十分突出，每当春运期间，旅客更是一票难求。每年春运都释放出中国社会最为焦灼的群体情绪，也成为党中央、国务院最为牵挂的民生问题。

2004 年 1 月 7 日，国务院审议通过《中长期铁路网规划》。规划明确提出，到 2020 年建成 1.2 万公里的客运专线网，在未来十余年里建成"四纵四横"高速铁路网，为高铁体系发展提供了清晰的框架。铁道部宣传部作为铁路对外信息发布的喉舌，是各类各级媒体向铁路系统联络采访、求证消息、咨询问题、验证传闻以及索取各种信息的平台，实际上是铁路与外界沟通、互动和交流的一个重要桥梁。我的职责是协调各种力量、利用各条渠道，努力宣传加快中国铁路事业的发展。

2003 年 9 月 22 日，国务院新闻办公室在北京举办了第一期全国新闻发言人培训班，66 个部委的 100 多名新闻发言人参加了培训。我作为铁道部新闻发言人接受了这次后来被人们称为"黄埔一期"的训练。从那以后，我就以铁道部新闻发言人的身份亮相于国内外各大媒体，开始了长达八年的宣传加快铁路发展工作，特别是推介中国高铁的难忘经历。8 年经历，充满了生气，也充满变数。对铁路，尤其是对高速铁路倾情、客观而真诚的表达，成为我在新闻发布台，也是在人生舞台上的一个重要姿态。

记得 2008 年 1 月 21 日，我做客新华网。访谈一开始，主持人就说了一段令我热血沸腾的话："站在国旗下、站在讲台上，面对中外媒体记者，新闻发言人的身影频频出现在广大公众的面前。新闻发言人代表中国政府部门的立场，向世人传递着中国政府的声音，为各国媒体提供权威的信息，让世界更加充分地了解中国。在人们眼里，新闻发言人是很有魅力的一群人：有庄重的仪表，有严谨的谈吐，还有娴熟的发布技巧，从容应对中外记者的提问而处变不惊。"

我不是一个能说会道的人，不会胸有成竹、妙语连珠地去满足公众对政府信息的渴求。特别是，我由铁路局直接调到铁道部当新闻发言人，对铁路宏观情况不熟悉。为了弥补自己对铁路整个历史、现状及未来发展脉络把握的不足，弥补自己对新闻发布原则、方法和技巧等基础知识的不足，缓解知识和能力的恐慌，我不能不自我加压，努力学习，大胆实践，怀着为中国的铁路发展创造良好舆论环境的愿望，置身于高效率、快节奏、重负荷的工作状态。

发言人的岗位就是一个担当的岗位。大事难事有担当、逆境顺境有襟度、临喜临怒有涵养、群行群止有识见，应是新闻发言人的基本职责、基本素质和基本能力。面对媒体和社会关注的问题，发言人都必须直面，没有回避的余地，没有松懈的机会，没有放弃的理由。站立发布台前，是一种责任的存在，是一种使命的存在。担任发言人的过程，就是承担责任的过程，就是承受风险的过程，就是承载奉献的过程。在这个过程中，感受事业的波折起伏，经受媒体裂变的考验，承受社会潮汐的冲击，编织着发言人自觉的人生状态。从这个意义上讲，责无旁贷的担当便体现于其中。

2011 年 7 月 23 日，在浙江温州境内发生了一起特别重大的铁路动车事故，按照铁道部部长的要求，第二天我赶赴温州。一下飞机，就接到中央宣传部立即召开新闻发布会的指示。当时事故原因正在调查中，很多情况还没有搞清楚。当铁道部领导明确由我担任当晚新闻发布会的发言人时，距离开发布会的时间已经不到 1 个小时，时间非常紧迫，我只了解一些当时能够掌握到的事故发生概况，更细致、更具体的情况无法掌握。当晚 10 点 45 分，我出现在发布会现场。温州水心饭店多功能厅不到一百平方米的空间挤着约两百多名记者，人声嘈杂，空气混浊，一场仓促的发布会艰难地开始了……

我在发布会上介绍了事故发生概况、造成的损失以及政府应对的措施，回答了媒体记者的提问。浙江卫视作了全程直播，结束时，节目主持人对观众评论说，"从发布会上看，铁道部发言人的态度非常坦诚，也非常认真，非常严谨"。

但是，这次发布会是我8年新闻发言人生涯中遇到的最艰难、最难忘的一次发布会。随着后来事态的发展，这次发布会也成为直接导致我告别发言人舞台的最后一次发布会。虽然，当时自我认为不管存在多少不足，终究尽自己最大努力满足了公众和媒体的知情权，澄清了一些不负责任的猜测。

后来，我告别发布台，出国履职。出国启程前两天，国务院新闻办公室特地为我组织了一个临别聚会。各部委新闻发言人来了不少。新闻办一个负责人说："我们从事的是一项重要、崇高又艰巨的事业，我们用辛勤的劳动和汗水，努力推动政务公开、推动国家的进步和人民事业的发展。在社会快速发展和变革时期，我们的工作难免会遇到挑战和挫折，但相信我们的艰辛和付出能得到大多数人的理解。"面对曾经的领导和同道，我心中感慨不已。我向大家表示，"8年的发言人生涯，可能是我一生中最有起伏、也最为精彩的一段生活。当我要为这段生活画上句号时，我很坦然，因为主观上我尽力了。尽管我已不会再在发布台上亮相，但我会在遥远的别国土地上，深情关注着中国新闻发布事业的发展！深情地凝视着你们——我亲爱的朋友们在发布台上代表政府部门、代表中国发言的风采！"对于发布台，我自始至终都保持着敬畏与赤诚，就在要告别它时，我留下了这段内心表白。

二、以最快的发声引导舆论走向

发布台是速度竞技场，速度始终是政府发言人在这个竞技场上追求的目标。敢于发声、善于发声、及时发声，以最快的速度传播政府的声音，是新闻发言人的职责所在。在全媒体时代，最快的发布速度就是最合适的发布速度，赢得速度就是赢得主动权、话语权和引导权。快中求稳、快中求准绝非迟疑、拖沓和举棋不定。否则，耽误的是时间，失去的是机会，耗费的是成本，损害的是声誉。

温州重大动车行车事故发生后两个小时内，我就组织发出了第一篇通稿。第二天上午我接受了中央人民广播电台、中央电视台的采访。下午我赶赴事故现场，当天晚上召开新闻发布会。虽然我们自认为发声速度不算慢，但较之新媒体和自媒体的快速反应还是相形逊色。我们还未回应，事故现场的经历者、见证者就已通过网络，将现场照片传递到全国和全世界。

面对各种突发事件，有的事情涉及面广，原因复杂，需要更多的证据和科学分析，很难在短时间内确认原因和性质。发言人既不能凭主观臆测，又不能因此延误发声节奏。那么，在最早的发布中，可以多讲已知信息，不讲未知情况；多讲应对措施，慎讲具体原因；多讲立场态度，迟讲责任处理；多讲主观责任，少讲客观因素。

2010年7月11日15时56分，中铁十八局施工的新建南黎铁路那适2号隧道坍塌，10名工人被困，引起了社会和媒体的高度关注。我要求铁路方面以最快的速度将已经掌握到的信息发布出去，后续报道不断跟进。11 日 19 时，发出了关于事故初步概况的第一份通稿。12 日 10 时，发出实施事故救援方案的第二份通稿；22 时，发出被困人员暂时平安的第三份通稿。13 日上午，组织 3 家主要媒体到隧道顶部，连线采访被困人员；15 时，组织现场媒体记者召开情况通报会，介绍救援进展情况；17 时，发出与洞内人员保持联系的第四份通稿。14 日 7 时和 10 时，2 号隧道先后发生第二次和第三次塌方，洞内人员被塌方坍体掩埋；11 时 40 分，发出隧道再次塌方的第五份通稿；15 时，发出了救援工作的第六份通稿。15 日 12 时，发出第七份通稿。16 日，施救人员奋力从 1 号隧道向 2 号隧道开挖救援通道，全体媒体记者在洞外焦急地昼夜等待。17 日 3 时 50 分，打通救援通道但未发现生命迹象；8 时，召集现场记者，通报情况，并发出搜救工作转入搜寻阶段的第八份通稿。整个新闻发布与救援进展同步进行。这次救援工作虽然最终没有挽回被困工人的生命，这是令人十分痛心的事，但是，从整个救援工作特别是新闻发布工作看，还是做得细致周密的。对此，媒体和社会给予了充分的体谅和理解。

三、以最严的作风说出事情真相

发布台是由真实的信息垒砌和巩固起来的，一条条真实信息的发布就是一块块砖石对发布台的铺垫和支撑。真实是信息的生命，真实决定信息的权威性和影响力，也决定发布台的存在价值。任何虚假信息的有意发布都将有可能直接导致政府发言人的形象乃至于政府部门的声誉连同打造他们的重要平台——发布台一起断崖式地坍塌。

发言人口中只有真相。尊重事实，说出真相，是新闻发布必须遵循的正道、常道、恒道。人们相信政府发言人所言，实际上是对政府的信任。人们能够原谅政府犯错，但不能接受政府说谎。发言人无论什么事情，无论什么时候，都不能说假话。不知道的不说，不清楚的慎说，没有把握的不乱说，必须说的好好说。任何不诚实的言行都将付出维护不诚实的代价：编织的谎言越大，维护谎言的成本就越高，被人揭穿并被抛弃的风险就越大。

2006 年发生在京九线的"4·11"事故。两列客车追尾造成两名铁路职工死亡、18 名旅客受伤。责任单位在对外发布新闻时称 18 名旅客受伤，无旅客死亡，回避了两名铁路职工死亡的事实。后来，事发地和平县县长接受记者采访时称事故已造成两人死亡。《广州日报》次日在头版头条刊登了事故死亡两人的报道。为此，国务院责成公安部、安监总局等部成立联合调查组到事发地调查，新华社也跟进调查采访。"隐瞒事故伤亡"一时成为媒体和公众关注的焦点，给铁路部门声誉造成了很坏的影响。

说真话也是驳斥谣言的有力武器。对于有的媒体设置谣言陷阱，不仅要识别它，更要利用它，变被动为主动，变陷阱为坦途。

青藏铁路通车两周年，铁道部在国新办召开新闻发布会，主导这次发布会的信息内容是青藏铁路通车两年来安全、运输、服务以及对青藏人民带来的便利和福祉。我和青藏铁路公司的领导共同发布了这方面信息，并回答了在场中外记者的提问。在提问中，法国有家媒体记者举手发问："据闻中国正计划修一条从拉萨到林芝的铁路，林芝地区拥有丰富的矿藏资源，请铁道部新闻发言人回应是否属实？"表面上看这个提问似乎没什么不妥。我首先的反应是，我们确实有意向在拉萨至林芝之间建路，属于青藏铁路的延伸线。但这还处于可行性研究阶段，没有对外公布。这位记者的信息来源确实灵敏。接下来我的反应就是"她为什么要说林芝地区有丰富的矿藏呢？"我马上联想达赖集团在国外大肆宣扬青藏铁路的开通，破坏和掠夺了西藏的自然资源。这位记者显然受到了达赖集团的蛊惑而迎合了他们的论调。如果我稍有不慎，仅仅回答我们有在这里建路的意向，就有可能被认为默认了修路的目的是开矿。面对那位记者的问题，我当即回答，我们有意向将青藏铁路由拉萨延伸到林芝，这将有利于林芝地区各族人民出行的便利，有利于林芝地区旅游业的发展，与当地矿藏是否丰富没有任何关系。这位记者并不甘心，后来又问，青藏铁路的开通不是使得西藏的矿藏资源得到充分的开发和利用吗？面对这个挑衅性提问，我坚决予以否认，并列举事例，说明青藏铁路通车一年来主要是拉动和助推青藏地区的旅游业，就货运来说，进藏物资远远高于出藏物资，而且进藏物资主要是建筑原材料、电子产品和人民生活必需品，出藏物资则集中在矿泉水、青稞酒方面。我很负责任地说，我们没有运走西藏一块矿石。西藏的自然生态得以完好的保护。这次答记者问，免除了西方媒体一次歪曲性的报道，在一定程度上维护了国家的形象。

四、以最准的口径回应公众关切

在发布会上，要把握分寸，注意口径。发言人要注意三个方面的尺度把握：事实尺度、法规尺度、情理尺度。

所谓把握事实尺度，就是任何信息的发布不能偏离整体真实性。面对复杂繁乱的各种信息，发言人要以最快速度进入第一知情圈、决策圈、行动圈，掌握权威信息，掌握全部过程，准确明晰地整理出需要向媒体公布的内容，包括所有细节和数据。在短时间内完成信息采集、信息研判、信息发布、信息对冲、信息阐释和信息主导全过程。2008年2月28日上午，铁道部召开新闻发布会，这次发布会的主题是介绍节后春运情况。会前我得知当天凌晨2点多钟，由乌鲁木齐开往阿克苏的5807次旅客列车遭到大风袭击而造成重大行车事故，我预测这件事一定会引起媒体的高度关注，立即向铁道部调度指挥中心和乌鲁木齐铁路局详细了解情况，掌握了一手资讯，建立准确的口径。

在当天发布会上，新华社记者提问："我们得知今天凌晨南疆遭遇了沙尘暴，造成列车脱轨，列车的旅客伤亡情况怎么样？"我回应："这是由自然灾害造成的列车脱轨事件，发生在今天早上2点05分，是由乌鲁木齐开往阿克苏的5807次旅客列车。车上有3名旅客死亡，2名旅客重伤，32名旅客轻伤。事故发生地处于南疆有名的大风区，自然环境十分恶劣，狂风多次掀翻汽车、房屋，据测风仪记录，此次列车脱轨地点瞬间风力达到13级。中央气象台的监测资料显示，该地区当时并没有观测到沙尘暴天气，火车应该是遭遇了特大风力而脱轨。事故发生后，铁路部门一是全力救援受伤旅客；二是做好受阻旅客疏散工作和饮食服务工作，稳定旅客情绪；三是迅速组织救援，抓紧线路复就，尽快恢复正常行车；四是进一步查明事故原因，完善和落实大风等恶劣天气下的应急处置工作，杜绝类似事故再次发生。铁道部有关负责同志到现场组织救援。经过全力抢修，11：30分线路被修复，南疆铁路恢复运输，目前受伤旅客已经得到救治，1100多名旅客已经安全离开。我们对遇难的3名旅客表示深切的悼念，也祝受伤的旅客早日康复。"

所谓把握法规尺度，就是在信息传播中必须以法律法规为准绳，在法律法规范围内行事，经得起社会的检验和历史的检验。2010年10月11日，《华西都市报》报道，在宝成铁路石亭江大桥被洪水冲断后，新建大桥只用了53天便完成施工，"在正常情况下，完成这样大的工程需要260天"。实际情况确实如此，但是新闻报道没有把握好尺度。报道引用项目负责人的话称：这堪称世界最快的桥梁施工速度，有可能申请吉尼斯世界纪录。这次投入比当年修建旧大桥时多了十多倍，能抵御百年一遇洪水。结果，这则报道出现后，引来一些媒体的关注，纷纷写出《石亭江大桥可敢申请质量最好吉尼斯世界纪录？》《石亭江大桥施工速度且慢申请"世界最快速度"》等评论文章。由于宣传报道缺乏预见，过分突出建设速度快，结果让受众感到这样做违背客观规律，给原本值得骄傲和自豪的建设成果蒙上了阴暗的幕布。

所谓把握情理尺度，就是宣传要符合传播规律和受众心理，切忌过犹不及。2007年1月10日，铁道部召开当年全国铁路工作会议。前一天23时，铁道部负责人找到我，要我协调媒体做好会议报道。特别要求我向媒体讲清楚春运票价上浮的道理，希望媒体不要炒作。当时我想，铁路部门在春运高峰期客票上浮的唯一理由是削峰平谷，即通过票价浮动调整旅客出行秩序，把客流高峰移入低谷，达到均衡运输的目的。可是这个理由怎么说服得了需要掏出额外钱来买票回家过年的旅客？以往我在回答记者对这件事的追问时一直不能理直气壮，其说法也遭到社会各界的质疑。媒体常有批评，网上炒作不断。于是我直言相告，这个道理我讲不清楚，媒体炒作我也阻止不了。只有停止这一条款的执行，才能从源头上解决这个问题。我说，社会上普遍认为这是一项霸王条款，不管铁路做了多少工作，只要有这一条在，铁路的声誉就好不了。当晚部领导和有关部门负责人立即召开会议，正式做出了春运高峰票价不再上浮的决定。

第二天，全国铁路工作会议正式召开。中午就餐前，我对参会的中央和首都各级各类媒体朋友宣布：现在举行新闻发布会。我说，发布会不会超过 10 分钟时间，不耽误大家就餐。接着我向大家发布：铁道部决定，2007 年铁路春运各类旅客列车票价一律不上浮。顿时，餐厅里一片欢呼声。有记者提问，以后春运是否都不上浮？我回答，只要是老百姓欢迎的事，我们就一定会坚持做下去。记者们也没心思吃饭了，纷纷忙着发稿。有关这个内容的报道成为当天最抢眼的新闻。新华社当天发了《今年起春运铁路火车票价不再上浮》的通稿，还配发了短评《春运不涨价，铁道部带了个好头！》。短评说：铁道部新闻发言人王勇平 10 日说，2007 年春运铁路火车票价不上浮，已有几年历史的春运期间火车票向上浮动惯例终于告一段落。这是国家一项英明的惠民决策；这是铁道部贯彻中央以民为本，权为民所用、利为民所谋、情为民所系，落实党和国家关注民生问题的切实之举；这是社会各界包括媒体等不断呼吁的结果。铁道部这个利民举措得人心、顺民意，值得为之叫好。

五、以最真的情感传递政府关怀

发布台是个晴雨表，测试着政府发言人心情和态度的晴天与雨天。假如政府发言人向媒体、向社会传递生、冷、硬，那么反馈而来的必然是同样的情绪；如果向媒体和社会输送的是温暖和柔情，政府发言人收获的便一定是暖暖的艳阳天。尽管发布台是严肃的、是理性的，但一点也不妨碍发布台同样弥漫着人情味、同样呼唤着同理心。政府发言人在发布台上话语的升温、表情的升温、感情的升温，就能让社会各界感受到来自政府的关怀和温暖，并在这种关怀和温暖中坚定前行的力量和信心。

面对灾难性事件，人的生命比什么都重要。生命重于泰山。突出人的生命、人的生存、人的尊严，是发言人总体指导思想和摆在第一位的工作。在新闻发布当中，把人的安危放在最先，然后再是其他。那种在发布会上说了很多事情，最后再说人员伤亡，甚至对伤亡含糊其词的做法，就是本末倒置，不仅是程序排列上出了错，也反映了人性、人情的严重缺失。至于发言人没有同向回应人们此时此刻的悲伤、愤怒和无奈，甚至不慎出现不合时宜的言语和表情，势必引发公众进一步的情绪升级和行为过激。

汶川地震发生后，我多次接受媒体采访。第一次接受电话连线采访的时候，我说的第一句话就是："首先要告诉大家，所有行驶在震区的旅客列车平安无事，没有发生一起因地震引发的旅客伤亡事故，请旅客们的亲戚朋友放心。"这个"不幸中的万幸"第一时间通过电话连线发布，立即赢得了广大群众的好感。地震发生后，灾区的通信系统中断，人们担忧灾区亲人的安危，可谓心急如焚。行驶在震区的31列旅客列车上有数万名旅客，在他们背后是数十万亲友乃至全国人民的牵挂。我充分体会到了大家这种急迫的心情，在确认了旅客们平安的信息后及时发布出去，这被媒体朋友评价为展现了钢轨之上充满温情的一面。

在这段时间里，我接受了各大广播电台、电视台的连线采访。在这个关键时刻里，主持直播节目的都是非常有经验的主持人，中央电视台有张健、白岩松、鲁健、徐莉，凤凰卫视有吴小莉、许戈辉、窦文涛等，他们在提问的时候既充分发挥了个人风格也充满了专业技巧。我知道，提问的是新闻媒体人，受众是广大群众。通过新闻媒体人的对话来完成传播事实信息与表达情感的任务。所以，根据每个主持人不同的特点，我在内容、语速、情感的表达上都做了相应的调整，适应不同的风格。总体上做到既铿锵有力，又充满感情，既体现出铁路半军事化的雷厉风行的作风、铁路服务抗震救灾大局的坚定决心和集中力量办大事的强大力量，同时也表明人民铁路以人为本的情怀，在灾害面前，首先考虑到的是旅客和群众的生命安全。

在 8 年铁道部发言人经历中，我也留下了很深刻的教训。温州动车事故那场新闻发布会，我曾说过"这是一个奇迹"而引起社会强烈的反响。在那次发布会上，有记者提问："为什么救援已经结束了的时候，在拆解车体的时候还会发现一个活着的女孩子？"这个看似简短的提问实际暗藏了三个问题。我之所以出现后来的被动，在于我只回答了其中之一。

一是是否已经宣布停止救援，又是谁宣布的？事实上，救援工作一直都在进行。根本没有所谓"搜救结束"和"拆解车体"两个阶段的截然分野。坊间风传的"有关领导命令停止搜救，武警支队长抗命救出小女孩"的传闻纯属子虚乌有。可是，当时我并不了解究竟是否有人宣布停止搜救，也就无法正面回答这个问题。

二是小伊伊发现之前，搜救行动是不是已经尽到了最大的努力？事后我才得知，当时救援人员人工搜查多次后，又用生命探测仪对车厢探测了 7 次，再也没有显示生命的迹象。在这种情况下，车辆起复工作才开始进行。正是因为考虑万一还有生命存在，铁道部领导要求不要整个车辆起吊，而是一层一层地吊，结果在变形车体的夹缝中竟发现了奄奄一息的小伊伊。可惜，直到发布会开始我也未掌握到这些细节。

三是小伊伊为什么能活下来？在人工多次查寻、又经生命探测仪反复检测都没有生命迹象，而最终一个小女孩却从尸体堆中活下来了。小伊伊一次次挣脱了死神之手，躲过一劫又一劫。小伊伊顽强的生命力让我感到是一种奇迹。当时在媒体的质问下，我对这个问题做了简单的答复："这是一个奇迹。我只能这样回答您，虽然事情就这样发生了——我们确实后来发现了一个活着的女孩。事情就是这样。"我这样的回答显得苍白无力，也缺乏应有的情感温度。小伊伊遇到的伤害是令人心痛的，牵挂了无数人的心，我的心情也同样如此。如果我在当时能够明确表达出对小伊伊的遭遇是不幸中的万幸这层意思，能够对小伊伊的遭遇表示更多的同情，效果可能要好得多。

六、以最大的勇气维护人类正义

从某个方面讲，发布台也是阵地，尽管不是刀光剑影的战场，但却是政府发言人牢牢坚守的道德高地。在这里传递出来的应当是真相、是正义、是公理、是正能量，同时也要用事实回应各种谣言、恶搞和诋毁。在这个阵地上，政府发言人是守土有责、守土负责、守土尽责的战士。事关国家利益，该严肃的必须严肃，该坚定的必须坚定，该反驳的必须反驳，该抵制的必须抵制。虽然不主张造成剑拔弩张、唇枪舌剑、火药味浓的紧张气氛，但决不能无原则地回避和迁就。柔中带刚、笑里藏锋，也能震荡出不怒自威的浩然正气。

高铁发展初期，境外媒体盛行"中国高铁技术不值得信赖""中国发展高铁决策失误"等说法。如果对这些谣言和谬误视而不见、静默无言，那就失去了一个中国政府部门发言人起码的责任和存在的价值。所以，无论出于正义、原则和良知，我都会及时发声，敢说实话、敢说真话、也敢说硬话。在一系列的新闻发言和发布中，维护了国家发展高铁的正确决策。

我在新华网做客访谈时曾经说过，"中国高铁是中国人民在中国共产党领导下创造的人间奇迹，是我们国家实力的象征，每个中国人都为之感到骄傲和自豪"。有人在网络上公开批评我，说这是对中国高铁进行漫无边际的吹嘘。对于这个问题，我后来接受《环球时报》记者采访时明确地表达了我的立场和态度："中国高铁从起步至今天，站在宏观的角度看是一个完美的过程。中国目前已经拥有全世界营业里程最长、在建规模最大的高速铁路网。日本人、法国人、德国人、美国人没做到或做得还不够的中国人做到了：中国仅用十余年时间，就跨越了发达国家半个世纪的高速铁路发展历程，成就了造福十几亿中国人以及子孙后代的业绩。把这样的辉煌成就誉为'人间奇迹'有什么不妥的呢？而且中国高铁早已跨越出铁路行业之外，它属于中华民族，属于中国人民，我们不应该好好宣传吗？"

2008 年，京津城际铁路正式通车运营，引起国内外媒体的高度关注，我在这条线上多次接受和陪同中外记者的采访和体验。有一次，外宣部门安排了一支近百人的境外记者采访团来到北京南站采访京津城际铁路。作为铁道部新闻发言人，我回答了记者们的各种提问。有一位日本媒体的记者问我，"京津城际铁路是完全套用了日本新干线的技术吗？"我没立即回答，而是反问："日本新干线最高时速是多少？"他回答是每小时 250 公里。我又问："您知道中国京津城际铁路时速是 350 公里吗？哪有时速 350 公里套用 250 公里的道理？"我接下来说，"中国高铁的发展在互利互惠基础上，学习和借鉴了包括日本新干线在内的一些国家的先进技术，我们不会忘记。但是，中国高铁更凝聚了中国政府和中国人民的毅力、魄力和创造力。京津城际铁路的正式运营，也是中国对世界高铁的重大贡献！"我说完后，令人意外的一幕发生了，这位日本记者毕恭毕敬地向我鞠了一躬。我知道，这是向中国高铁、向勤劳智慧的中国人民的鞠躬。那一刻，我感到特别的自豪和提气！

2011年7月7日，我接受新华网采访。记者一开始就引出话题："我们注意到，京沪高铁成功开通运营后，日本媒体对中国高铁的纠结心态表现得十分明显。"我回道："并不是所有日本媒体都纠结，也有不少日本新闻从业人员客观公允地评价和报道了京沪高铁的成功开通运营。但确实有相当多的日本媒体不顾事实，说了一些蛊惑人心的话，这是我们不能接受的。"记者问："一些日本媒体说中国高铁'是在日本新干线基础上发展起来的中国版新干线'，日本《产经新闻》则干脆说是'盗版新干线'，您怎么看待这个问题？"这涉及中国高铁自主权，涉及中国高铁及其创造者、建设者应有的尊严。我毫不客气地回答："什么叫盗版日本新干线？这有点大言不惭了。可以说，新干线与京沪高铁完全不在一个能相提并论的层次。无论是速度还是舒适度，无论是线上部分技术还是线下部分技术，差距都很大。打嘴上官司毫无意义，一切靠事实说话，靠数据说话。"记者接过我的话，继续问："您说打嘴上官司毫无意义，可是人家却提出要打官司。据日本《朝日新闻》7月5日报道，'川崎重工的总裁大桥忠晴称，如果中国高铁海外申请专利的内容与中国和川崎重工关于新干线技术出口的契约相抵触，将不得不对中国提起诉讼'。"我告诉记者："我也注意到了这个报道。大桥忠晴先生连中国高铁申报什么专利都还没搞清楚，就反应如此强烈。这种敏感、脆弱的心态，只能说明不自信。至于说要对中国提起诉讼，那我们悉听尊便。他应当了解中华民族的性格：无事不惹事，有事不怕事。但我们还是提醒一下日本某些政治人物和媒体要控制情绪，不要因两国发展现状引起的心理落差而影响对两国关系大局的判断，共同履行维护两国和平友好睦邻关系的责任。"说完这番话后，我又补上一层意思。我说："我们从不回避在发展高铁中我们与别人在合作中受益的话题，我们感谢包括日本在内的世界上一切为中国高铁发展提供有价值劳动的合作者；我们也愿意与世界各国分享在高速铁路建设和发展中的经验和成果，推动高速铁路在全球的发展。据日本媒体报道，日本计划在未来新建 5 条总长 870 公里的高铁。中国愿意按照有关国际法规和国际贸易规则，为日本提供相关技术帮助。"

碰巧，那天正是七七事变的纪念日。我说："顺便提一下，今天是七七事变的纪念日。在这里，谈论中日两国的有关问题我们感慨很多。对于上个世纪的那场战争，中日两国人民都不应该忘记。战争已经远去，但是教训发人深省。让我们以史为鉴，面向未来！"

这个采访报道发表后，大桥忠晴先生还特意向中国铁道部发了一封致歉信，并声明《朝日新闻》曲解了他的原意。不管是大桥忠晴先生的本意也好，还是《朝日新闻》的曲解也罢，作为中国铁道部新闻发言人，面对那些有损我国高铁利益和形象的不负责任的言论扩散时，我代表中国政府部门及时地表明了态度，说明了真相，改变了国际舆论的不公正炒作，这才是最重要的。

七、以最足的定力释放必胜能量

对一名新闻发言人来说，自信是不可或缺的素养。无论是在高歌猛进的顺境之下，还是在陷入低谷的逆境之中，都应该保持激昂向上的基调。任何事物的发展，都要经历从不成熟到成熟的过程，出现低谷和反复的现象符合事物发展的规律。不能因暂时的挫折而放弃责任和信心，也不能因偏激舆论的压力而改变正确的看法并动摇内心的坚定。让坚定、自信充盈着自己的内心，体现在每一次的新闻发布中，体现在每一次回答媒体提问中，向社会传递信心，动员和激发更多的社会力量与智慧。

在"7·23"事故的新闻发布会上，我回答的第一个提问是："铁道部表示对高铁非常有信心，在'7·23'事故发生之后，这个信心从何而来？"我坚定地说："发生了事故，对铁路的形象造成了影响，很多人认为这是高铁产生的安全问题。事故还在调查之中，肯定有它特殊的原因。我想说一声，中国高铁的技术是先进的，是合格的，我们仍然具有信心。"第二天，某电视台专门作了一期节目。主持人持不同意见，对我有信心的发言予以质问和批评。

发生了"7·23"重大铁路交通事故，损失惨痛，教训深刻，愧对党和人民，但我们不能够失去信心。我们曾经为改变"一车难请，一票难求"的局面而孜孜不倦、苦苦探求；我们曾经为延长国人人均铁路只有一根火柴的长度而含辛茹苦、节衣缩食；我们曾经为圆中国铁路"人便其行，货畅其流"的梦幻而殚精竭虑、无私奉献。当高铁终于在我们手上建成并不断奉献给祖国和人民时，当高铁终于为中国人民的运输需求提供前所未有的便利和快捷时，当高铁横空出世而让中华民族、炎黄子孙扬眉吐气时，我们确实有一种自信心和自豪感。不应该以偶然的事故来否定中国高铁事业发展的成绩。正是这种信心的始终存在，中国高铁才能打破僵局，走出困境，以不同凡响的姿态赢得人民群众的由衷认可和在国际上的美誉度。

2018 年 12 月，中宣部学习大讲坛邀请我做了一次演讲，演讲的题目是《这个时代让我们信心满满》。这次演讲地点安排在深圳大学，面对坐满报告厅的师生们和各界人士，我的激情伴随着演讲喷涌而出。我在结尾时说道："今天，中国成为世界上高速铁路建设里程最长、运行速度最高、运营场景最丰富、对自然环境适应性最强的国家。当中国高铁突破了 29000 公里的营业里程，占了世界高铁总里程的三分之二时，当中国高铁实现了'四纵四横'再向'八纵八横'豪迈挺进时，当中国高铁在造福中华民族的同时并走向世界、让世界刮目相看时，当中国高铁让中国老百姓从此不再为出行而犯愁时，作为一名中国人和铁路人，哪能不豪情满怀？虽然一路走来不容易，但我们终于走到了今天并将继续走下去！我要由衷地感谢我们这个伟大的时代，感谢这个让我们始终信心满满的改革开放的好时代！"这时会场气氛达到了高潮，台上台下，形成了强烈共鸣。

八、以最高的站位解析宏观战略

发布台是一个"凸起"的信息平台，它的高位也衬托了政府发言人的站位。"居高声自远，非是藉秋风。"站位高，则眼界高、格局高、水平高；站位低，则把握不了全貌，透视不了本质，预测不了长远。政府发言人理所当然地要站在政府的高度上，从政府的角度去思考、去发声。有时，授权回答一个提问，就是授权回答政府的一种态度、一项政策和一个决心。

2011 年 6 月 30 日，京沪高铁正式开通运营。京沪高铁是世界上一次建成线路里程最长、技术标准最高的高速铁路。中国人依靠自己的智慧和力量，建成了这条全长 1318 公里的高速铁路。6 月 1 日，我做客中央人民广播电台。主持人对京沪高铁正式开通运营非常关注，她问道："京沪高铁的开通会对北京到上海之间的航线航班造成一定的影响，航空人今天没有在，我们说说京沪高铁和京沪之间的航班比较起来，它的优势到底在哪里？咱们百姓出行是选火车还是选飞机？"我回答："京沪高铁开通运营，对于京沪通道既有的交通运输格局而言，确实会带来变化，作为一种新兴的交通工具，京沪高铁的出现将会给旅客提供新的选择，也会促使其他的交通运输企业以旅客为中心，不断加强管理，降低经营成本，优化运输产品，提高服务水平，最终把全社会物流成本和旅客的旅行成本降下来，把运行的品质提升上去，最后得利的还是旅客。当然在这种竞争的过程当中，无论是民航也好，高铁也好，或者是其他的交通工具也好，都会提升自身的素质。高铁与其他交通工具包括民航在内，是一种互补，也是一种互励，应该得到协同的发展，这是我们共同的追求和愿望。

事实上，以北京、天津为中心的环渤海地区和以上海为中心的长三角地区以及沿线地区都是我国经济社会发展程度很高的地区，无论是客流还是物流需求总量非常旺盛，没有哪一种交通工具可以包打天下，谁都有自己的运输市场份额，所以就要充分发挥综合交通运输体系的整体作用，需要互相协调，共同满足广大人民群众的出行需求，共同促进沿线经济社会发展。在这里我可以给大家举一个例子，青藏铁路运行刚开始，社会上有一种声音，说青藏铁路运营之时，就是这条线路民航停飞之日。5年过去了，结果是铁路运输量非常旺盛，而民航不仅没有停飞，客流量也比过去大大增加，实现了双赢。在京沪高铁我们也与其他交通部门进行了很好的策划和协调。比如说上海虹桥站，高铁和民航就实现了零换乘，这对旅客来说非常便利，对我们两个部门来说也相得益彰。请大家相信，京沪高铁开通后，我们会共同前进，共同发展。"我的这些观点被媒体广泛传播，逐步为社会所接受。这对于国家新的交通格局的形成，提供了舆论支持。

对一些重大敏感问题的回答，发言人必须拿出坚定的原则、坚毅的意志和坚决的态度。发布会上难免会出现意料不到的问题，这些问题可能是发言人从未遇到过，显然会构成一时的心理压力。但是立场和原则是一以贯之的。千变万化，不离其宗。只要对政策和原则能够把握住，就完全可以临危不惊、随机应变、灵活对答、化险为夷。

2010 年春运期间，由于客流爆满，东莞火车东站的工作人员帮助乘客爬车窗上车，造成列车大量超载，站领导因此被免职。这件事立即引起了热议，中央电视台即刻对我进行专访。央视记者从这件事入手，对包括买票难、黄牛党炒票、实票制、服务质量，特别是高铁建设等社会关注的问题一一提问。对此，我客观坦诚地进行了回应。我始终把握一个基本原则：发展才是硬道理。很多问题都是运力短缺而派生出来的，不是说不要对这些问题加以足够的重视，而是要从根本上解决运输能力这个主要矛盾，当运输能力真正解决了，其他问题也就可以迎刃而解了。最后我说，"再过十年，当铁路营运里程达到 12 万公里以上，其中高速铁路达到 1.8 万公里，京广、京哈、京沪这些主要干线都可以实行客货分流，到那个时候我们梦寐以求的人便其行、货畅其流的目标就可以实现"。

记者问："那您向我们通俗地描述一下，您认为那时的春运是什么样子呢？"我描述："我觉得大家买票已经比较方便了，乘车更加舒适了，铁路的人文关怀会变成普遍的一种感受。我们将有足够的运输能力保证旅客出行，各类舒适列车可供大家选择，随到随走就会成为一种常态。"记者说："您确定吗，十年之后，我们今天谈论的这些焦点问题会成为历史？"我回答："那我们拭目以待，我有信心。我们铁路人有信心。"记者说："那好吧，十年之后请您还是坐在这里。"我说："那个时候我都已经退休了。"记者坚持说："我们一样可以回头看历史。"我回应："如果我们都还能够在这里对话的话，我们会兑现今天这样一个期愿。"今天回过头去看这场采访，不仅兑现了当时的预见，而且中国铁路的发展速度和质量更是超出了预期。可以说，这实际上是立足于改革开放大背景下对中国铁路发展的一次没有多大难度的预测。可喜的是，这种预测的结局竟是如此的圆满。

九、以最宽的胸襟包容八面来风

发布台是包容的，包罗万象，包容着各种观点，允许不同声音碰撞。人与人之间，是一种尊重；情与情之间，是一种交换；心与心之间，是一种体谅。包容是一种胸襟，也是一份自信，心平气静地摆出事实，和颜悦色地说明真相，客观理性地进行分析，远比简单粗暴的压制、颐指气使的傲慢更有力量。

在发布台上，发言人遇到的最大敌人，不是能力，不是条件，而是情绪。思维逻辑永远大于情绪。由于出席新闻发布会的记者兴趣各有不同，所提问题涉及面比较广，不管记者提出什么问题，不管这些问题有多么偏激和片面，发言人都要诚恳地听取并耐心地回答。也许，正是"刁钻"的记者才会使发言人更加显示出睿智；接受有挑战性的提问，更能激发发言人的热情和才华。

在"7·23"事故新闻发布会上，有位记者问："事故的赔偿标准，中外会有差别吗？"这个突如其来的问题的确非常棘手。以往中外旅客事故伤亡赔偿标准依据的是不同的规章，客观上确实存在外籍旅客的赔偿额度要高于本国旅客的情况。这是历史遗留问题，我个人也认为不合理、不公平。但是这些规章并未废止，仍然有效，即使修改也要经过必要的程序。在这个万众聚焦的发布会上，无论是源自我的本意，还是出于顺应民意，我都不便于在这种场合很气粗地说中外旅客的赔偿标准就是不一样。可是，如果我在没有得到指令的情况下擅自表态，我又要承受多大的风险？最终我坚决地回答："我想不会有差别，中国人的生命和外国人的生命同样珍贵。"我的回答完全符合铁道部领导后来在这起事故处理中对中外旅客赔偿上一视同仁的精神，我国铁路人身事故的赔偿标准从此掀开了新的一页。

"7·23"重大铁路交通事故的发生是多种原因导致而成。从铁路方面讲，决不能强调客观原因而放过自己的主观责任。作为铁道部的发言人，就是要说出事实真相，说出诚恳态度，说出整改措施，与整个社会，特别是与受害者及其亲属保持同样的心理、同样的情感、同样的频道。在"7·23"事故新闻发布会上，我的一句"至于你信不信，我反正信了"成为媒体炒作的焦点。虽然这句话的表达有特殊语境，但确实存在着纰漏。当时网络上盛传埋车头是掩盖证据，掩盖事实。关于掩埋车体问题，我并没有从领导那里得到权威的信息，或者是经过缜密调查后的一个清晰结论。究竟掩埋了没有？为什么要掩埋？当记者发问时，我只能用上海铁路局同志提供的解释来答复，虽然没有偏离事实，但语气和情绪都存在问题。

十、以最佳的表现塑造公众形象

对政府的发言人而言，发布台就是一个展台。这个众人瞩目的展台一览无余地展示着政府发言人的形象、气质、学识和审美标准。镜头之下，发言人的一言一行、一举一动全是信息。

一是保持良好的颜值与气质。发布信息主要是通过语言来完成的，除了语言信息传递外，还有一种非语言信息的传递，即表情、着装、肢体动作等外在形象所传递的信息。人的经历经验、知识才能、思考深度、情感纯度、承受程度、性格特点这些内在的累积，会逐渐地、一点一滴地改变着人的气质和眼神，影响并改变容貌和长相。发言人的外在形象，应当端庄得体，干练精明，温文尔雅。在走向发布台前，有必要对自己的颜面、发型进行梳妆打扮，力求以最佳的颜值、焕发的容光展现在公众的视野中。

二是选择得体的服装与首饰。发言人的着装，是其展示外在形象的一个重要视点。作为一种视觉语言，合适的着装更容易被赋予某种好的特质，有着一定的引荐作用和辐射作用。没有人会乐意从你不修边幅的外表，走进你不同凡响的内心；没有人有义务必须透过连你自己都毫不在意的邋遢外表，去发现你优秀的内在。面对镜头，发言人的着装应庄重、大方、朴素、自然、得体，符合自己的气质和身份。我在担任铁道部发言人期间，为了随时接受记者采访和召开发布会，办公室里除了专备一套西装外，还配备了几条不同颜色的领带，各有一条代表喜庆的红色领带、代表庄重的蓝色领带以及代表沉痛的黑色领带。

2008年5月12日，四川省汶川县发生了8级以上强烈地震，国务院新闻办公室召开了一场运输行业的新闻发布会。我在这次发布会上代表铁道部作了铁路运输方面的情况介绍，并回答了中外记者的提问。在那次发布会上，我身着一套黑色西装，打了一条黑色领带，采用凝重的表情和语调、缓慢的语速发布新闻并回答记者的提问。清华大学新闻学院对那次发布会进行了专门的分析评估，对我在发布会上包括着装在内的整体表现给予了积极评价。

三是展露合适的表情与肢体动作。发言人的语言固然传递着信息，而发言人的表情与肢体动作也同样在传递着信息，媒体会从发言人的表情中捕捉到其内心的真实，会从发言人的肢体动作中分析到其情绪的变化。这就要求发言人在面对镜头时，自觉做到语言与表情、肢体动作互相配合、和谐一致，求得整体效应。通常情况下，发布喜庆的消息时，应洋溢欢快的表情；面对重大的话题时，应显示严肃的面容；处于危难的境况时，应呈现坚毅的神色；回应公众的质疑时，应表露诚恳的态度；传递灾难的资讯时，应蕴含沉重的神念。这些表情都必须发自内心，流露自然，拿捏得当。同样，在发布新闻时要注意肢体语言的运用，发言人在发布台上，轻松与紧张、高兴与忧虑、诚实与虚假、文明与粗鲁、坚定与动摇等，都会在肢体动作中折射出来。没有肢体动作显得刻板，夸张肢体动作显得做作。很难想象发言人在发布台上肢体僵硬会给人留下自信、自如的印象，同样也很难想象发言人在发布台上手舞足蹈会给人留下自信、稳重的感觉。

四是展现广博的学识与才华。站在发布台上，整个发布是否有温度、有光芒、有气度，都与发言人的学识、才华有着直接关联。不是要求发言人都是作家、诗人、书法家，但拥有更多的艺术才华不仅有利于发言人自身气质的塑造，也有益于发言人在发布信息和回答记者提问时语言技巧和魅力的发挥。在一次与网友聊天时，有位网友问我："你觉得做一名新闻发言人需要具备哪些素质？我是大学新闻专业的学生，你能提点意见吗？"我在给了他4个方面的具体建议后，对他说："新闻专业是一个很好的学科，如果你今后有意选择新闻发言人作为自己的职业，那么现在最重要的就是努力学习，广泛学习各方面的知识：政治、经济、文化、历史、地理、法律、国际关系等各方面都要涉及，深厚而宽广的知识储备和积累，将为你走向发言人的讲坛打下坚实的基础。"

我有一种朴实的感觉，看的书多了，眼界开阔了，说话、做事也就有了底气，应对媒体也会更得体。因此，身处纷扰的舆论圈，我会挤时间学习，尽可能地用文学、诗词、歌曲、书法来使得自己内心处于平静与充实的状态，不断增强厚积薄发的人生积淀。

作者简介 王勇平，原铁道部政治部副主任、宣传部长、新闻发言人。中国铁路文联主席兼秘书长，国际铁路合作组织（总部华沙）副主席、中方委员。现为中国传媒大学新闻发言人研究培训中心共同主任、客座教授，中国新闻智库高级研究员。系中国公关协会理事，中国作家协会会员，中国诗歌学会会员，中国书法家协会第五、六、七届理事，中国铁路书法家协会名誉主席，中国楹联学会传统文化研究院名誉院长。

奥运会为对外传播和新闻
发布工作留下了宝贵遗产

北京市政府新闻办公室原主任、北京市政府原新闻发言人，
北京奥组委新闻宣传部部长，北京冬奥申委副秘书长、
新闻宣传部部长　王　惠

2015 年 7 月 31 日，马来西亚首都吉隆坡烈日炎炎。位于市中心的著名建筑双子座世贸中心的多功能厅气氛更加热烈，吸引了全世界的关注。正在这里召开的国际奥委会第 128 次全会已经接近尾声，压轴戏 2022 年冬奥会举办城市的投票结果即将揭晓。在国际奥委会主席巴赫展开信封的那一刻，一千多人的大厅鸦雀无声，所有的人都屏住了呼吸。听到巴赫先生宣读"2022 年冬奥会举办城市——北京"，一群身着冰蓝色制服的中国人一跃而起，置身于其中的我，耳边充满了尖叫和欢呼声。时隔七年，北京再次让世界心动，成为世界上唯一一个既申办成功了夏季奥运会又申办成功了冬季奥运会的城市。我也再一次经历了申办成功这一刻骨铭心的喜悦。

国际奥委会主席巴赫和新闻官安德鲁与我们一起出席了获得举办权城市的发布会。发布会结束后，安德鲁走向我，对我说："你太特别了！是世界上唯一一个为一个城市申办过夏季奥运会又申办过冬季奥运会，并且都申办成功了的新闻官。"

确实如他所说，我不是体育人，也不是体育爱好者，却在本世纪初北京成为奥林匹克城市的过程中，与奥运结缘，参与了 2008 年北京奥运会和 2022 年北京冬奥会的两次申办，并以北京奥运会新闻官、发言人的身份参与了北京 2008 年奥运会的筹办与举办，见证了无与伦比的成功。在国际媒体的聚光灯下，在数百场新闻发布会上，在世界各国记者的各种问题前，我深刻地体会到，申办、筹办、举办奥运会的过程，就是通过国际媒体传播中国形象、与世界沟通的过程，新闻发言人的使命就是让世界了解中国，接受中国进而认同中国的发展进步。

一、创新工作方法，只为让世界了解北京

1993 年，北京曾经申办过 2000 年奥运会，但失败了。原因很多，其中一个不容忽视的原因就是国际社会对改革开放后的中国了解太少。6 年后，北京重启申办工作，目标是 2008 年第 29 届奥运会。分析自身的优劣势和外部的环境后，有关领导意识到，要想让国际奥委会委员们把票投给北京，必须先让他们了解中国，了解北京。但是，盐湖城丑闻后，国际奥委会明确规定国际奥委会委员不得走访申办城市。当时国际奥委会的 115 个委员中，只有百分之十五的人来过中国。他们中的多数人对中国的了解十分有限，且充满偏见。见不到这些掌握着投票权的国际奥委会委员，怎么和他们交流沟通，又怎么影响他们呢？唯一的通道就是通过国际媒体的报道让他们了解中国，了解北京。

为了加大与国际媒体沟通的工作，北京市领导开始物色适合做国际传播和与国际媒体沟通的人。也就在这个时候，我被组织从北京电视台副总编辑的岗位上调到了北京市外宣办（市政府新闻办）任常务副主任兼北京奥申委新闻宣传部副部长。调我来，是因为我在北京电视台开创了全国最早的对外节目，且颇有影响，领导们认为我有对外宣传的经验。其实那时候我连外国记者都没见过，真不知道怎么和他们打交道。

我在奥申委担任新闻宣传部副部长，分管新闻和对外宣传，引导国际舆论。这是一件谁也没干过的事，没有前人的经验可借鉴，只能创造性地开展工作。在申奥的过程中，我和我的同事们日日夜夜煞费心机地想，怎么能把我们的声音传递到国际奥委会委员耳朵里？凡是想到的我们就做。我们每周给国际奥委会委员发送新闻简报 News Letter，向他们通报北京的申办工作。但我们知道仅仅这么做远远不够，因为 News Letter 是以北京奥申委的名义写的，他们会认为不客观。他们认为什么是客观的呢？那就是国际媒体的报道。可是国际媒体当时对北京申奥的报道负面多过正面，对我们不客观，也不利。

悉尼奥运会以后，某国际公关公司曾做过一个调研，其调研结果显示，在世界媒体关于五个 2008 年奥运会申办城市的报道中，对北京的报道占了 70%，但其中负面报道又占了 70%。迅速扭转国际媒体对中国，特别是对北京申奥的报道倾向是我们的主攻方向。于是我们先后采用组织外国驻华记者集体采访，安排他们专访北京市和北京奥组委领导、运动员、普通老百姓，召开申办工作发布会等多种方式吸引国际媒体深入报道北京，目标是让这些报道影响国际奥委会委员。

在申奥的对外传播中，有两项工作特别值得一提：

一是从 2000 年 10 月到 2001 年 5 月，我们邀请了世界主流媒体 334 位重点记者、专栏作家和负责人到北京来采访。每来一个人，我们都拿出七八套采访方案让他选。如果他对我们的方案不满意，也可以自己制定，还可以从这七八套里选择他需要的重新组合。我们为他们配备专门的翻译、引导员带他们去采访，"滴灌式"地给他们定向喂料。由于国际社会对北京关注度很高，那时候接待记者的密度非常大，一批又一批。人多的时候，我也会拿着个小旗，带着一群外国记者去采访。我带着他们走街串巷了解北京，"这边、这边、这边！""那边、那边、那边！"有一天，我们走在街上，被北京电视台一个和我很熟悉的摄像师看见了，他从马路那边跑过来，一脸不解地问我："王总编，你怎么改行当导游啦？"我心里咯噔一下，但转念一想，当导游怎么了，只要能申奥成功，我干什么都行。

二是北京市和北京奥组委的领导高频次接受各国记者采访，回答他们关注的问题。当时北京市和北京奥组委的每一个领导都出面接受过外国媒体记者的采访，反复对各国记者讲中国人的百年奥运梦想，讲中国要办一届什么样的奥运会，讲奥运会对中国各项事业包括人权发展的重要，讲北京办奥运会将对世界作出哪些贡献，讲为了奥运会中国人做了哪些努力，等等。来采访的记者们深切地感受到了中国开放的力度，对北京申办奥运会的意义、优势、目的也有了充分的理解。回去以后，写了大量关于北京的客观、正面报道。

7个月后，等我们把334位外国媒体的记者一个个接来，又一个个送走，国际公关公司又做了一个调查，结果显示，关注中国的媒体报道增加到了80%，其中客观、正面的报道占70%。完全反过来了，这不能不让我们兴奋。更重要的是，这些记者过去是一只眼看中国，来过北京后，改变了对中国的偏见、误解，睁开了另一只眼，发表了很多有分量的文章。他们还对发表中国负面报道的记者说，你们没有去过中国，没有权利对中国说三道四。这些成功的外宣工作方法在关键时刻帮了我们大忙，不仅让国际奥委会的委员改变了对中国的看法，增加了国际受众对中国的了解，也形成了利用国际关注对外传播中国的重要经验。

二、走访外媒，探明底数，知己知彼勇担当

2008 年，奥运决胜年。树欲静而风不止，那年一开场，我们就遇到了国际舆论的 N 个方面的 N 多挑战，每个月西方媒体都在设置攻击北京奥运会的议题，几乎每天，我们都必须应对他们扔出来的负面报道议题。那年的一月，他们用达尔富尔的问题打击我们，说北京奥运会是血腥的奥运会；二月炮制斯皮尔伯格辞去北京奥运会顾问；三月利用西藏问题大肆造谣，说中国政府杀害喇嘛；四月宣传抢夺北京奥运会火炬；五月汶川地震，他们稍稍安静；六月又开始发难，攻击中国的新闻自由；七月指责中国互联网管理……面对如此险恶严峻的国际舆论环境，我们意识到，不能坐等"围剿"，必须精心策划，抢占舆论高地，利用媒体关切，精准传播核心信息。

2008 年 1 月，北京在美国洛杉矶的帕萨迪纳成功举行奥运花车行进表演。身为北京奥组委新闻宣传部部长的我，是这个活动的策划者和组织者，2007 年 12 月底，我带着北京花车表演团队前往洛杉矶。行前，市领导对我说，你既然去了美国，就去和美国几家主流媒体沟通一下，探探他们报道咱们奥运会的路数吧。按照市领导的要求，在成功组织举办帕萨迪纳花车巡游活动后，我就和同事走访了美国的几家主流媒体。我们选择的是对美国甚至半个世界有影响的美国《洛杉矶时报》《纽约时报》和《华盛顿邮报》，与他们负责奥运会报道的总监进行了交流。

我对他们的负责人说："我们是北京奥组委为媒体服务的工作人员，到这里来，是想了解一下北京奥运会举办的时候，你们到北

京采访的记者需要我们提供什么帮助？"

他们都很惊讶，从没有哪个奥运会的举办城市在奥运会前走访过他们。

"噢，你们把服务送上门了？太好了。"

这三家媒体分别给了我们一份北京奥运会的采访提纲，希望我们能为他们的采访提供方便。我拿过来一看吓了一大跳：一是三份报道提纲出自三个不同城市的媒体，显然他们之间没有商量过，他们相互竞争，也不可能商量，但怎么几乎是一样的呢；二是他们关注的问题并不是北京奥运会什么精彩，中国发展多么快速，而是中国的人权问题、环境问题、食品安全问题、官员腐败问题、群体事件问题、计划生育问题、新闻管理问题、互联网监控问题、知识产权问题、两极分化问题、贫困问题等，每个提纲都有三四十个问题。我看完后十分不解，问他们："你们是要去北京报道奥运会吗？"

"当然了。"

"那这是什么？"

"这是中国啊。奥运会在中国举办，我们当然不可能不关注中国的问题。我们要报道的更多的是体育外的北京，奥运外的中国。"

原来是这样！顿时，我愤懑的内心中又增添了艰难感，感觉挑战巨大，也压力山大：我们想用奥运会宣传中国，他们是想用奥运会打击我们。

三、用占据记者时间的方式，占据媒体的报道空间

回国途中，我在飞机上撰写走访媒体的情况报告。写了他们关

注的问题，我们面对的巨大挑战，但也得提建议、出对策啊！有什么建议和对策呢？回到北京，我和新闻宣传部的同志们经过反复研究，提出了用占据记者时间的方式，占据媒体的报道空间的建议，上报中央奥运宣传领导小组，并被批准。我们又据此制定了一套非常详细的《2008 年奥运会对外宣传实施方案》。这个实施方案分为 7 大部分，把组织媒体采访，召开新闻发布的计划全部做出来，厚厚的几大摞。其中一部分就是在奥运会期间召开 200 场新闻发布会，大密度、高频次、不间断地给世界各国的媒体喂料。方案出来提交会议讨论时，我的同事们吃惊且不解：

"200 场发布会？奥运会加上残奥会就一个月，要开 200 场发布会，怎么可能呢？"

我说："国际媒体策划了数十个炒作中国问题的选题，我们的策划必须几倍于他们。"

2008 年 7 月 8 日，北京奥运倒计时一个月，我们开始实施新闻发布计划。随着奥运会的临近，发布密度一天天加大。奥运会开幕前，32278 个世界各国的记者云集北京，我们奥运会主新闻中心的 5 个发布厅同时启动。

我们的主新闻中心（MPC）很大，里面有 5 个发布厅，最大的 800 个座位，最小的 100 个座位，每天从早上 9 点到深夜，各个发布厅的发布会一场接一场，这个一开完，那个就开了，各国记者这一场刚结束就要赶另一场，马不停蹄。有一天，有个外国记者跑不动了，他找到我：

"王女士，你们新闻发布会的内容都非常丰富，主题也很突出，都是我们需要的，但是有一个问题。"

"什么问题啊？"

"节奏太紧了，你们这场发布会一完，那场就开始了，我们跑过去已经没座了；这场一完，我们跑到那场，那边已经开始了。我们每天在你们新闻中心里跑来跑去，忙得不得了，连写稿子的时间都没有，你们能不能把节奏拉开一点呢？"

"拉开一点儿？"

我笑了，"累了是吗？"

"嗯，有点儿累。"

"奥运会四年才举办一次，第一次来到中国。你也知道，中国很大，发展很快，信息自然就多，我们总是担心，如果有什么信息没及时提供给你们，你们会埋怨我们，所以尽量多给你们提供信息。我知道你累了，这样吧，有什么困难你告诉我，我来帮助你，反正也就剩下十几天了，咱们一块儿坚持一下，好吗？"

等到奥运会、残奥会结束时，一统计，我们共召开新闻发布会391场，超过计划近一倍。记得奥运会前几天，担任北京奥运领导小组组长的习近平同志来到北京奥组委，他当时亲自指挥协调北京奥运会的工作。他问我们，你们估计国际媒体在奥运会期间对中国报道正面率能达到多少？当时我们的回答是：争取达到70%—80%。奥运会结束后，美国尼尔森调查公司的总裁从纽约飞到北京，递给我一个信封，他说：

"王女士，这是我专程从纽约给你们带来的礼物，请你打开吧。"

我打开一看，只有一张纸，就是那个调查结果，我看完眼泪都掉下来了。他们的调查结果显示，北京奥运会期间，国际媒体对中国的正面报道达到了92%。这一结果证明，全国人民用微笑感动了世界，同时也证明我们用占据记者时间的方式，占据媒体的报道空间的做法取得了成功。

四、服务媒体，就是服务北京
奥运会、服务国家形象

北京奥运会开幕前一个月，奥运新闻中心正式启动。但就在这时，我们遇到了新的问题——前来采访奥运会的各国媒体人数剧增。

媒体记者一直是历届奥运会的最大客户群，比运动员多一倍。20世纪末，国际舆论批评国际奥委会，认为奥运会越办越大，越办越豪华，给举办国带来了巨大经济压力，要求国际奥委会"瘦身"。国际奥委会接受了这一批评，开始"瘦身"。他们的"瘦身"计划是一方面压缩竞赛项目，另一方面压缩最大的客户群——记者。

1996年亚特兰大奥运会时，国际奥委会希望把记者的人数控制在20000人以内，但由于各国媒体报道热情过高，这个数字还是突破了，达到了21600人。实在减不下去，国际奥委会只好规定，一个记者也不能再增加了。如果增加一个，必须先减去一个。历届奥运会的资料显示：1996年亚特兰大奥运会的注册记者是21600人；2000年悉尼奥运会也是21600人；2004年雅典奥运会还是21600人。北京奥运会前，国际奥委会告诉我们记者人数也是21600人。北京奥组委一直按照21600人这个记者人数准备住宿、接待、交通、新闻中心和赛场的记者席位。但在奥运会开幕前两个月，国际奥委会才通知我们，注册记者人数突破，变成了26800人，一下子增加了5000多人。这事放在任何一个城市都是个大事，带来的餐饮、住宿、交通、工作间等问题不少。但是，北京是一个不怕大、不怕人多的城市，非但丝毫没乱，反而欣悦接受，从容应对，有序准备，除了"绿色家园"媒体村，我们又开了汇园公寓媒体酒店。

2008 年 8 月 1 日，北京奥运会的三个新闻中心对外开放了。我永远不会忘记那天新闻中心大门打开时各国记者兴奋的样子。他们几乎是跑着进入巨大的主新闻中心（MPC）的，记者们到处拍摄，见人就采访。我们新闻办的同事们分散在新闻中心的各个重要岗位上，用他们高超的国际沟通水平为各国记者提供专业的新闻服务。不管记者们拍摄什么，收入镜头的都是北京已经准备好了的姿态；不管他们采访谁，感受到的都是北京办一届高水平有特色奥运会的信心；不管他们提出什么要求，体会到的都是我们全方位为媒体服务的工作状态；不管他们问什么问题，都有他们希望见到的官员和专家们给予回答。

主新闻中心（MPC）为文字记者准备了 1500 个工作座位，国际广播中心（IBC）为全世界 225 家转播商提供了到位的广播和电视信号服务，让 47 亿人通过电视观看了北京奥运会。非注册新闻中心（BIMC）大密度地组织记者采访。每个新闻中心都设有新闻发布厅、媒体采访间、记者咨询台和工作间。我们为每位记者都提供了一个非常实用的媒体工作包，里面有记者工作手册、小手电、驱蚊器、防晒霜等。在我们的新闻中心里，记者工作用的桌椅是用再生纸做的，他们需要的工作设施、储物柜一应俱全，还有记者健身房、理发室，甚至还有肩背足底按摩。这些服务给世界各国的记者留下了难忘的印象，2010 年南非世界杯足球赛时，很多报道国际体育赛事的记者聚在一起，情不自禁地回忆起了北京奥运会。他们说，我们希望以后世界上大的赛事全交给北京办吧，因为任何一个城市都不可能像北京那样给媒体提供如此周到的服务。

五、"如果有一块新闻传播与媒体服务的金牌，
我们现在就挂在您的胸前"

北京的外宣人借助奥运会的平台开阔了眼界，站在国际舞台上观察世界，审视自己，提高了与国际社会沟通的能力，增长了借助国际盛会传播城市形象的才干。我们新闻办的 20 多位同事因工作需要，在奥运会时分散到奥组委的 17 个部门工作，个个都是骨干力量，在不同岗位上展现出了外宣人高素质、敢担当、能实干、善沟通、外语好、会应变的综合实力，我真心为他们骄傲。北京市的新闻发言人队伍在奥运会期间也得到了全面的提升，136 个局级发言人个个生龙活虎，踊跃出场，主动为媒体设置议题，积极给记者喂料，涌现出了一大批明星发言人，我大声为他们喝彩。

作为北京市政府和北京奥组委的新闻官、发言人，我自己也在奥运会期间得到了极大的锻炼，开创了很多新的工作模式。奥运会期间国际奥委会的发布会也很频繁，国际奥委会的新闻官也是位女士，叫吉赛尔。她常邀请我与她共同主持国际奥委会的发布会，她说，你与记者熟悉，能掌控好局面。于是就出现了一个很有趣的现象：一场发布会两个主持人。我们俩各坐发布台的一端，中间是国际奥委会主席罗格、北京奥运会协调委员会主席维尔布鲁根和北京奥组委的领导。他们都说英语，那我也得说英语。记得第一次为国际奥委会主持新闻发布会，我为自己不够好的英语而紧张，对身边的维尔布鲁根说："我的英语不好，这可怎么办？"

老维笑了，附在我耳边说："你的英语比罗格的好多了！"

说完他又悄悄说："你千万别告诉他啊。"

　　我笑了，知道老维是在鼓励我，为了让我放松，故意这么说的。

　　我和吉赛尔的配合也超乎想象的默契。每次她说完话，想让我接过去的时候，她会用一个眼神或是小小的动作暗示我。我坐在那一边，也不能侧身盯着她看，只能用余光捕捉，或是感受她的语气。我把话题交给她的时候她也这样。我们并没有在上台前把谁要说什么分得很清晰，但从没出现过疏漏。每次发布会结束，吉赛尔都会走过来和我击掌祝贺，她说："我们就像双胞胎姐妹一样默契。"

　　国际奥委会和北京奥组委在北京奥运会期间召开的数百场新闻发布会成了各国媒体依赖的信息渠道，也为他们报道北京奥运会创造了极大的方便，32278 名记者、225 家转播商向全球传播了北京奥运会的信息，47 亿人观看了无与伦比的北京奥运会实况。记得奥运会的最后一场发布会也是我出席发布的。那场发布会最后一个举手的记者并没有提问，只是发表感言。他高度评价北京奥运会，高度评价我们的媒体服务工作，表达了他们对北京的留恋之情。在记者们对北京难舍的依恋情绪感染下，我的内心也激情涌动。我用这样一段话结束了北京奥运会最后一场发布会："正如刚才各位记者所言，奥运会再次回到北京还需要若干年，但北京的大门永远对你们敞开。说再见很难，但是我此刻必须对大家说再见。我相信你们今日告别北京，明日还会再来，北京随时欢迎你们！"

　　我起身向在场的记者鞠躬，记者们也纷纷起身鼓掌，掌声经久不息。这掌声是给北京奥运会的，也是给我们媒体服务工作的。我的思绪在热烈的掌声中回到了 7 年前北京申办奥运会成功时那个欢呼的场景，那时的我重病在身，一心只想申办成功，甚至不敢想自己能否看到奥运会在北京举办的那一刻。现在北京奥运会成功谢幕，我和我的团队没有辜负中国人的百年期盼，没有辜负祖国的重托！我的眼睛湿润了。

发布会结束，记者们纷纷上台与我们工作人员合影，直到他们挥手远去我才走出发布厅。让我吃惊的是，美联社、法新社、路透社三大通讯社的首席记者还站在门口，他们没走。我心里咯噔一下：他们为什么不走？但我还是微笑着走向他们说："你们怎么还没走？"

他们说："我们在等你。"

等我？他们要干什么呢？

"有什么需要我帮助的吗？"

他们摇摇头说："我们只想对你说，你们的工作太出色了。如果有一块新闻传播与媒体服务的金牌，我们现在就挂在您的胸前。"

从来没在记者面前语塞过的我，这一刻，却不知道怎么应答，一句话也说不出来。作为奥运会负责新闻宣传、媒体服务的新闻官，能得到国际主流媒体资深记者的认可，我很意外，也很欣慰。

六、"北京奥运新闻发布会对世界认知中国的作用不可限量"

北京奥运会为对外宣传中国留下了宝贵的遗产，我本人就是这些遗产的直接享用者，一直沿用奥运会留给我们的新闻发布和对外传播经验。奥运会后，每年都有国际重大的体育赛事在北京举办，如武博会、环京自行车赛、世界体操锦标赛、国际马拉松等。赛事组委会沿用奥运会的做法，建立新闻中心，通过媒体传播北京城市形象已成惯例，而我也一直担任这些国际赛事的新闻中心主任，依然工作在新闻发布、国际传播的第一线。我们的媒体服务方式也不断创新，被外媒称赞为"柔软又灵活"的有效渠道，这些方法后来也被移植到了广州亚运会、南京青奥会、深圳大运会、武汉军运会，我本人也作为特聘专家参与了这些国际赛事的新闻宣传工作，为赛事新闻中心建立、媒体服务和城市形象的传播提供了咨询服务。这一切都受益于奥运会，也都是对奥运会宝贵遗产的继承。

记得世界武博会在北京举办时，组委会主席维尔布鲁根和我一起出席发布会，当我们走进发布厅时，记者席发出一阵欢呼声，显然记者们和我们一样，因这一场景与奥运会时发布会的情形太相似而兴奋。维尔布鲁根没有掩饰内心的激动，对记者们说："看到武博会在北京成功举办，看到你们，让我想起了北京奥运会。"

发布会结束后走出发布厅，我对维尔布鲁根说："我一直想问你一个问题：你怎么看待北京奥运会给世界认知中国带来的影响？"

他回答说："不可限量。"

"你真的这样认为？"

"是的。"老维停下脚步，很认真地看着我说：

"你负责的那些发布会对世界认知中国的作用也不可限量。"

"391 场，密度很大。"

老维点点头说："北京奥运会是奥运会历史上记者人数最多，召开新闻发布会最多，受众也最多的奥运会。我也一直想问你，奥运会时你出席了那么多场发布会，记者并不友善，你跟我说实话，面对他们的尖锐问题，你害怕过吗？"

我没想到老维曾关注我在奥运会时的工作状态，认真地回答说："我没害怕过，但是我紧张过。我担心因为我的失误影响北京奥运会的形象。"

老维神情专注地说："你从没出过错。**You are always faultless！**

(你总是那么完美)"

其实,"always faultless"一直是我们奥运人的工作标准。正是因为这个标准,在奥运会成功举办 7 年后北京再次让世界心动,我们又申办成功了 2022 年冬奥会,北京成为世界上唯一一个举办过夏季奥运会,又将举办冬奥会的城市。北京这座古老而现代化的城市正在世界的关注下再次展现其精彩、非凡、卓越,我本人作为参与两次申办奥运会的新闻官和发言人也深感荣幸、充实和欣慰。

奥运会已过去 13 年了,回眸 2008 年,我们依然心潮澎湃;展望 2022 年,我们内心充满期待。

作者简介 王惠,资深媒体人、新闻官,舆论引导和危机处理专家。曾任北京市政府新闻发言人,新闻办主任。先后从事过广播、报纸和电视工作 20 余年。曾任北京奥组委新闻宣传部部长,北京奥运新闻中心主任,北京冬奥申委副秘书长、新闻宣传部部长。组建我国第一个突发事件新闻中心,组织过多次重大突发事件舆论引导。创建全国第一个政务微博发布厅。曾任新中国成立 60 周年新闻中心副主任,党的十八大新闻中心副主任,APEC 新闻中心主任,杭州 G20 新闻顾问,武汉军运会、杭州亚运会、成都大运会特聘新闻宣传专家,2018 年获得中国新闻发言制度化建设"贡献人物"称号。

构建新闻发布规范化、
常态化、机制化的意义探索

——基于 228 场北京市新冠肺炎疫情防控
工作新闻发布会的实操与思考

北京市委宣传部副部长、市政府新闻办主任、
市政府新闻发言人　徐和建

庚子新春，新冠肺炎疫情突然来袭，这是百年来全球发生的最严重的传染病大流行，是新中国成立以来我国遭遇的传播速度最快、感染范围最广、防控难度最大的重大突发公共卫生事件，是对我国国家治理体系和治理能力的一次大考，是对中国特色社会主义制度优越性的一次大考，也是对领导干部媒介素养的一次大考，更是对新闻发布制度、新闻发言人制度的一次大考。

新冠肺炎疫情暴发以来，诡谲多变的疫情防控舆论场，对我国新闻发布工作、新闻发言人素养提出了更高要求。总体而言，我国各级政府以一场场及时、精准、有力、权威的新闻发布会向人民交上了满意答卷，在科普辟谣、稳定民心、提振信心等方面发挥了积极作用。大役之下，新闻发布工作的内涵、外延、功能和作用在实践中得到了极大丰富和广泛拓展，并为新闻发布规范化、常态化、机制化建设探明路径。

一、北京市新冠肺炎疫情防控工作新闻发布会的时代价值

2020 年 8 月 26 日，北京市实现从疫情发生以来首次全部清零，零新增本地病例，零新增输入病例，零在院治疗病例，首都新冠肺

炎疫情防控工作取得重大阶段性成果，特别是新发地批发市场聚集性疫情精准防控取得根本性胜利，获得中外舆论高度赞誉，必将载入北京史册。在抗击疫情的全过程中，北京市新冠肺炎疫情防控工作新闻发布会在疫情防控舆论场中起到"压舱石"作用和抗击疫情"风向标"作用。

（一）破解疫情防控舆情危机常态化的"关键一招"

北京市新冠肺炎疫情防控工作新闻发布会以三个"前所未有"，成为破解疫情防控舆情危机常态化的"关键一招"。第一个前所未有是，就同一主题发布持续时间之长、发布会数量之多前所未有。截至 2021 年 8 月 1 日，新闻发布持续时间长达 18 个月，举办228 场发布会，数量之多位居国内各省区新闻发布会之最，远远超越 2003 年北京非典防控 9 场新闻发布会之数。第二个前所未有是，参与发布人数之多、覆盖范围之广前所未有。既有市级党政部门、各区政府、高等院校、医院"一把手"出席发布，也有来自企业公司、街乡社区、医护界、妇女代表、劳模代表等基层代表登上发布台，既有各级各类相关部门新闻发言人积极踊跃进行专业发布，也有国家卫健委专家组专家学者、市级卫生健康系统专业人士解疑释惑、科普宣传，发布人、发布主题覆盖所有与疫情防控工作有关联的部门和单位、业务领域。第三个前所未有是，新闻发布会效果之好、影响之大前所未有。新闻发布会成为广大市民朋友在疫情防控期间等同于防控物资一样的防控必需品，成为市民网民定点收看定期必看的内容，成为社会期待、媒体期待，京内京外、境内境外高度关注，社会各界给予高度赞誉，市委市政府主要领导、中宣部、外交部、业界、学界、公众充分肯定。

（二）构建新型"政府—公众"对话模式

作为全市防控体系的重要组成部分，北京市新冠肺炎疫情防控工作新闻发布会与首都疫情防控工作同频共振，及时、透明、全面、权威、管用，做到了防控政策、防控信息应发尽发，成为北京疫情防控政策信息公开的主要平台，不失为一种构建移动互联时代"政府—公众"新型对话模式的有益探索。

具体而言，北京市新冠肺炎疫情防控工作新闻发布会与全城抗疫、全民防疫同心合力，发布内容第一时间传递到千家万户、国内国外，社会各界、市民朋友第一时间了解掌握北京最新疫情、最新政策、最新进展、最新要求、健康提示，起到了高效动员群众、引导群众、组织群众参加疫情防控的重要作用，成为北京疫情防控群众工作的指挥平台；与首都疫情防控工作同步同向，与北京新冠肺炎疫情防控工作领导小组会议精神、首都严格进京管理联防联控协调机制会议精神有机衔接，成为北京抗击疫情助力助势的重要平台，为推动首都重大公共卫生突发事件应急处置体系不断完善提供了有益借鉴，为坚持巩固完善与发展防控制度、执行制度，发挥制度效能做出了积极努力；与中国疫情防控国内国外舆论斗争同呼吸共命运，北京权威信息成为中外媒体第一信源，解渴管用的北京市新冠肺炎疫情防控工作、新闻发布会成为中外媒体期待，成为北京精准防控国际国内舆论的引导平台；与新时代的环境局势变化、公共卫生事件走势要求同向同行。疫情防控新闻发布会从传统意义的发布会升级为赋予了丰富职能和时代意义的"新"发布会，成为新时代新闻发布会新要求新实践的探索发展平台。据媒体报道称，二百多场北京市新冠肺炎疫情防控工作新闻发布会在信息、信任和信心三个维度上达成了高度的防控认识、认知和认同。

（三）倒逼重大突发事件应急处置机制更加健全

我国新闻发布制度自 20 世纪 80 年代起萌芽、发展并逐步固化和完善，成为国家制度体系的重要组成部分。从此次疫情防控新闻发布观察我国新闻发言人制度及其对国家治理的影响，新闻发布既是国家治理体系不断完善、高效运转的润滑剂和催化剂，也是国家治理体系和治理能力逐步现代化的推动者和见证者。

在北京疫情防控中，我们一方面连续进行新闻发布，全面落实中央关于全面推进政务公开和政策解读的各项要求，不断完善首都新闻发布的体制机制；另一方面，我们坚持问题导向，在高强度的发布实践中，强化发布意识、锤炼发言人队伍、优化传播效能，不仅让新闻发布制度执行到位，还要落地生根、开花结果，倒逼疫情防控体系更加严密，倒逼重大突发事件应急处置机制更加健全。

做好新闻发布，就是抓好疫情防控；做好新闻发布，就是推动国家治理体系和治理能力现代化的重要实践，我们把做得好与说得好进行有机结合。各级领导干部在疫情防控新闻发布工作中，增强了同媒体打交道的能力，善于把我们掌握的思想文化公共资源、防控大数据新技术、防控政策制定权的制度优势转化为巩固壮大防控主流思想舆论、汇聚防控强大力量的综合性优势，不断提高治理能力和水平。

二、北京市新冠肺炎疫情防控工作
新闻发布会的实践特点

自 2020 年 1 月 24 日开始至 2021 年 8 月 1 日，北京市人民政府新闻办公室一共举办了 228 场北京市新冠肺炎疫情防控工作新闻发布会，先后有 1130 余人次的党政领导干部、新闻发言人、基层代表、专家学者出席发布会，4000 余家次的境内外媒体、6500 余人次的中外记者采访发布会，发布权威信息 12000 余篇条，回答社会和市民关切的问题 1000 余个。纵观这 228 场新闻发布会，在实操过程中呈现出 6 个突出特点。

（一）权威发布：牢牢占据信源的主导优势

政府部门在重大突发性公共事件中，在信源的权威性上具有天然主导优势。权威部门发布权威信息，权威发布准确无误。北京市新冠肺炎疫情防控工作新闻发布会以北京市人民政府新闻办公室名义举办，每场发布会都经过北京新冠肺炎疫情防控工作领导小组批准同意，审定发布稿。每场发布会都精心准备，每个环节都认真把关，每篇发布稿都认真审核，每个答问口径都认真研拟。228 场新闻发布会，实现了场场精彩、场场有料、场场正能量，实现了零失误、零错误、零歧义、零负面，发布会权威信息成为中外媒体报道最权威最可靠的第一信源。

就新闻发言人而言，要做到每逢大事有静气。无论是突发公共卫生事件防控等级调整公布，还是关乎千家万户重大政策发布；无论是协调落实新发地批发市场聚集性疫情精准防控发布，还是关于首都机场境外输入疫情防控情况发布；无论是复兴医院疫情热点回应，还是首城国际病例通报；无论是顺义局部聚集性疫情防控情况持续发布，还是大兴天宫院街道聚集性疫情防控情况连续发布；无论是大兴天宫院街道发现英国新冠病毒变异株流入，还是昌平龙跃苑小区发现印度德尔塔病毒变异株现身，越是在关键时刻、紧要关头、危急时候，新闻发言人越是要持续保持定力，保证发布的权威、准确，突出强调代表的是部门和组织发布，而不是个人发布，强调和聚焦的是发布的内容，不过分突出个人外在因素。

（二）前置议程：做舆论引导的"总舵手"

疫情防控新闻发布会议程设置具有强大功能，能够在价值判断、政治立场和思想上全面影响受众。新闻发言人、发布会的组织者要在紧跟舆情热点的基础上未雨绸缪，前置议程。在第一时间发布议题、引领主题，就能在第一时间决定受众接受新闻和媒体发表评论的立场，就能牢牢把握防控叙事权、表达权和舆论引导权、主导权，讲好中国故事、中国抗疫故事，影响国际舆论场。

在每场北京市新冠肺炎疫情防控工作新闻发布会召开前，主持人都要设计发布要点，把中央要求、北京政策转化为传播语言、百姓说法，充分起到定调定向的作用。通过"疫情防控常态化""北京进入非常时期""新发地疫情精准防控""零新增不等于零风险""首都疫情防控形势持续趋稳向好""北京精准防控载入史册"等议题主题，成功实现了舆论引领的目的，传播效果完全正向，境外媒体客观引述报道，传播成效明显。

据闻海大数据全球信息监测云平台统计显示，在 2020 年 6 月 11 日至 7 月 10 日期间，境外媒体关于北京市新冠肺炎疫情防控工作新闻发布会的报道信息总量为 39250 条，覆盖 18 个语种、94 个国家、9 个数据渠道，包括 1696 个网站、32 个 twitter 账号、7 个 facebook 账号。其中 6 月 19 日的报道量达到高峰，为 2617 条。

2020 年 5 月 19 日至 8 月 19 日三个月时间，境外媒体关于北京市人民政府新闻办公室主任、北京市人民政府新闻发言人报道信息总量为 11186 条，覆盖 24 个语种、112 个国家、1501 个网站，其中境外主流媒体报道量为 1493 条，路透社报道 118 条、《联合早报》42 条、法新社 23 条、《海峡时报》19 条、美联社 9 条。报道出现 3 次高峰，分别在 6 月 15 日达到 1036 条，在 6 月 23 日达到 1840 条，在 7 月 5 日达到 1307 条。可见，来自北京市人民政府新闻办公室和北京市人民政府新闻发言人的权威信息已经成为外媒报道的重要信息来源。数据分析显示，在这些海外媒体的报道中，正面、中性报道占比高达 83.5%，《人民日报》等中央媒体援引外媒报道，称外媒纷纷给北京防疫"打高分"。

北京市新冠肺炎疫情防控工作新闻发布会积极前置议程，扩大了北京在国际舆论场上的影响力，为舆论引导树立了经典案例的标杆，向世界展示了一个透明、开放、负责、以人为本的大国首都形象。

特别是在 2020 年 4 月 5 日北京市新冠肺炎疫情防控工作新闻发布会上，发言人指出，北京很可能较长时期处于疫情防控状态，首次提出疫情防控常态化，引发了舆论广泛关注。腾讯指数显示，4 月 5 日至 4 月 10 日，北京实施疫情常态防控舆情传播呈现二次高峰态势，相关信息全网传播总量约 34.7 万条。据北京中科闻歌科技股份有限公司监测不完全统计，3 月 14 日至 4 月 13 日，"北京很有可能较长时期处于疫情防控状态"的新闻报道在全网传播 440 篇，29 家报纸、27 家新闻客户端 APP、76 家网站媒体、25 家微信公号、147 个微博公号、2 个短视频公号进行了传播，在全国 26 个省市进行了传播。其中微信平台阅读量达到 29 万，环比增长 1000.00%，情感倾向于正面，其中正面占比 91.59%、中立占比 8.41%、负面占比为 0，传播高峰出现在 4 月 5 日，由今日头条 APP、南方周末 APP、澎湃新闻 APP、新华社 APP、网易新闻 APP、搜狐新闻 APP、一点资讯 APP 等商业平台、主流媒体进行了转载报道。@央视新闻微博图文视频阅读和播放量就达 2199 万。

4月8日，中共中央政治局常务委员会召开会议，习近平总书记指出，要坚持底线思维，做好较长时间应对外部环境变化的思想准备和工作准备；坚持在常态化疫情防控中加快推进生产生活秩序全面恢复；持续抓好首都疫情防控工作。常态化疫情防控成为对全国疫情防控和经济社会发展的总体判断和部署。

（三）聚焦共情：构建具有共同立场的对话

受政治属性影响，传统的政府新闻发布话语的政策性强、逻辑性强、理论性强，这与公众对信息的认知偏好容易产生不匹配的现象。由此，北京市政府新闻发布会在发布过程中，有意识地形成话语与公众的强关系，即市民群众关心什么，我们就协调发布什么，构建与公众对话中的匹配性。

在建立共情的过程中，既包括话语形式即共同语码，如发布会组织策划者犀利的沟通风格、雷厉风行的热点回应等，也可以是直接诉诸情感的共有价值观念、共享群体利益，甚至是共同面对的疫情反扑危机。防控新闻发布会始终聚焦市民的迫切信息需求：每有热点必有及时回应，每有疑问必有专业解答，每有传言必有及时澄清，每有谣言必有及时辟谣，每有涉疫违法行为曝光必有案件处理通报。在这个过程中，任何一个基于"共同"立场，都可以作为政府破解既往新闻发布会"传而不播""传而不达"困境的有力突破口。

（四）闭环发布：消弭次生谣言空间

228场发布会构成了北京市新冠肺炎疫情防控工作完整闭环，几乎穷尽所有应该发布的内容和主题。防范境外输入关键期，会同首都机场前方指挥部，齐心协力，攻坚克难，协调落实一日一对策、一日一发布，应发尽发所有相关新闻和信息。由于新发地批发市场聚集性疫情的严峻性和复杂性，我们打破常规，加大密度，进行了即时即刻第一时间的集群式发布，把精准防控指令政策要求完整迅速地传递到各行各业、千家万户，化作全市人民同心抗疫的行动。每项重要防控政策公布、每个疫情热点回应、每个确诊病例通报都实现了闭环发布。每项发布内容力争完整性，有因有果、有专业解读，来龙去脉讲清楚，市民朋友想知道的信息第一时间发布，市民朋友要知道、应知道的信息同步发布，充分满足了市民朋友防控信息的需求。

疫情防控工作点多面广、千头万绪，疫情发布必须解读细致、形成闭环，不给谣言传言滋生留有一丝余地，实现舆论引导的关口前移。以核酸检测政策调整为例，同时邀请检疫检测工作组、市公安局、疾控专家三方出席，检疫检测工作组首先设计发布了全市千万级大规模核酸检测的结果，通报全市核酸检测成效，说明对重点人群、重点区域、重点行业、重点地区的"应检尽检"已实现了动态清零；随之，市公安局发布进出京政策调整，说明全市低风险地区人员出京不再要求持有核酸检测阴性证明；疾控专家紧随其后，科学解读为什么防控到此阶段不再需要核酸检测阴性证明，整体形成政策发布的闭环，一步到位给市民和受众以完整的政策信息呈现，提前将可能的疑虑消除殆尽。

针对网上热传的"万达广场黄衣女子"事件，我们邀请市疾控中心和属地石景山区共同发布，市疾控中心通报患者流行病学调查情况，提醒公众坚持做好个人防护；石景山区介绍万达广场防疫情况，说明第一时间采取的临时封闭、环境消杀、密接管控、核酸检测等措施，请市民群众放心。在"黄某英进京"事件中，不断有人从各自不同角度复盘黄某英进京事件的所谓"内幕"，众声喧哗中北京按照市领导指示要求，在中宣部支持下，及时与中央政法委、湖北省联系协调，成功实现三地三家同步发布，给受众完整权威信息，有效降低负面舆情的冲击，强力保障防控政策坚决遵照执行。再比如，6月12日新发地疫情之初，协调丰台区及时发布新增确诊病例情况；7月23日新发地疫情收官，再请丰台区来宣布疫情得到有效控制。"组团式""闭环式"发布紧密衔接、环环相扣、有始有终，有效增强了新闻发布的说服力和舆论引导力。

（五）矩阵联动：实现全流程的信息发布

当前，社会治理所面对的媒介环境发生了巨大变化，在以全程、全息、全员、全效为特点的全媒体时代，话语权下移的移动化社会对政府新闻发布与信息公开工作提出了新的要求。在这一背景下，新闻发布会要取得理想传播效果，就要通过全媒体渠道将信息第一时间传递给广大受众，提高全流程的发布意识，构建全流程信息发布矩阵。

北京市新冠肺炎疫情防控工作新闻发布会和媒体矩阵配合默契、相得益彰。传统媒体发挥主力军、主阵地作用；央媒、市属媒体客户端、政务新媒体、微博、抖音、快手等新媒体平台精品选出；主流广播电视实况转播、现场直播，新媒体客户端移动化、可视化实时在线直播，充分实现不同受众群体的全覆盖，传播效果令人鼓舞。我们抓住时机、把握节奏、讲究策略，从时、度、效上着力，体现时度效要求，主动借助数量众多的各级新媒体体现即时即地现场直播优势，保证防控信息随时随地飞入寻常百姓家。

（六）人文关怀：强化全民战"疫"的内生动力

在面对重大突发公共事件时，信心就是黄金。本次疫情应对中，官方对疫情的判断、定性和概念塑造被广泛接纳，这份信任不仅来自公众对政府信源准确性的价值判断，也来自于长期的公信力建设和情感积累。

为照顾听障人士疫情防控的信息需求，北京市人民政府新闻办公室及时协调北京市残联提供新闻发布会全程手语翻译、手语播报；为满足境外媒体采访发布会的语言需要，对报名参加境外媒体记者数量比较多的重要发布会提供中英同传服务、记者答问提供中英交传服务。针对市民朋友外卖、快递、家政、装修等民生保障需求，及时协调组织有关部门发布最新相关政策，解读具体要求。疫情期间，市民朋友交通出行、购物餐饮、健身防护、遵规守法、复工复产、复商复学等要求和提示及时发布，反复提醒、科学普及、广而告之。针对新发地批发市场聚集性疫情，连续十余天组织协调市商务局发布保供稳价工作安排。二月二龙抬头，京城习俗要理发，我们还及时协调有关部门发布美容美发防控指引，及时公布理发店、美发店的营业场所。发布会接地气，解渴管用，且具有深厚的人文关怀，有效强化了公众对于政府的信任与支持，成为全民战"疫"的内生性动力。

三、北京市新冠肺炎疫情防控工作新闻发布会的意义探索

中国统筹疫情防控和经济社会发展交出的优异答卷，具有实践意义、理论意义、时代意义和世界意义。中国特色社会主义根本制度、基本制度、重要制度的综合发力，为疫情防控和经济社会发展提供了强大保障和无与伦比的威力，从这个角度而言具有更重要的

制度意义。总结、思考 228 场"北京市新冠肺炎疫情防控工作新闻发布会"，对于我们进一步推进国家治理体系和治理能力现代化，具有新时代的制度文明价值和全球实践参考价值。

（一）始终坚持党的正确领导

中国共产党领导是中国特色社会主义最本质的特征，是中国特色社会主义制度的最大优势。在以习近平同志为核心的党中央的坚强领导下，中国能够迅速控制疫情蔓延扩散，有力保障人民群众生命安全和身体健康，与美国等西方国家形成鲜明对比。北京市疫情防控发布中，我们坚决贯彻习近平总书记关于疫情防控的重要讲话、指示批示精神，坚决贯彻党中央、国务院各项决策部署，坚决落实北京新冠肺炎疫情防控工作领导小组各项工作要求，强化党的领导，健全联席会议、新闻发布、口径管理、媒体采访、舆情研判、宣传引导、网络发布等一系列机制，进一步明确"谁主管、谁负责"的工作原则，联合涉事单位共同研判、共同报告、共同处置，形成网络曝光、发布回应、改进工作的闭环，建立全市横向联动、上下协同的疫情防控宣传格局。

（二）始终坚持以人民为中心

党的十九届四中全会强调，要创新互联网时代群众工作机制，始终做到为了群众、相信群众、依靠群众、引领群众，深入群众、深入基层。疫情防控涉及群众生命安全和生活的方方面面，我们始终坚持群众关心的就是发布要说的，将我们党人民至上的执政理念贯穿始终。我们紧跟全市防控节奏，千方百计做到应发尽发，第一时间将市委市政府决策部署传递到千家万户，让师生家长市民朋友能够及时掌握最新疫情、最新政策、最新进展、最新要求和健康提示。我们聚焦社会热点，针对部分市场闭市停摆引发的恐慌囤货，协调市市场监管局、市商务局等部门出席发布，大力宣传保供稳价、市场消杀等工作情况，说明供应充足。我们及时回应热点难点，针对疫情遭遇中小学复课、中高考、应届毕业生毕业三大关键期，我们协调市教委、市人力社保局等部门公布政策、细化解读，让市民安心放心。"民有所呼、我有所应"，我们倾听百姓心声，把新闻发布从"我来说"变为"你来问，我来答"，深刻践行宣传舆论工作强信心、暖人心、聚民心、筑同心的使命担当。

（三）始终坚持政治引领

党的十九届四中全会指出，要健全重大舆情和突发事件舆论引导机制。坚决打赢疫情防控的人民战争、总体战、阻击战，妥善应对百年不遇新冠肺炎疫情对世界百年不遇之大变局的加速演进，坚定不移实现中华民族伟大复兴中国梦，就是当下始终坚持政治引领的最新实践和最好实践。抗击新冠肺炎疫情，保持社会安全稳定，就是首都疫情期间最大的政治。社会各界对北京市新冠肺炎疫情防控工作新闻发布会高度评价，认为首都疫情防控持续时间长，社会保持如此安全稳定，高密度的新闻发布会功不可没。新冠肺炎疫情来势迅猛，面对种种未知及焦虑恐慌，公众信息渴求度激增，舆情发酵极快。为有效引导疫情防控舆论，我们坚持目标导向、问题导向、结果导向的三向统一，树立公平公正、雷厉风行、不回避、不隐瞒的良好政府形象，给群众吃定心丸，增强社会战胜疫情强大信心，加速推进经济社会发展恢复正常秩序，为实现中华民族伟大复兴的中国梦贡献力量。

（四）始终坚持国际视野

党的十九届四中全会指出，要构建网上网下一体、内宣外宣联动的主流舆论格局。疫情肆虐中，国际疫情形势和舆论环境尤其复杂。个别国家和媒体不断制造抹黑中国的杂音噪音。我们始终坚持做好对外传播，邀请境外媒体参加，在会同中央部门做好组织管理的前提下，借助外媒讲好疫情防控的"中国实践""北京经验"，有力吸引境外目光对中国理念从耳濡目染到感同身受，再到产生共鸣，充分描绘了团结一心、同舟共济的中国形象。我们认真用好外媒集中的区位优势，把对外传播习近平新时代中国特色社会主义思想放在首位，研究制定进一步加大抗击疫情对外宣传和舆论引导力度的工作方案，运用集体采访、境外推送等多种形式加强国际传播，讲好中国抗疫故事，持续对外说明北京疫情防控的举措和成效，实现了防控工作做得好、抗疫故事讲得好、境外媒体报道得好这"三好"。

四、结　语

政府新闻发言人制度是沟通媒体、社会公众和政府部门的桥梁，对协调政府与传媒、政府与公众的关系，维护社会稳定、促进经济社会发展有着极其重要的作用。北京市新冠肺炎疫情防控工作新闻发布会取得了一些成绩，或可为后来者提供可循的依据和有益的借鉴。

一是领导高度重视。每次北京新冠肺炎疫情防控工作领导小组会议、首都严格进京管理联防联控协调机制会议都专题研究新闻发布主题、发布内容，每次新闻发布会都是经北京新冠肺炎疫情防控工作领导小组批准。北京市委主要负责同志亲自审阅每场发布会的工作方案、发布主题、发布内容，亲自点题，亲自部署，点题发布、热点回应批示多达数十次，重要口径亲自审改确定。北京市政府主要负责同志批示部署要求做好疫情防控重要政策、"五新"系列政策等重要政策的发布。北京市委宣传部主要负责同志坐镇指挥部署，研定选题，高层协调，强力推进发布工作，亲临发布会现场指导发布工作，牢牢把握发布方向、发布重点、发布策略。北京市委市政府每位领导都亲自落实分管领域的相关发布工作，北京市分管副市长还出席发布会做主题发布。

二是机制灵敏高效。北京新冠肺炎疫情防控工作领导小组设立一办十八组，专门设有宣传舆论组，北京市委宣传部主要负责同志每天主持召开工作调度会，研判舆情，分析热点，确定发布主题。一办十八组建立新闻发布联络员制度，随时沟通，快速安排，高效发布。舆情"一网打尽"，热点全在视野，发布运筹帷幄，舆论正面向上。每举行一场疫情防控新闻发布会，就是对发布机制的一次考验，就是对发布团队的一次洗礼。228场新闻发布会就是228次考验，228次洗礼。到目前为止，北京市新闻发布运行机制经受住了复杂疫情的考验，发布团队和新闻发言人队伍经受住了疫情的洗礼。

三是明确发布的"多重核心身份"。北京市政府在疫情防控发布的同时构建了四个核心身份，分别是发布者、解读与辟谣者、救援者、服务者。其中，发布身份体现在对新冠肺炎疫情进展做权威通报，以解读与辟谣身份对重大政策及热点舆情进行解释说明，救援与服务身份体现在政府相关部门提供医疗救援、物资供给等相关保障并与社会机构、公众进行合作，同时在疫情常态化防控和复工复产进程中提供社会服务。这些多重核心身份的界定，其本质与公众核心利益密切相关，能有效推动公众与政府建立基于价值与政治认同的信任，为凝聚社会共识，实现全社会合力战"疫"提供源源不断的内生力量。

四是打造新闻发布智囊团。新闻发言人在一定时间内就某一重大事件或时事约见记者或策划举办新闻发布会，并针对有关问题阐述观点立场，代表有关部门回答记者提问是一项复杂而艰巨的工作。短期爆发式的公众高期待造成新闻发布的高压力，对新闻发言人提出极大挑战。在这个意义上，新闻发言人的发布话语、行为甚至微表情，都对保障新闻发布的及时、准确和信度，对推进政府新闻发布规范化建设具有重要意义。因此，新闻发言人的背后必须有一支强大的工作团队和智囊团，他们帮助收集材料、分析信息、深入了解社情民意，与其他相关部门保持密切沟通合作，为新闻发布议程设置和相关的细节问题建言献策。在北京市新冠肺炎疫情防控工作新闻发布会的实际操作过程中，各部委办、各区、各单位全力支持，敢于担当，对接沟通步步落实，服务保障及时到位，保障了新闻发布信息的即时性、全面性、准确性和权威性。

习近平总书记在中央全面深化改革委员会第十二次会议上强调，针对这次疫情暴露出来的短板和不足，要抓紧补短板、堵漏洞、强弱项，该坚持的坚持，该完善的完善，该建立的建立，该落实的落实。北京高强度、高水准的疫情防控发布，是北京抗疫历程中沉淀下来的一条重要经验，应该坚持下去、完善起来、不断创新、落实到位，并将之打造为我国探索新闻发布工作规范化、常态化、机制化的具有标志意义的范本，为我国新闻发言人制度建设与发展，为推进国家治理体系与治理能力现代化作出贡献。

作者简介 徐和建，中国人民大学哲学学士、经济学硕士。现任北京市委宣传部副部长、北京市政府新闻办主任、北京市政府新闻发言人、北京市委宣传部新闻发言人。曾任中央人民政府驻香港特别行政区联络办公室宣传文体部处长，北京市对外宣传领导小组办公室、北京市政府新闻办公室媒体服务处处长、副主任，北京市委宣传部副巡视员。长期从事新闻舆论、国际传播、文化交流工作，熟悉中外媒体报道特点和文化传播规律。组织过千场新闻发布会，截至 2021 年 8 月 1 日，组织主持北京市新冠肺炎疫情防控工作新闻发布会 228 场，负责或参与了近十年来在北京举办的重大活动、主场活动、国际赛事新闻中心、文化交流工作，组织大量对外文化交流活动。新闻作品荣获中国好新闻奖、北京市好新闻奖、中华全国农民报协会好新闻奖，研究成果荣获北京市哲学社会科学优秀成果奖，舆情分析报告荣获全国优秀舆情分析报告奖，中宣部、中央人民政府驻香港特别行政区联络办公室、北京市委、市政府嘉奖，组织策划举办的对外传播活动案例连续六年荣获"全国对外传播十大优秀案例"。合作主编出版了《当代世界媒体》(上、下)。

坚持开放创新包容，
回应社会热点

——上海市政府新闻发布工作的实践

凤凰卫视董事局主席、上海市政府新闻办公室原主任、
原市政府新闻发言人　徐　威

　　信息公开是政府的法定职责。在新媒体环境下，公众对政府信息公开的要求和期待不断提升，也在推动政府新闻发布工作提质增速、不断创新。

　　上海是中国最大的经济中心和国际金融中心城市，是中国最具国际化的地区之一，也是全世界了解中国的一个重要窗口。上海常住人口已经超过 2400 万，加上流动人口，每天服务的中外人士超过 3000 万。每年航空港口的旅客吞吐量超过 1.22 亿，入境国际游客近 900 万。2019 年，上海口岸贸易总额超过 84300 亿元人民币，位居全球城市首位。上海目前有 76 家驻沪领事机构、70 多家外国驻沪媒体机构、720 家跨国公司地区总部、461 家外资研发中心，引进外国人才的数量和质量都居全国第一。

　　总之，上海是一座十分引人关注的国际大都市。这么多中外人士在这里工作、学习、生活，这座城市发生的一切都有可能被迅速传播到全世界。所以，上海的政府新闻发布工作更要及时准确、公开透明，必须坚持开放、创新、包容。

　　所谓开放，就是始终坚持政府信息依法公开，以公开为常态，不公开为例外。尤其是遇到重大突发事件的时候，更要坚持开放。所谓创新，就是始终强调政府新闻发布要贴近群众，善用新媒体，创新发布渠道和方式。所谓包容，就是始终关注媒体和受众的需求，做到以人为本，服务优先，关注人民群众的不同需求，善于倾听不同声音。

一、开 放

中央要求全面推进政务公开，让权力在阳光下运行，保障人民群众的知情权、参与权、表达权、监督权。上海严格按照这些要求，持续推进政务信息的公开，努力做好政策解读，力争用更多刚性要求，强化领导干部的沟通意识，提高沟通能力，满足人民群众的信息需求。

（一）制度先行

确保政府信息公开，确保政府新闻发布工作的质量，首先要靠制度。

2003 年，上海率先在全国省级政府中建立新闻发言人制度。多年以来，全市已构建起较成熟的新闻发布制度体系，不断提升政府部门与广大民众沟通的能力，取得了良好成效。

2015 年，上海市制定文件，落实中央和中宣部（国新办）相关要求，进一步加强信息发布工作。主要体现在两个方面：一是坚持"两个第一"，即主要领导既是"信息发布的第一发言人"，又是"应急处置的第一责任人"；二是建立"4·2·1"新闻发布模式，明确市领导带头参与新闻发布的制度性安排，强化刚性约束。

2019 年，上海市委市政府适应新媒体的发展和舆论环境变化，制定了关于突发事件信息发布的工作方案，明确了发生重特大突发事件，相关部门的协作机制。文件出台不到两个月，面对突如其来的新冠肺炎疫情，多部门联合发布信息的工作机制正式运作。

2020 年 4 月 8 日，在做好疫情防控工作的同时，上海发布了《关于完善重大疫情防控体制机制健全公共卫生应急管理体系的若干意见》，提出要将上海建设成为全球公共卫生体系最健全的城市之一。《意见》明确要求加强舆情处置和舆论引导能力建设，重点是健全信息公开制度，构建以政府权威发布为主、有公信力和影响力的公众人物舆论引导等为补充的信息发布网络，充分发挥媒体舆论监督作用，发挥社会公众心理援助和危机干预作用。

（二）领导带头

领导带头是上海建立公开透明的政府信息发布机制的关键。

从 2008 年起，上海市市长每年都要出席市政府记者招待会和新闻发布会。从 2015 年起，上海市市长和副市长每年至少要参加一次市政府的新闻发布会。所有市政府的领导直接参与信息发布和政策解读工作，这在全国的省级政府中并不多见。2019 年，上海市领导出席国务院的政策吹风会、国新办新闻发布会和上海市政府新闻发布会达 24 人次，创历年新高。有一位副市长一年就参加了6 次新闻发布会。

市领导直面中外记者提问，这种开诚布公的态度体现了责任政府的形象。2020 年 1 月 20 日中午，上海市政府举行记者招待会，市长直接回应了路透社记者关于上海疫情的提问，表示上海加强了对可疑病例的甄别和筛选，对一些可疑病例人员、密切接触人员，采取了相应的防治措施。如果发现确诊的此类病例，将依法依规及时向社会公布。这个回应，体现了上海市政府信息公开的一贯做法。当时各地确诊病例统一由国家卫生健康委发布。上海第一例确诊病例是 1 月 20 日晚，也就是上海市政府举行记者招待会的当晚，由国家卫生健康委正式发布。这当中就有时间差，但是我们不能等、不能回避，必须直面中外记者关心的问题。面对突发事件，尽可能不回避问题，尽早发布信息非常关键。我们的体会是，早讲肯定比晚讲好，突发事件更是如此，所以要特别强调领导带头，坚持开放。

上海着力推动重要部门，特别是与民生关系密切、社会关注事项较多的宏观经济部门的主要负责同志，每年坚持出席市政府新闻发布会，更多与媒体和民众沟通。最近几年，每年都有 40 多人次的政府部门和区主要负责人出席发布会，有效提升了新闻发布的层级，丰富了新闻发布的内容。

（三）坚持实践

无论是制度先行，还是领导带头，最终都要落实到具体实践中，没有比实战更好的办法。领导带头，更是表达信息公开的坚定决心和与群众沟通的强烈意愿。

以上海新冠肺炎疫情防控工作发布会为例。从 2020 年 1 月 26 日到 7 月底，上海市政府新闻办、市卫生健康委牵头，连续举行了 85 场发布会，3000 余人次中外记者出席，回答提问超过 500 个。据统计，在出席新闻发布会的 400 多人次发布人中，九成以上是党政部门及社会团体负责人，其中局级干部 300 多人次。中外记者普遍认为发布人"熟悉情况、表达自如""不讲空话、套话"。

信息发布没有诀窍，只有通过实战积累经验。上海首场疫情防控新闻发布会从决策到召开只用了 4 个小时筹备，发布人严谨而不拘谨，这有赖于平时实践。有些"一把手"经常参加发布会，自然有底气。有些虽是新兵，但从首度上阵到多次出场，应答表现进步明显。练兵在平时，要让政府部门和官员多经历实战，多直面挑战，多与媒体沟通，传播意识和传播能力自然提高。当然，新闻办公室等专业部门必须承担指导职责，为信息发布和舆论引导工作提供专业指导，协助各级政府部门以更开放的理念、更有效的沟通、更流畅的表达面对媒体和公众。

二、创　新

所谓创新，就是要创新形式、创新表达、创新服务。

群众在哪里，我们就应该去哪里。近年来，上海市各级党政部门积极运用新媒体平台，及时发布信息，回应社会热点。以上海市政府新闻办公室的官方新媒体平台"上海发布"为例，2011年11月微博上线，9年多来不断壮大，先后入驻微博、微信、人民日报客户端、新华社客户端、今日头条、网易、抖音视频、喜马拉雅等13个新媒体平台，构建起了全平台的政务信息发布传播格局。到2020年7月底，"上海发布"仅在"两微一抖"的平台总粉丝就达1860万，其中，微信平台粉丝数782万、微博931万、抖音147万，成为上海政务信息发布的主力军。

（一）创新形式

创新是新媒体的内在基因，只有推陈出新，才能保持政务新媒体的生命力和影响力。发布政务信息和公共政策，"上海发布"力争不做"政策的搬运工"，注重创意策划，积极探索新的传播手段和表现形式，大到运用H5、动画视频、GIF动图、图解等新媒体表现手法，小到完善排版、页面设计、字体等细节，坚持从受众视角出发，用新颖创意打动用户。

在历年的上海两会中，发布、解读好政府工作报告都是重中之重。"上海发布"不断推陈出新，每年制作的 H5 都更加形象生动地讲解政府工作报告的主要内容。

2020 年上海两会期间，"上海发布"推送《蓄力奋进！2020 上海与你一起追梦》H5 作品。采用游戏闯关模式，设置了"2019 年的各种美好"和"2020 年 GOGOGO"两个关卡，通过"上海发布"吉祥物"兔小布"蓄力起跳顶起砖块等方式，查看政府工作报告的干货内容，游戏内还设置了隐藏关卡增添趣味性。

（二）创新表达

创新表达，就是从我们熟悉的官方语言方式、表达习惯中走出来，尝试新的传播方式和手段，更好适应新媒体、适应新受众，提升信息发布的有效性。

2018 年 1 月 25 日，上海下了一场罕见的大雪，孩子们忙着堆雪人。上海交通、公安、武警、市容绿化、房地等部门按照部署，除冰扫雪，彻夜值守。第二天一早，路边积雪依旧，道路却异常干净，似乎大雪从没来过。"上海发布"推送了一条微信，把网友拍摄的上海雪后干净整洁的街道照片和有关部门连夜扫雪的照片放在一起。微信结尾说道："所谓岁月静好、温馨浪漫，是因为他们在默默付出。"这条微信阅读量最终超过 600 万次，引发了许多"围观"和赞叹。有评论说："这才是真正的精细化管理、这才是管理者的水平，让城市有温度。"这条信息也被人民日报、央视新闻等新媒体大号转发，人民日报还配发评论，称赞上海的城市管理能力。

一条看似平常的微信有这么大的动静，关键在于其内容和表达方式与众多市民的感受产生了共鸣，形成了互动。值得一提的是，这条 600 万 + 的微信，有 100 多万来自上海以外地区。创新表达对传播效能的影响可见一斑。

创新表达方式，知易行难，考验的是我们的学习和创造能力。我们的体会是，要多用年轻人，因为他们思维观念新，负担较少，更有勇气，学习能力更强。

创新也体现在对不同平台的差异化探索，要做到用户在哪里，传播的重点就在哪里。随着智能手机的普及，抖音、快手、B 站等视频网站大量争夺用户时间，逐渐与微博、微信分庭抗礼。"上海发布"抖音号运营 1 年半的时间，围绕政策解读、上海城市形象推介等内容，已发布了短视频 1400 余条，获点赞 2200 多万，粉丝数量达 147 万。其中有一条《欢迎 S10 总决赛落户上海》（S10 总决赛即网络游戏英雄联盟总决赛）的抖音，播放量超过 3000 万，点赞将近 240 万。

（三）创新服务

创新的目的是为群众提供实实在在的服务。"上海发布"能吸引大量粉丝，成为全国政务新媒体的领头羊之一，一个关键因素就是始终注重服务民生。多年来，我们致力于打造"政务新媒体民生服务第一入口"，目前已集聚了 26 项民生服务功能，累计访问量超过 18 亿次，日均访问量超过 150 万次。

2019 年，"上海发布"民生服务功能访问量排在前列的服务事项分别为：公交实时到站、垃圾分类查询、重名查询、上海天气、景区实时客流等，都与市民生活息息相关。比如你想知道乘坐的公交车何时到站，可在"上海发布"微信的公交实时到站功能查询，它的年访问量达 3 亿次。

新冠肺炎疫情开始后，"上海发布"持续发布权威信息，提供便民服务。截至 2020 年 7 月初，"上海发布"微博、微信、抖音平台共发布涉及疫情防控的稿件超过 7500 条，累计阅读量（播放量）近 27.7 亿次，有 290 篇 100 万 +。我们还在微信菜单栏设置"加油上海"的专题页面，汇集所有发布会实录和复工复产的相关政策，截至 7 月初，"加油上海"累计阅读量近 10 亿次。

创新服务还体现在对公共政策的准确解读和有效推广普及。2019 年，上海正式实施市民生活垃圾分类制度。"上海发布"先后发布政策信息、便民提示、生活小窍门等多种信息，从权威解读、通俗表达到趣味创意、热点追踪，使信息传播尽可能贴近受众，持续有效。

比如，"上海发布"与上海市绿化市容局联合开发了一个垃圾分类查询平台。你想知道牛奶盒是什么垃圾，可直接在平台上查询，原来牛奶盒是可回收垃圾。这个平台一年累计提供近 3000 多万次查询服务，可供查询的词条数量超过 10 万。平台的功能设计注重用户体验，学习成本也较低。当时大家开玩笑说，扔垃圾时总要遇到一个灵魂拷问："你是什么垃圾？"有了这个平台就不怕了。

在创新服务的同时，上海也形成了以"上海发布"领衔，各区、各部门和人民团体、重要机构组成的全市政务新媒体矩阵。全市 16 个区全部开通官方微博和微信。市级层面的委办局 80% 开通了官方微博、微信。在此基础上，市网信办和市政府新闻办合作，以政务新媒体的"月榜""年榜"为抓手，定期开展对账号的创新性、权威性、互动性评估，推动政务新媒体账号不断优化功能、做好服务。另外，上海一直在推进的政务服务"一网通办"本质上也是通过技术手段，确保政务信息公开。

三、包　容

我们常用海纳百川来形容上海的包容性。上海市的政府新闻发布和对外传播工作，也要坚持包容的原则。

（一）倾听不同声音

上海市委市政府一直强调要提升城市治理能力，实现高质量发展，建设有温度的城市，这对政府新闻发布工作提出了更高要求。一方面，作为一个开放的国际大都市，上海必须做好信息发布和政策解读工作，合理引导社会预期，争取国际社会的认同；另一方面，上海中外文化汇聚，必然要面对多元的社会思想和利益诉求。

从实践层面看，尽管各级党政部门不断努力，但政府的新闻发布和广大群众的信息需求之间始终有错位、有时间差。因此，我们要善于倾听群众意见，善于倾听不同声音。无论是城市治理，还是突发应急，都要能回应群众的关切、汇聚群众智慧；面对诸多的两难，要尽量做到周全决策、精准施策。这些都是对政府治理水平的考验。

新冠肺炎疫情暴发之初，上海市民非常焦虑。上海"12345"市民热线的来电咨询，最高峰时一天超过 2 万个，"上海发布"新媒体平台留言高峰时一天超过 3 万条。上海建立了疫情防控群众意见建议办理平台，由市政府办公厅牵头，市疫情防控指挥部、市应急管理局、"12345"市民热线办、市政府新闻办等多个部门组成工作班子，每日召开工作例会，对纷繁复杂的意见建议逐条研判，派发到相关的责任部门，全程督办，重点解决"时效性"和"抓落实"。通过这个联动机制和舆情研判机制，使我们在倾听群众声音的同时，能迅速做出反应，解疑释惑。

危机之下，政府部门尤其是决策者既要善于倾听，又要保持定力，坚守专业判断。上海建立舆情研判、意见建议反馈机制就是比较好的探索。在海量的互联网声音中，我们筛选有效信息，梳理有代表性的意见，同时打破部门壁垒、优化工作流程，高效快速解决问题，及时回应群众关切，深度体现了信息发布制度的价值和意义。

（二）直面难点问题

国际社会对中国的认识，一定程度上依赖境外主流媒体的报道。目前上海的常驻境外媒体近 90 家，其中外国媒体 70 多家。在国际进口博览会期间，来上海的中外记者超过 4000 人。外媒多既是优势，也是难点。根据外媒工作的特点，上海市政府新闻办为驻沪外媒记者开通了"网上国际新闻中心"，增强信息分类的定向推送，加强对外媒记者采访咨询和申请的受理服务，尽可能为他们的采访提供方便。

我们始终鼓励政府部门和官员多接受境外记者的采访，市政府新闻发布会对所有具有合法资质的境外媒体开放。新冠肺炎疫情期间，路透社、彭博新闻社、日本广播协会（NHK）、瑞士德语广播电视台、《南华早报》等多家外媒记者多次参加新闻发布会并进行提问。为方便记者采访报道，疫情期间，发布会还开通了场外提问，彭博社、路透社、《纽约时报》等外媒通过线上等方式发来的问题均在发布会上得到回应。市外办官网还开通了新闻发布会专栏，将发布会内容翻译成英、日、韩、法几种语言，供外媒记者报道参考。市政府新闻办还组织了十多场外国媒体的集体采访，邀请记者赴专门医治确诊病例的上海公共卫生中心、口罩生产厂、互联网医院、外资企业和中小微复工企业等进行采访，受到外媒记者普遍欢迎。通过更多面对面的机会，让政府官员面对境外媒体时能够不慌不忙，坦然应答。

（三）善借他山之石

信息发布的效果与传播过程中的多个要点密切相关，如信源是否可靠，表达是否恰当，渠道是否通顺，等等。上海较早尝试在信息发布中引入权威专家解读。近年来，按照中宣部（国新办）要求，强化了专家解读的机制，把政府要发布的信息以更灵活多样的形式向社会传递。

早在 2013 年人感染 H7N9 禽流感疫情的信息发布工作中，上海就通过世界卫生组织专家福田敬二、上海防疫专家吴凡等从第三方角度解读防控工作，成效很好。

2013 年 4 月 22 日，世界卫生组织助理总干事福田敬二在上海举行的世界卫生组织人感染 H7N9 禽流感联合考察组的新闻通气会上明确指出，目前还没有证据证明 H7N9 可以实现持续的人际传播。这是对 H7N9 是否人传人担忧的最权威的第三方回应。

专家解读的传播效应在新冠肺炎疫情的信息发布中得到充分验证。上海在发布会中引入专家解读，注重个性化表达，跨行业合作。出席发布会的专家既有中科院院士、医院院长、医疗专家，也有科普达人。在选择专家时，除了权威性，也充分考量专家的表达能力、感染力，注重标识度、个性化。

中国工程院院士、病毒学家闻玉梅在 1 月 30 日参加发布会时就表示："历史上从来没有一个病毒可以把一个国家的人民打倒。目前最重要的仍然是早发现，早隔离。"

上海中医药大学附属曙光医院主任医师崔松在健康科普环节"呼吁青少年戒奶茶戒含糖饮料"，抖音单条播放量超 4700 万次。

上海市精神卫生中心主任医师谢斌语出惊人："网上都说上海人最怕死，'怕死'是我们建立信心的底线，'怕死'才能最快地切断疾病传播。有人不怕死，那就完了。"

上海交通大学医学院副院长江帆女士很幽默，谈到要认真洗手，她说："洗手的时间要长，要坚持唱完一首生日歌。"

特别是医学专家张文宏和防疫专家吴凡，因为表述直截了当、语言生动活泼，特别适合新媒体的传播而成为"网红"专家。

对于政府信息发布，专家是客观权威的第三方。他们的加入，使得政府信息发布更权威、解读更接地气，更有影响力。

综上所述，开放、创新、包容是上海的城市品格，也是上海市做好政府新闻发布工作的目标。在中宣部（国新办）举办的新闻发布工作年度考核评估中，上海市已连续多年获评全国新闻发布优秀地区。

实践证明，发布信息并不难，但要真正影响受众、解疑释惑，还要下更大功夫。简而言之，就是要充分认识到信息发布的重要性，强调两个同样重要，即讲清事实与做好工作同样重要，说好与做好同样重要。

作为党政部门，要始终以人民为中心，尊重群众的感受，倾听社会的声音，切实做到民有所呼，我有所应。要从自己做起，改变心态和语态，不断增强与群众沟通的能力。只有这样，才能满足人民群众多样化、个性化的信息需求，才能有效提升政府新闻发布的传播力、引导力、影响力和公信力。

作者简介 徐威，1990年7月参加工作，管理学博士，高级记者。现任凤凰卫事董事局主席兼行政总裁。

曾在英国《金融时报》上海分社工作。曾任上海东方广播电台新闻部主任，上海东方卫视传媒有限公司总经理、总编辑，上海东方卫视主任，上海世博会事务协调局新闻发言人、新闻宣传部部长，上海市政府新闻办公室主任，上海社会科学院研究员、党委书记。

曾长期担任上海市政府新闻发言人（2011—2020年）。

持有北京国际关系学院国际新闻专业法学学士学位、中欧国际工商学院（CEIBS）工商管理硕士学位、上海交通大学管理学博士学位。

军事新闻发布要致力提升
中国话语的国际影响力

中国空军新闻发言人　申进科

落后就要挨打，贫穷就要挨饿，失语就要挨骂，这是从中国近代以来的历史中得出的深刻结论。这一结论，深刻阐明了掌握国际话语权的重要性。

国际话语权既指在世界上"说话"的权利，更指在世界上"说话"的有效性和影响力。加快提升中国话语的国际影响力，提升重大问题对外发声能力，展示真实、立体、全面的中国，"不失语"是重要的前提。

我从 2013 年 11 月担任中国空军首任新闻发言人至今 9 年间，见证我空军警巡东海、战巡南海、前出西太、绕岛巡航、抗疫救灾，以及歼 –20、运 –20 等大国佩剑投入新时代练兵奋战。对这些备受关注的强军大事要事，多在一线机场第一时间发布信息、宣示意志，主动带节奏，正确带节奏，被新华社和美联社、路透社等媒体转引转述，把握了国际话语权和舆论主动权。

传播力决定影响力，话语权决定主动权。在我军向世界一流迈进过程中，我国与外部世界的交往融通不断深化，维护国家主权、安全和发展利益面临许多新挑战。牢牢把握军事活动的话语权、定义权和解释权，必须坚持中国站位、全球视野，务求对外传递正确信号和对内传递坚定信心的有机统一，既争取国际舆论的理解支持，又回应人民群众的深切期待，为捍卫新时代空天安全提供有利有力的舆论支持。

一、大事不失语才有国际话语权

"空军发布"作为中国军事新闻发布的一个重要平台，近年来备受海内外舆论关注，传播力影响力不断提升。

（一）影响力来自大事当前不失语

2013 年 11 月 23 日，中国政府发表声明，宣布划设东海防空识别区，发布航空器识别规则公告。当日 18 时，发言人即向海内外发布《中国空军首巡东海防空识别区》的信息，向全世界声明：中国空军在东海防空识别区内进行空中巡逻，符合国际通行做法；国际航班在东海防空识别区内的正常飞行活动不会受到任何影响；中国军队有能力对东海防空识别区实施有效管控，将根据不同空中威胁采取相应措施，保卫空防安全。此后，就国际舆论的关切相继发布了 7 次东海防空识别区管控方面的信息，在国际舆论场上保持了一语中的态势，把握了国际话语权。

2015 年 11 月 27 日，中国空军轰 –6K 战机同日展翅西太平洋和东海防空识别区，任务结束 15 分钟后发言人即向海内外发布行动信息，同时发声宣誓：空军官兵将在强军路上一往无前，拥护支持改革，推动战略转型，忠实履行保卫祖国安全和人民和平生活的神圣职责，忠实执行维护世界和平的神圣使命。2018 年 5 月 11 日，空军多型战机双向绕飞台岛巡航，在一线机场实施指挥的空军预警机落地 5 分钟后，即向海内外发布消息，比外媒、台媒早了两个小时。类似有信息、有态度、有情感、有立场的首音发布还有：中国空军多型战机编队飞越宫古海峡、中国空军多型战机首次飞越对马海峡、中国空军轰炸机战巡黄岩岛、中国空军侦察机飞出新航线、中国空军歼–20战机开展海上方向实战化训练、中国空军苏–35战机战巡南海、歼–20战机列阵人民空军"王海大队"和"强军先锋飞行大队"、15架歼–20战机3个编队飞越天安门庆祝建党百年、歼–20战机用上了"中国心"、运–20飞机投入武汉保卫战、运–20有了女飞行员的战斗英姿，中国空军历史性地跨入战略空军门槛……这些先声夺人的中国话语受到路透社、美联社等外媒转引转述。

我军在国际空域、国际海域进行的各类演训活动不管我们说不说，外方、外媒大都抢先说，国内媒体"援引外媒"还会广泛说。这就要求我们因势而动、把握主动，避免中方不说外方说、外方出题中方答的被动局面，把军事活动的国际话语权、定义权和解释权抓在手中，决不能拱手相让。《孙子兵法》里有关把握主动的谋略思想和哲学思想被广泛运用于军事、政治、经济等各个领域，军事新闻发布战线也要勤学善用，善于调动对手而不被对手所调动，善于塑造对手而不被对手所塑造。

全媒体时代的到来，出现了全程媒体、全息媒体、全员媒体、全效媒体，信息无处不在、无所不及、无人不用，导致了舆论生态、媒体格局、传播方式发生深刻变化，给"不失语"提出两个新要求：一是人民群众对维护国家主权、安全和发展利益，发出更多声音，有了更多期待。我们要坚持中国站位、全球视野，主导官方舆论场，影响民间舆论场，及时回应人民群众对强我中华、强国兴军的深切期待。二是全媒体时代，信息传播是王道。信息就是力量、信息就是武器、信息就是信心、信息就是立场、信息就是导向。新闻发布工作要守土尽责，责无旁贷地做好强国兴军信息的及时供给，要强化供给、深化供给、优化供给，以信息又好又快的供给把握话语权，打好主动仗，主导舆论场。

（二）把握主动的态势，保持主导的胜势

全媒体时代，掌握舆论场的主动权和主导权，要重视战略策略问题，要力戒简单化，多讲辩证法，着眼主导胜势，塑造主动态势。也就是说：不失语要以一语中的为追求，力求得当、得体、得力。要把军事新闻发布放在党和国家大局中来认识把握，服从政略、讲求策略，稳不懈怠、进不盲目，在服从大局、服务大局中有所为，有所不为。要科学把握先声夺人和后发制人、主动宣示和顺势回应、设置议题和引领话题的关系，既努力占据舆论主导，又善于规避舆论陷阱。

先声夺人既要在战略上常讲，更要在战术上多做，战略上积极有为，战术上稳扎稳打；先声夺人要走一步看三步，防止一时主动带来后续被动，既把握主动，更夺取主导。对具体问题要做具体分析，既遵守规矩也遵循规律，既提前计划也着眼变化，既讲求时效，更讲究实效，使所作所为有利于维护国家主权、安全、发展利益。2019 年 7 月，中国与俄罗斯两国空军在东北亚地区组织实施首次联合空中战略巡航，中方派出了两架轰 –6K 飞机，与俄方两架图 –95 飞机混合编队，位日本海、东海有关空域按既定航线组织联合巡航。双方及时发布信息，阐明此次联合巡航旨在深化和发展中俄新时代全面战略协作伙伴关系，进一步提升中俄两军战略协作水平和联合行动能力，共同维护全球战略稳定。

把握主动态势，保持主导胜势，要讲究舆论斗争策略艺术，提升重大问题对外发声能力。2021 年 8 月 31 日，针对美国空军部长"要让中国恐惧"挑衅言论，发言人利用参加中国国际航展新闻发布会之机坚定回应，使"一不怕苦、二不怕死是中国军人的座右铭""空军官兵坚决捍卫国家空天安全、坚定维护国家发展利

益，让党和人民放心"等核心信息广泛传播。中央广播电视总台正午国防军事节目的报道，顺势而为讲好我空军从抗美援朝"空中拼刺刀"，到国土防空"近快战法"打美制 U-2 飞机，再到新时代警巡东海、战巡南海、前出西太、绕岛巡航的故事，用"飞了过去没有飞过的航线，到了过去没有到过的区域"生动事实说好"两个不怕"的血性胆魄，人民日报、央视军事、参考消息、新华每日电讯等新媒体和深圳卫视、凤凰卫视迅速跟进传播，引发全网关注。BBC、德国之声、《联合早报》等境外媒体相继报道。有评论认为，我空军用"两个不怕"回击美方狂言的组合拳，融通中外说好"中国精神"和"中国意志"，精准表达"坚决反对"和"严正抗议"，是讲究斗争策略的一次重要实践。

二、在国际军事交流中传递中国话语

中国空军近年来与世界各国空军开展了广泛交流合作，中俄、中巴、中泰等系列联演联训和国际军事比赛等系列军事交流活动深入开展，中国空军的"朋友圈"越来越大。我们不失时机、积极稳妥地传递中国话语，设置议题，引领话题，塑造展现我大国空军的英姿风采。

（一）顺势而为传递中国话语

2017 年 7 月 27 日，中国空军在湖北召开国际军事比赛"空降排"赛事新闻发布会，中国和伊朗、哈萨克斯坦、摩洛哥、俄罗斯、南非等国参赛队指挥官和各国媒体记者参加。有记者问发言人，"有外媒报道中国空军轰 –6K 在西太平洋上飞行时受到了跟踪伴飞，请问对此有何评论？"发言人从容自信向中外记者明确表示：中国空军开展远海远洋训练3年多来，应对和处置了各种干扰阻挠。今后不管遇到什么阻挠，空军还要一如既往，不管谁来跟着伴飞，还要常去多飞。同时还向中外记者阐明：中国空军开展远海远洋训练，不针对任何特定国家、地区和目标，是中国国防和军队建设的正常需要，目的是通过实战化训练，锻炼和拓展中国空军海上实战能力，维护国家主权和领土完整，维护国家的空天安全和发展利益。

（二）因势而动传递中国话语

2017年7月至8月间，国际军事比赛"航空飞镖"赛事在中国吉林举办，我们专门设立了野战化新闻中心，并配有多语种翻译，把赛事资讯第一时间与媒体分享。俄罗斯空天军副司令兼空军司令和俄罗斯战略技术航空兵备战主任等俄军将领，都曾在这个新闻中心与中外媒体记者集体见面、介绍情况。在这个新闻中心，发言人就中国空军战机在东海海域快速逼近某国侦察机，并迫使其采取回避动作的有关报道回应：中国空军飞行员从来都是依法依规飞行，同时也会运用国际法，一如既往维护国家空天安全。

2021年在疫情防控常态化背景下举办的第13届中国国际航展正值国庆前后，境内外舆论对中国航展能否顺利举办持有疑虑。中央广播电视总台通过直播中国空军与航空工业系列新闻发布会，及时表明"举办航展，我们有抗击疫情的制度优势和科学精神"。航展闭幕日直播报道中，总台正午国防军事节目关注空军新闻发言人"航展总结"，使"全球疫情依然严峻、中国航展顺利举办"和"空军多型战机和两支飞行表演队共舞蓝天，彰显抗击疫情的中国自信和中国力量"等核心信息广泛传播，有力回应舆论关切。

（三）应势而谋传递中国话语

中国空军近年来深入持续开展实战化训练，演训的规模越来越大，涉及的地域越来越广，飞越的频次越来越多，引起国外一些媒体的关注和猜测。2017 年 9 月 21 日，中国空军在新疆召开中巴空军联合训练记者见面会，发言人就个别外媒对中巴空军联合训练的误读予以回应："对于中国空军开展的各种例行性演训活动，有些国家不必大惊小怪，他们要学会习惯和适应。"发言人还应势向中外记者阐明：组织军事演训活动是世界各国军队的通行做法，每个国家的军队要提升战斗力，担当起保卫国家安全、维护国家利益的使命，都要经过严格的实战训练，都要加强国际交流合作，要用正常的心态来看待。中国空军不断扩大与世界各国空军合作的范围和领域，共同应对各种挑战与危机。

国际军事交流助力中国空军迈向世界一流。要在建设世界一流军队大格局下，在国际军事交流中大力发展国际合作传播，深化同外媒的内容和渠道合作，让中国军队声音在国际舆论场传得出、传得开、传得响。2020 年 2 月，空军八一飞行表演队冒着疫情风险飞赴新加坡参加国际航展，与美国飞行表演队同场竞技，向世界展现了中国精神、中国力量。航展期间通过多国媒体合作传播，塑造了八一飞行表演队和平使者、文化使者、友谊使者的国际形象。

三、中国话语要让全世界听得到听得清

（一）中外媒体日益关注"空军发布"

新华社《参考消息》，中央电视台"今日亚洲""今日关注"

217

以及深圳卫视"直播港澳台"等节目，作为外媒看中国的重要窗口，透射着中国话语的国际反应、中国故事的国际回响。这9年，央视"新闻联播"节目关注"空军发布"逐年增多，《参考消息》关注"空军发布"仅头版头条就有10次之多，重要原因是"空军发布"传递的信息含金量高，在联接中外、沟通世界中传播了新时代强军故事。

2018年4月至5月，《参考消息》密集关注"中国空军多型战机绕飞台岛巡航"的舆情动态。5月1日，《参考消息》刊发《中国发布空军绕飞台湾纪念封》一文集纳两条外媒信息。

一条是美国有线电视新闻网（CNN）网站4月29日报道：中国军方4月28日在台湾问题上传递出一个强有力的信息，誓言"捍卫祖国的大好河山"。中国空军发布了一套宣传片和一套纪念封，展示近期中国空军执行绕飞台湾任务的场景。这套名为《人民空军绕飞祖国宝岛》的纪念封上印着解放军战机和飞行员抵近台湾飞行的图片，信封上的文字写着："捍卫祖国的大好河山，是人民空军飞行员的神圣使命。"

另一条是新加坡《联合早报》网站4月30日报道：中国空军多型多架战机近日连续绕飞台湾，与此同时推出一系列多方言、多语种宣传片，引起海内外舆论广泛关注。针对一些外国媒体和岛内媒体对闽南话宣传片的相关舆论关切，中国空军新闻发言人4月29日回应表示，推出多方言版本宣传片，是为了让全国各族人民、让台湾同胞和海外侨胞，听得清楚、看得明白，更加坚定维护祖国统一的共同信念。

（二）"空军发布"实现了内外传播的有机统一

《参考消息》反映的情况深刻表明，"空军发布"传递的信息实现了对外传递正确信号和对内传递坚定信心的有机统一。信息就是力量、信息就是信心、信息就是导向，要回应人民群众对新时代强军安邦的新期待，有序有度地释放强军兴军、练兵备战方面的信息，展现"我们坚决维护国家主权和领土完整，绝不容忍国家分裂的历史悲剧重演"的意志决心，展现"不要指望我们会吞下损害我国主权、安全、发展利益的苦果"的定力能力，提升人民群众的豪气、底气和信心。

《参考消息》反映的情况启示我们：向海内外传播新时代强军故事，要从遵循国际传播规律出发，联接中外、沟通世界。既要创新对外传播方式、加强话语体系建设，又要最大限度地用好外国媒体、外宣媒体和驻外媒体、社交媒体，精心设置观点鲜明、指向性强、通俗易懂、易于传播的议题，理直气壮、从容自信地传递中国立场，让该热的热起来，该说的说到位，使我们设置的议题成为引导国际舆论的话题，使我们的国际形象尽量少些他塑、多些自塑。

（三）"空军发布"注意文化差异，不断提升"自塑"能力

自塑不是自己说给自己听，而是要让全世界听得到、听得清，要在跨文化交流中传播新时代强军故事。2018 年 4 月，"空军发布"推送深圳卫视"直播港澳台"节目出品的宣传片《"神威"和"战神"相约》，不仅有普通话版、闽南话版、粤语版，还有英语版、日语版，海外社交媒体和国内新媒体一度热播，国际友人、海外华人和社会公众充满了兴趣好评。

语言是人们交流沟通的工具，是共享文化认同的纽带，更是维护国家安全"没有硝烟的武器"。加强语言能力建设是遵循对外传播规律的应有之义，跨文化交流是语言能力建设的根本所在。重视发挥跨文化交流的"向心力"，军事新闻发布才能更好地联接中外、

沟通世界，让中国话语赢得国际社会的理解认同。这9年，空军向海内外发布《绕岛巡航》《蓝天娃的英雄情》等60多部多语种多方言宣传片，开创一种讲好空军故事新模式，其中《长空雄鹰 为国奋飞》首次公布在国际空域排除外机干扰勇往直前的影音，受到海内外舆论广泛关注。2019年国庆前夕，空军老司令员、空军一级战斗英雄王海上将在《参考消息》相关报道上签字留念。

四、新闻发言人和新闻记者都要有新闻理想

尽管说媒体既不是敌人，也不是朋友，而是挑战者。但是，在许多情况下，尤其是在信息传播中，新闻发言人和新闻记者又是合作伙伴，有时候甚至是并肩战斗的战友。军事新闻发布要提升中国话语的国际影响力，新闻发言人和新闻记者都应该有新闻理想。

（一）新闻理想影响发言人和记者的理性

有人习惯于用新闻比较来贬低祖国、抬高他国，我们不妨来听听这种"比较法"：是中国的茅台好喝，还是外国的红酒好喝？各有特点、各有优长，品酒者也各有所好！是西餐好吃，还是中餐好吃？各有特点、各有优长，各地人也各有所好！我们进行国际比较，既要看到外国之长，更要看到中国之长，越客观比较，才越有新闻理性。任何一个民族、一个国家都需要学习别的民族、别的国家的优秀文明成果。我们不论发展到什么水平，都要虚心向世界各国人民学习，以更加开放包容的姿态，加强同世界各国的互学、互鉴、互通。

（二）要争取做有理想有志向的新闻人

同为新闻人，志向各不同。比如，有的新闻人只满足于做"桌面新闻"，而有的却注重下功夫做好"菜单新闻"。我们既应下功夫做好"桌面新闻"，更要用心思做好"菜单新闻"，传递丰富信息，回应大众关切。不能只会做"桌面新闻"而不会做"菜单新闻"，也不能只盯着"菜单新闻"而不愿做"桌面新闻"；"菜单新闻"要做出正味、鲜味、品味，不要做成怪味、奇味、邪味。有志向的新闻人既欣慰于点赞刷屏，更倾心于兼听则明，注重掌握中国话题的国际反应、中国故事的国际回响，努力让中国声音赢得国际社会的理解认同。

（三）新闻理想影响发言人和记者的作风

有的新闻人很勤奋，但缺乏严谨细致，时常出现错忘漏。新闻发布工作是一项精密工作、精细工作、精深工作，容不得半点错忘漏，容不得马马虎虎、粗枝大叶、稀里糊涂的浮躁作风。提升新闻精度，应是新闻舆论工作的职责和本能。技术性错误往往会导致其他问题的发生，要把技术性错误降到零。技术性错误可避免、能防范、要杜绝，关键是我们新闻工作者要有高度的责任心、敏感性、警惕性，要十分严谨、十分认真、十分负责任地对待每个采编生产链条，注重前方采编传输和后期播出刊载的协调性、一致性，既杜绝显性差错，也警惕隐性差错。

（四）新闻理想影响发言人和记者的取向

通常情况下，当一名记者出现在新闻现场，便成功了一半。而这些年经历过的事给我们启迪：新闻事件有"第一现场"也有"第二现场"，要善于观察"第一现场"，注重探访"第二现场"，务求热点新闻的现场感、纵深感。观察"第一现场"容易，探访"第二现场"不易。"第二现场"里有真知、有深知，还会有"公众未知"。有时候"第一现场"看到的并不一定都是真实的、客观的，你可能把过程看成了结果，也可能把现象看成了本质。新闻记者要学会望、闻、问、切，四个动作要连贯起来做，缺一不可。只有深入进行了望、闻、问、切，才不会被假象所迷惑，才会更多地传播好正能量。

在空军新闻发言人岗位履职 9 年间，还有一条体会与大家共享共勉：全媒体时代，媒体之间既要有序竞争，更要合作共赢，国家利益永远大于局部利益，国际舆论场上我们都是"中国之声"。

作者简介　申进科，河南郑州人，中国空军历史上第一位新闻发言人。2013 年 11 月 23 日，中国划设东海防空识别区当日履职以来，坚持恪守"稳不懈怠、进不盲目"行为准则，探索提出"把握舆论主动既要在战略上常'讲'、更要在战术上多'做'"的传播理念，致力于打造主动发布、事实发布、战位发布、关联发布"四位一体"新闻发布品牌，努力塑造"让正确的声音先入为主"舆论生态。履职 9 年间，矢志为国发声，为军存史，担纲大国重器歼－20 和运－20 亮相航展、列装空军、实战实训，空军警巡东海、战巡南海、前出西太、绕岛巡航、抗疫救灾的新闻发布及舆论斗争，对外传递维护国家主权安全的正确信号，对内传递聚力强国强军的坚定信心，相关记载史料在中宣部等部门举办的庆祝改革开放 40 周年、新中国成立 70 周年、中国共产党成立 100 周年大型主题展览中展出。

勇担责任，化危为机，
巧妙破解香港胶粒漏洒舆情

中国石化集团新闻发言人　吕大鹏

案例背景：随着构建人类命运共同体建设的影响不断扩大，越来越多的企业"走出去"加快国际化经营，但由于境外社会和舆论环境复杂多变，企业在参与国际竞争的同时也面临着巨大的舆情风险。如何科学有效应对境外舆情风险，加强品牌保护是走出去企业的必修课。中国石化在 2012 年处置过一起香港胶粒漏撒事件舆情危机，由于处置得当，得到了方方面面的认可，当时所用的方法和策略，现在看来仍然是科学有效的，现总结出来供大家参考。

2012 年 7 月 23 日，粤港等地遭遇了台风"韦森特"的袭击。受台风影响，由第三方公司装载聚丙烯产品的货轮途中抛锚，6 个装载中石化聚丙烯胶粒的集装箱坠落海中，分包装袋及颗粒被海潮冲到香港海域和离岛沙滩。两天后，当地居民发现漂到海岸边的胶粒，香港社会的各个主体，包括政府、媒体、环保组织、渔民、普通市民等，都对此次胶粒漏撒事件给予密切关注。线上和线下的负面舆论矛头开始转向中国石化。这场所谓的"香港胶灾"不仅是一次环保事件，更是触及企业品牌合法性的危机公关事件。

面对危机，中国石化迅速表态，义不避责，积极参与涉事水域、海滩的清理工作；同时，针对境外危机公关的特殊环境，同香港媒体、公众、政府、环保组织等各个主体进行持续、良性的沟通，用负责任的态度和有效的策略换取认同，使舆论风向转向正面，树立了企业勇于承担社会责任的形象。2013 年夏天，凭借在此次胶粒漏撒事件当中的杰出表现，中国石化被霍姆斯 2013 年品牌与声誉杰出成就奖（Sabre Awards）授予危机管理和企业社会责任两项金奖，颁奖委员会将中国石化的表现称为"教科书般的经典案例"。

（一）

2012 年 8 月 6 日，中国石化总部大楼 2502 办公室。时任中国石化集团党组书记、董事长傅成玉跟我说："大鹏，我们的塑料粒子漂满香港海滩，香港环保组织第二次来我们香港办事处抗议了，有些香港渔民还提出要索赔。你去香港开个新闻发布会，把这事说说清楚。借此机会，还可以在香港树立中石化高度负责任、高度受尊敬的形象。"

去香港开新闻发布会？如何化危为机、树立正面形象？要知道，这是中石化舆情负面压力最大的一段时期，天价酒、天价灯、天价名片……据人民网的统计，中石化一家的负面舆情就占国资委的 18.7%，占企业自身全年信息量的 42.6%。要知道，这个时候我当中国石化集团的新闻发言人才 2 个月时间，甭说境外，连国内一场发布会都没开过。

我说："董事长，这事我也知道。我们海南炼化生产的塑料委托另外一家公司运输，他们的船遇到了台风，把 6 个集装箱的塑料粒子落到海里去了。现在集装箱散了，袋子破了，塑料粒子漂到香港的海滩上去了。香港环保组织、市民找不到债主，看到包装袋上有中石化字样，便找到我们头上。但是这也不是我们的责任啊，干嘛要出这个头呢？最好等事件调查清楚了，我们再说话。"

董事长有点急，说："邻居家着火你不能让警察先给你证明不是你放的火，你再去救火吧？平时我们总说高度负责任，这时候就忘了？先搁置法律责任，去承担社会责任！大企业要勇于承担责任，不要推卸责任。是非自有公道。"

专家点评：*面对舆情危机，先搁置法律责任，承担社会责任，尽量从受损方的角度出发想问题，有利于占领道德制高点，争取公众认同，即而推动舆论向有利于自己的方向发展，最终化解危机。这是舆情应对的最高境界。*

看到我为难的样子，傅成玉董事长便宽慰我说："没事，给你几条底线，你可以去表态：不管是不是我们的责任，我们都来主动帮助清理，毕竟我们是专业人士；也可以先行垫付一笔清理的资金；如果最后定下来是我们的责任，我们都认。态度嘛，可以表示到'遗憾'。发言人要有自己的定力。说来说去，不能被记者牵着鼻子走，要说自己关键的话。"

时任党组成员、纪检组组长徐槟分管我们，是从中纪委派驻中石化的，也是法律专家。我们临出发前，他又细心地一一叮嘱，包括细节。比如"只能说垫付，不能说是赔偿"，"责任只能是管理部门界定，不能自己说有责任还是无责任"，"媒体也可以找一些比较友好的，比如文汇报、大公报、凤凰卫视"，等等。

专家点评：*舆情危机应对，关键前提是要取到一定的授权。授权包括公司的态度、处理的原则、责任的划分、口径原则等，发言人只有在获得相应授权的情况下，才能据此谋划新闻发布的基调和策略。这是新闻发布会的成功前提。*

领导既然都说到这个份上，刀山火海也得去闯了。赶紧组织人马，联系人员，邀请化工销售公司副总经理张国明和运输处长李富芳，以及新闻办舆情处长王涛，我们一行四人，第二天8月7日下午飞往香港。

（二）

抵达香港时，已是晚上。时任中石化驻港办主任刘晓洪到机场接上我们，一路上向我们介绍情况，到办公室又把有关材料、剪报和他们前期处理的情况给我们作了介绍。听完看完，我们觉得事情比想象的还要复杂得多。

一是白色塑料颗粒，遍布香港离岛，比我们预计的还严重。香港离岛是指环绕在香港岛周围的一些岛屿，这些年也都住上人，包括南丫岛、长洲、坪洲及大屿山等岛。

聚丙烯粒子香港人称之为"胶粒"，是做塑料制品的原料，无毒无味。这些胶粒随海浪漏撒到海滩，有的一堆一堆的，像白雪；有的混杂在沙子里，有黄有白；有的落在礁石缝里，一窝一窝的。

二是香港市民恐慌心理严重。他们没见过这东西，称之为毒胶粒，个别香港媒体报道"2亿颗毒胶粒"。电视上报道渔民在哭诉：鱼因吃毒胶粒而死，电视上还有节目介绍鱼解剖之后，肚里有胶粒的画面。传言人吃鱼会中毒，渔市销量下降三成。

三是香港市民环保意识非常强，公益意识也非常强。当地环保组织与广大市民自发行动起来，到海滩捡拾胶粒。大夏天，市民、学生顶着烈日，凭着非常原始的工具，一粒一粒捡取。边捡边骂，一边骂政府不作为，一边骂中石化祸害百姓（因为找不到其他债主，只能看到飘过来的包装袋上有"中国石化海南炼化生产"字样）。

　　四是个别社团组织已经把这件事政治化，变成对国企、对香港当局不满的把柄。已经有社团组织到中石化香港公司递交抗议书，甚至提出索赔。

　　我们去的第二天上午，正好碰到中石化香港公司总经理李建国，西装革履，在楼下很正式地接收第三次抗议书。抗议社团随行还带来不少媒体。

　　五是香港媒体高度关注。香港媒体当时还是以传统媒体为主，报纸电视大致有几十家之多，几乎无一例外地都以黄金时段、大幅版面来报道香港海滩胶粒漏撒事件。其中不少题目非常夸张。

　　至此，我才明白为什么董事长如此重视，要派我们来专程处理此事。我们在香港的同事承受着巨大压力，一方面积极参与清理、捡拾，另一方面急切地希望总部派人解决这问题。

（三）

　　情况弄清了，压力也就更大了，但问题总得解决。

　　我和香港办刘晓洪主任，化工销售公司副总经理张国明，化工销售香港公司总经理李建国组成领导小组，与我们的顾问公司博然思维公司的合伙人赵彤女士，加上我们各方的同事、律师20多人，7号连夜开会研究对策。

　　刘晓洪介绍了有关情况和就这事的处理情况，化工销售香港公司总经理也是新闻发言人李建国介绍了他们前期组织员工开展轮流去捡拾胶粒的情况。

　　新闻发布会开不开？业务部门观点，我们的货物委托第三方船公司运输，船公司认为是"天灾"，而香港的法律不承认是"天灾"，认为任何自然灾害都可避免，所以保险公司也没明确态度。我们也是损失方，干嘛要开这新闻发布会？这不是引火烧身吗？

我传达了董事长的指示，核心就是勇于承担社会责任，不仅要"化危为安"，而且要"化危为机"，展示我们负责任形象。这个会，要开！

那么问题来了。说什么？怎么说？何时开？怎么开？大家争论得不亦乐乎。尤其是我们聘请的公关公司，博然思维的陈慧玲小姐，文文弱弱，年龄不大，普通话也不标准，但是几乎把我们所有方案都否定了，我们提出一条，她否定一条，尤其是坚决反对开新闻发布会，弄得我心里十分撮火。

我说："这是党组领导定的，发布会还是要开的，明天就开。"

我这么说，她不好再反对，但坚持说："明天来不及，准备不充分，效果更差，推迟一天最好。"我采纳了她的意见。

我说："媒体只邀请三家。"她说："如果只邀请这三家，其他媒体你都得罪了。"我一咬牙说："算了，刀山火海也得闯，遍洒英雄帖，所有媒体全都请！"

我说："既然如此，后天开新闻发布会，邀请函今晚11点就发，让媒体有准备。"她说："不行！"

我心想，请这公关公司，简直花钱买罪受，便问为什么？她说："香港媒体是后半夜上班，您的邀请函一出去，他们会连夜增发一个新闻：中石化终于派人来港，举办新闻发布会，他们是来推卸责任呢？还是来道歉的？"

我一听有道理，说："那什么时候发邀请函好？"她说："9号上午11点，媒体那时才上班，也来不及再提前发稿，也不会耽误下午的报道。"

专家点评：境外的舆情应对需要了解当地的舆论生态和媒体情况。请当地的公关公司帮助分析和研讨，借助专业的力量，能够迅速掌握情况，制订合适的应对策略，是一条短平快的捷径。

我说："好吧，我们研究应对口径。先请王涛处长把准备好的新闻稿念一下，大家讨论一下。"

我们新闻办王涛处长是安徽安庆人，口音重，但他的话大家还能听懂。一篇一千多字的新闻稿，讨论了整整一个多小时，不断遭到抨击。

"建议不叫新闻发布会，叫媒体沟通会，更柔和些。"赵彤说。我说："同意。"

王涛念："我代表中国石化表示遗憾。"

陈小姐说："不是中国石化的责任，不能表示遗憾。"

王涛说："不能道歉，也不能遗憾，那总得有个态度吧。"

七嘴八舌之后，沉默良久，陈小姐说："作为货物灭失方，我们对货物漏撒，给香港市民带来的生活不便和环境影响深表焦虑和不安。"

"好！"大家对弱弱的陈小姐刮目相看，都认为"焦虑和不安"比较妥当。既表达了一种心态，又比较得体。

专家点评：应对口径用词的准备与否，往往带来不同的效果。"遗憾"与"焦虑和不安"折射出不同的主体责任，为成功应对埋下伏笔。

虽然有了这个互相信任的基础，下面讨论稿子时又遇到麻烦了。王涛已经把我们三句核心观点编写成三个排比句，铿锵有力，我也挺满意。

陈小姐冷不丁又冒出几个问题：

一是资金。你们说承诺垫付清理资金，记者会追问你们垫付多少？什么时候资金到位？现场要答不出来，就显得心不诚。

二是责任。你们怎么界定哪些是你们的，哪些不是？还有怎么补偿、赔偿渔民，发布会上这一定是热点、焦点和难点。如果赔偿，你能赔偿多少？你作为新闻发言人，是代表公司表态，讲的话是有法律效应的。

一身冷汗！我当过多年的宣传部长，十多年的报社总编辑，从没遇到这么较真的。看来，宣传与新闻发布还真不是一回事。

我说："你说得对！这些问题明天我再请示一下我的上级。先讨论其他话题吧。"

记者还会问哪些问题？大家七嘴八舌，到了晚上快11点半了，还是一团浆糊。我一看，这么讨论一夜也白搭，临时和刘晓洪、张国明、李建国商议了一下，说：咱们定下来，新闻发布会改成媒体沟通会，在港丽酒店召开；时间就定在9号下午4点钟；现在静场15分钟，给在座的所有人员发一张白纸：假想您是记者和社会公众，会提什么问题？

这招还真灵，效率一下子提高了。只见每人"刷刷刷"，15分钟交卷。我大概写了十多个问题，大体一碰，有60来个问题，合并掉重复的，大致有30—40题。

我说："这样吧，我们几位年龄大的先休息。你们年轻的，每人分5道题，今天连夜写答案，明天早上9点我们还在这儿讨论。散会！"是夜，王涛处长、李富芳处长和博然思维公司的专家、香港公司聘请的律师们，加上我们香港的同事们，奋笔疾书，连夜写出应对口径。

专家点评：新闻发布会的口径准备必须做到"给人一瓢水，需备一缸水"，充分准备是新闻发布会的基础。分析舆情关注的焦点和预测记者可能的问询是舆情应对的关键环节，只有对关注的焦点定位得越清晰、对风险分析得越透彻、对问题准备得越充分，才能真正做到有备无患。

（四）

8月8日，中石化高层云集北京昌平会议中心，准备开年中工作会。

一上班，我给分管我们工作的中石化党组成员、纪检组长徐槟同志打了电话，汇报了头一天的情况，提出我们的困难和请求，尤其是垫付多少现金、责任如何表述、赔偿如何表达等问题。

此前，我与刘晓洪、张国明、李建国等商议，先垫付多少比较合适，大家议了一下，觉得1000万比较合适。一紧张，我也忘了请示是港币还是人民币了。

据后来徐槟同志说，他当时找到傅成玉董事长，汇报我们头一天的感受、应对方案，说："看来大鹏他们在前线是遇到困难了，不拿出点干货，这个关难过啊！"董事长沉思半天，直到徐槟告辞要出门时，才表态说："支持他们一下，让他们明确表态先垫付1000万港币，费用先让香港公司预付。找个第三方监理公司，看好这笔资金。另外，这是紧急情况下的决策，我们俩回头在党组会上再补充汇报这项决议。"

我接到徐槟同志的回电后，心里冒出的词就是后来时髦的"真给力"！跟大家一说，大家都很振奋，深切感受到党组真心实意履行社会责任，真心实意支持我们在前线的同志。

上午讨论时，王涛同志建议，新闻稿标题从"中石化作出清理承诺"改成"中石化垫付1000万清理香港海滩"。他的观点是，最好的新闻稿是站在记者和媒体的角度设计，既表现我们的核心立场，又让对方改不了题目，避免断章取义，曲解我意。

甬说，王涛这个建议还真管用，后来香港的媒体大多用的就是这个标题。一上午又认真讨论新闻稿、应对口径的细节、发布时间和地点等。

专家点评：角度的不同决定新闻稿的立意和效果。好的标题是新闻稿的灵魂。从记者和媒体的角度考虑，精确提炼是利于传播的关键要素，起好标题，更有利于正面信息的传递，有利于迅速占据读者的心智。

会议最后决定并且分工，我、刘晓洪、张国明、李建国等人坐在发布席上发布。凡是涉及业务包括货物运输承包和塑料的无毒无害属性均由张国明回答；凡是涉及前期工作包括组织香港员工参加清理均由刘晓洪和李建国回答；我负责主发布，凡是涉及责任、赔付等其他问题，均由我回答。

那么，由谁主持发布会？博然思维合伙人赵彤女士已从大陆赶来，她是北京人，普通话和英语都挺好的，我觉得应该是她这个领导来主持。结果赵彤建议由香港土生土长的陈小姐主持。

我说："她那么文弱，压得住吗？而且普通话又不好。"

赵彤说："要的就是香港本地人主持，容易沟通，在这里粤语比普通话更重要，粤调普通话更亲切。"再一个问题，是同传还是现场翻译。赵彤说："发布会需要翻译成英语和粤语，现场翻译太慢，还是同声翻译好。"

我们表示同意。

赵彤又提出："介绍你们时，你们可以起立，但不要鞠躬。点头致意即可。"

我说："为什么？"

赵彤说："你不知道香港媒体现在多恨你们，肯定会把你们弯腰的镜头拍进去，照片标题弄不好就是《中石化向香港市民谢罪》。"

又一个激灵，同意。

赵彤说："我们下午模拟一下。"于是，我和刘晓洪、张国明、李建国四人坐一边，其他的同事和博然思维的同事坐一边，充当记者。陈小姐主持，正儿八经演练一遍，这一遍非常重要，相当于彩排，虽然回答得磕磕巴巴，但也找到了感觉。

彩排之中，王涛、李富芳他们又替记者们想到好几个问题，"吕先生这是第几次到香港？这次去污染海滩上考察感受过吗？去捡拾过'毒胶粒'吗？"赵彤建议说："应该去海滩看看。"我说："是啊，昨天我一来就提出应该去海滩看看。"

专家点评：新闻发布会的重要因素是形成合力。合适的主持人、明确的分工，可以形成团队的力量，做到有张有弛。当然，这里面重要的前提是充分准备和有效演练。

于是，第三天 8 月 9 日上午，我们一行人乘船 40 多分钟赶到南丫岛。又穿村过港，来到海滩。

果然在海滩上遇到一些中小学生还有一些环保组织人员在捡拾胶粒。海滩上，沙子里的胶粒已不太多，几十个混装胶粒、垃圾的大黑塑料袋堆积着。我们遇到几位香港警察在启动柴油发电机，给远处的工业吸尘器供电。有一些环保人士在用工业吸尘器清理被海潮卷到石缝里的胶粒残存。

我们往礁石阵深处挺进，弯下腰来捞起礁石缝里的胶粒确实不易，烈日当空，一会儿就满头大汗，衣服全湿透了，随身带的一瓶水很快喝光，随手装满一瓶捡拾到的胶粒带回来，留作纪念。

同时也对垫付资金的必要性有了新认识。大队人马要来岛、离岛，需要租船。来了以后，人吃马喂免不了，至少水不可不喝。清理还需要一些设备，如柴油发电机、工业吸尘器，香港还买不到，因为平素用不着。最简单的扫把、簸箕、耙子、手套等也得花钱，更重要的是还有两个集装箱丢在海里没找到，需要租直升机或船去寻找。而中石化的"垫付"，留有余地，既没有揽法律责任，又尽了社会责任，这个表达比较好。

从离岛回来，我心里更有底了。回到宾馆一点半了，吃完饭，洗澡更衣，西装革履，再到办事处，已经快到三点钟了。万事齐备，只等开会。大约半小时之后，有人来喊出发。于是，管他结果如何，翻身"上马"，出发！

（五）

8月9日16：00，香港港丽酒店一楼报告厅，我、刘晓洪、张国明、李建国4人神色严肃，鱼贯而入。一大厅的记者，后来统计有四五十家媒体，八十多人。

闪光灯、摄像机一路狂拍。那架势像大人物或大明星出场一样，只是一丝掌声没有，一点笑容没有，只听到现场噼噼啪啪的拍照声。

陈小姐简单的开场之后，我们四人被一一介绍。如事先约定，我们都十分僵硬地站立，点头致意，并未弯腰。

我看了看，感到气氛十分严肃，现场坐满了记者，我的同事们站在两旁的过道里，有人紧紧地抱紧双拳，神色都十分紧张。

我开始念准备好的发言稿，但也比较僵硬。大概三张纸，念到一大半的时候，我就有些轻松了，因为该说的里面都有了，这三天的充分准备功夫没有白下。

文稿里面解释胶粒无毒，说明了事情原委，表明了中石化基本态度。尤其是那三句"无论如何"，铿锵有力，掷地有声，很是提气，一下子把现场的氛围扭转了不少。"无论事件责任归属最终如何认定，公司都将全力以赴，积极配合对漏撒胶粒的清理；无论事件责任归属最终如何认定，公司愿意先行垫付打捞和清理过程发生的费用；无论事件责任归属最终如何认定，公司都将承担自己应该承担的法律责任和社会义务，决不推诿。"

念完新闻稿，我表示愿意和我的同事们一起回答各位记者提问。果不其然，所问的问题集中在责任、赔偿、对海洋生态的影响、胶粒有无毒性等敏感问题上。

我们几位因为准备充分，可以说是成竹在胸，有问必答，诚恳耐心。

有记者问："事情的责任，中石化认为应该归谁？"

承运方也是一家央企，我们既不能揽责，也不能推责。我回答："我们也是当事方之一，我们自己不便判定责任属谁，但是我们相信，有关政府部门和司法部门定会弄清责任。"同时，换个方式再说自己想说的三句话："但是，不管将来责任归谁，我们现在就垫付资金来帮助清理香港海滩，打捞另外两只集装箱。将来如果责任界定是我们的，我们绝不推诿，该赔多少赔多少。"

有记者再次提问："中石化难道一点责任都没有吗？"化工销售公司总经理张国明回答："你买了瓶药，委托快递送货，快递给弄

237

丢了，别人捡了吃了，中毒了，你有责任吗？"回答十分巧妙，一下子就把这问题说到位了。接着，张国明说起这件事的前因后果，塑料有无毒性，字斟句酌，有理有据，权威解读，很有说服力。张国明人高马大，端坐台上，声音洪亮，语言沉稳，回答又很机敏，气场很足，颇有大将风度。

有记者问，事件发生后，中石化做过什么？刘晓洪、李建国两位回答先后组织 500 多人次参加清理工作，同时为加快清理散落海滩胶粒，先后购置柴油、汽油小型发电机 20 台，工业吸尘器 40 台，手摇式分离器 20 台，成型分离器 20 台，对讲机 44 台，急救药箱 10 个，租借移动厕所 2 个。

有记者问："你们会对渔民的损失作出赔偿吗？你们垫付 1000 万港币够吗？"

我非常诚恳地回答道："刚才我们来会场时，在大堂的电视上看到渔民兄弟在哭诉的情景，老实说我心里边很不是滋味，对渔民兄弟遇到的不幸深感同情。"

"但是，渔民的赔偿我们相信香港政府会统一考虑的，我们也在报纸上看到香港政府准备给渔民发'体恤金'（相当于救济金）。"

"我想在法律责任厘清之前，我们还无从说赔偿问题，而目前的当务之急，是清理海滩上的胶粒，打捞另外的两个集装箱，避免再发生鱼吞食胶粒的情况。我们是这方面的专家，我们愿意在这方面发挥作用。"又绕回到我们的主题上来。

专家点评：媒体问答环节是真刀真枪，稍有不慎就会掉入陷阱。一是要分工协作，这一点尤为重要，专业的人回答专业的问题。二是要专业问题要注意通俗化。三是要反复强调自己要表达的核心信息，三句"无论如何"不断强化，发布会的目的也就达到了。这三点是"化危为机"的关键奥秘。

整个沟通会大致进行了 70—80 分钟，比预计的时间推迟了大约 20 分钟。

可以说，前 15 分钟，气氛是对立的，我们是紧张的。中间 15 分钟，我们越来越放松，氛围越来越好。我看站在过道里的同事们神情也都放松不少，紧握的双手也都放下来了。后面半个多小时，我们是越回答越好，甚至觉得时间还不够。

随着主持人宣告结束，一位酒店里的中年侍者，拦住围上来的记者，快速引导我们从侧门撤退，把我们带到贵宾室里。原来公关公司很有经验，把发布台摆在两扇门之间，而不是门的对面，目的是为了让发布人方便离开。

（六）

好消息陆续传来。当时，香港的新媒体还不太发达，比较快的是各媒体的网络版。当时从网上看，除个别媒体的报道不够客观外，其余媒体基本都很客观、很正面，基本上用的都是我们拟的题目《中石化垫付千万港币清理香港海滩》，所引用的基本都是我们的话语，总体是客观的。

第四天 8 月 10 日一大早，我们立即赶回北京，因为年中工作会正在召开。

从首都机场赶到昌平会议中心，离下午开会还有十来分钟时间。党组领导大多都在休息室等候，我赶紧插空简要报告了一下有关情况。

因为还没看到更多媒体信息，底气还不是很足。

但是傅成玉董事长在会上即兴发言时就点到这件事，说大鹏他们刚刚赶到，这件事处理得很好，展示我们公司勇于承担责任的社会形象。

这一天阳光灿烂，香港各大媒体均在显著位置刊发了这条信息，而且还是正面的。

金庸先生创办的《明报》除了报道之外，更是专门刊发了社评《胶粒事件如一面镜子，折射各方承担与取态》，文中指出"中石化这次应对胶粒漂港事件，使人耳目一新，这种与港人同呼吸的情，若见诸更多国企，有助于消弭内地与本港的隔阂，两地融合会更为和谐"。

此后不久，股份公司召开董事会，远在香港的独立董事陈小津在视频会上正常发言后，加了一段："前几天我们的胶粒事件处理得不错，我在电视里听到集团发言人吕大鹏先生的三个承诺，可谓是掷地有声啊！作为一名独立董事，我听了以后也很自豪，这体现了一个大企业的风范。"

香港中联办有关领导在听取中石化工作汇报后，也给予了充分肯定。

后来时任董事长傅成玉到了香港，抽空也到海滩和市民、环保组织一起清理胶粒，我们按照博然思维的建议，没请记者。但是在场的环保组织负责人都把照片发了出去，取得了很好的传播效果：中石化不是作秀，是实实在在帮香港人民解决问题。

我们在香港的同事前前后后数百人次，一直在参加义务劳动。经过各方努力，香港海滩上的塑料虽因潮水冲击有几次反复，终于清理干净。

这件事情对我本人和我的团队的信心提振很大，有人说你这是"一站成名"，我说叫"一战脱敏"，后来怕见媒体尤其是怕见境外媒体记者的畏惧心理消除了。

顺便说一下，那 1000 万港币，委托审计完了，花了 300 多万，还剩 600 多万，一笔一笔，清清楚楚。请示傅成玉董事长，他指示要把这笔钱留在香港做公益，继续造福香港人民。

刘晓洪主任非常认真，调研数月，选中三个项目，继续支持香港环保事业，分别为教育、科研、活动三个方面。

此事过了大半年，到了 2013 年的夏天。凭借 2012 年在香港胶粒漏撒事件处理中的杰出表现，中国石化荣获霍姆斯 2013 年品牌与声誉杰出成就奖（Sabre Awards）之危机管理及企业社会责任两项金奖，据说是国际公共关系界的"奥斯卡奖"。他们给的最高评价是"教科书般经典案例"，而且还要到美国迈阿密领奖。一向对出国控制非常严的傅成玉董事长居然还批准了，我很高兴地陪同徐槟同志到美国迈阿密参这个盛会，领了一个大奖，会上学习其他国际大公司的做法，感觉我们还差得远。这可能也是董事长让我们来参加会议的原因吧。

2013 年底，联合国国际环境保护协会、香港环境保护协会等 5 个单位又颁给我们一个"杰出企业社会责任奖"，我再次到香港领奖。两位香港很有名的人给我颁了奖，颁奖词提到香港胶粒事件，现场不少人又鼓起掌来。

（七）

专家点评：香港胶粒化危为机案例带来的启示。

启示之一：企业遇到事情后，应先搁置法律责任，承担社会责任。

香港胶粒事件之所以处理得当，被誉为"化危为机教科书般经典案例"，其中重要的原因就是承担了社会责任。

企业和人一样，一辈子不可能不遇到意外事件，而尤其是这件事又与你相关时，更应该先搁置法律责任，不要急于推卸责任，而要以积极的态度承担社会责任。

所谓相关当事人最终不外乎三类。一类是完全无责，如中石化这次；一类是完全有责；还有一类是有部分责任。

第一类，无责任而主动承担社会责任者，容易得到社会尊敬，而且法律不会因为主动承担社会责任而确认一定负有法律责任。但是，处理这类事情，一定要有理有据，把话说开。

第二类和第三类确有其责者，首先勇担社会责任，往往容易得到理解和原谅，一个不小心把邻居家房子点着而又拼命去救火的人，一定会比袖手旁观躲避责任者更易得到大家谅解。

启示之二：境外传播必须入乡随俗。

站在受众角度，从香港社会各界最关心的问题入手，回答媒体提问。站在港媒的视角给出了富有新闻含量的通稿。从语言到行动，企业都在顺应境外开展危机公关的语境，用传播方法去引导舆论。

借助本地公关团队来把握媒体关注点、受众心态和设计传播文案。境外受众与大陆受众心态不一，外来企业很难把握清楚，需要熟悉当地的公关公司给予参考，并在文字表达上予以把关。企业实施"走出去"战略，一定得"进山问樵""下海问渔"。

启示之三：借关注焦点化危为机宣传品牌，有意外之效。

倘若平素，企业在香港媒体上刊发文章，写上100篇如何承担社会责任，估计也没多少人看，达不到应有效果。而当企业作为当事人被舆论高度关注，成为新闻焦点时，负面信息固然会被放大，但如果能化解好，借机宣传自己正面形象，反而会取得超出想象的传播效果，树立起良好形象。这次香港胶粒事件，各方面关注度非常高。在这种情况下，坦坦荡荡、主动说清事由，破解胶粒有毒之惑，勇担清理之责，慷慨垫付资金，借高关注度进行传播，树立了中石化良好形象。

作者简介 吕大鹏，中国石化监事，新闻发言人，党组宣传部部长，品牌部总经理，企业文化部、新闻办主任。曾任中国石化报社党委书记、社长、总编辑。将危机管理、新闻传播、公共关系、品牌塑造、企业文化等方面丰富的理论和实战经验归纳提升为"企业声誉五连环管理法"，带领的团队三次获得国际公关界最高荣誉"霍姆斯报告亚太地区品牌与声誉杰出成就奖"。2014 年荣获"最受网民欢迎的中国企业新闻发言人"，2020 年荣获"中国十大首席品牌官"。受聘为中国公共关系协会专家委员会副主任委员，清华大学国家形象研究中心高级研究员，北京大学国家战略传播研究院顾问，全国领导干部媒介素养培训基地兼职教授，中央企业媒体联盟副主席。著有《价值传播》《企业新闻发布并不难》等。

通达社情民心，让世界
听清企业声音

中国东方航空集团公司宣传部原部长、
原新闻发言人　李　江

笔者有幸从事宣传工作 20 余年，其中 10 余年担任东方航空新闻发言人或助理发言人，亲历了公司在 2008 年因金融危机等原因，资不抵债、形象降到谷底的极度危机和之后励精图治连续 11 年盈利、跻身全球 7 大航空企业，品牌形象华丽转身的"黄金十年"。东航的涅槃重生与改革发展是中国之治的成功缩影，也是中国民航腾飞的真实写照。同时，笔者亦见证了公司现代新闻发言人机制和公众沟通体系从无到有、从小到大、从弱到强的过程，参与了东航在企业传播领域一系列生动鲜活的精品佳作、无数激动人心的高光时刻，成为永存心间的难忘记忆和快乐回忆。

我心目中的发言人事业，如色彩斑斓的大江大河，有时静静流淌、有时汹涌澎湃，却总带来奔腾向前的激情；如挥洒千里的日月之光，有时阳光普照，有时月光熹微，却总带来照亮心灵的光明。基于对业内外新闻发言人工作的长期观察，在此和大家分享一些粗浅的思考。

一、用"另一只眼"再认识发言人

（一）企业发言人从来不是"一个人"

从广义角度来说，公众服务型企业的员工"人人都是品牌形象大使"。从战略角度来说，企业家往往更多地扮演着"第一发言人"的关键角色，公众可能并不知道许多很著名的企业发言人是谁，但却对这些企业行为文化津津乐道。从实践角度来说，民航业更需要"专业的人说专业的话"，让服务专家谈春运、机务专家谈安全，往往比容易脸谱化的发言人更有公信力。因此，新闻发言人不仅是一个传播的制度体系，也是一个传播团队的代名词。

（二）企业发言人不是当年"那个人"

今天的企业发言人很少像我们的"外交天团"或两会新闻发言人那样，在一个具有仪式感的权威发布场所进行信息交互。就像发言人著名台词"无可奉告"并不存在于现实中一样，由于公众获取信息的习惯已经发生颠覆性的变化，大多数情况下并不需要直面企业发言人的眼神或表情，而是会自发地综合各种视频、信息、观点等找寻"实锤"和"真相"。用合适的方式进行渠道友好、信息明确的对外发布，反而会更好地避免"尬聊"。

（三）企业发言人如何当好"对的人"

笔者尝试用弗洛伊德的学说去全新诠释企业发言人的定位和心理结构：

本我——遵循"快乐原则"，"功夫在场外"，用好企业平台和个人魅力，凝聚媒体圈、朋友圈、正能量场，做一名有人缘、有积累的发言人。

自我——遵循"现实原则"，尊重专业、通晓社情、掌握企情、敬畏舆情，不做沉默失语的"难言人"、超越授权的"乱言人"、自说自话的"独言人"，当一名有准备、有水平的发言人。

超我——遵循"道德原则"，或者更准确地说，通过把握社会规则、传播规律、企业价值，超越技术和专业层面创造性开展工作，实现"以道驭术"，护航企业的战略定力不漂移、商业伦理更彰显、管理哲学更成熟，成为一名有担当、有境界的发言人。

当下，基于发言人专业能力的分析较多，对于上述第三层超我的讨论较少。当前，企业深化改革需要面向公众"走出去"，国际化发展需要面向世界"走出去"。发言人是企业开放型、外向型思维的先行官，承担着企业内外信息双向交互超级桥梁的作用，早已超出了"一张嘴"的功能界定，而是兼具"文胆"和"脑中枢"的关键部位。不仅要做捕捉关键信息的观察者、预判情境发展的推演者、应对突发事件的指挥者，还要担当内外部与长短期利益制衡者、品牌价值创造者的关键角色。

二、"四线"发力，东航新闻发言和公众沟通实例

(一)"天线"明导向，正面引领擦亮企业底色

航空业是具有战略先导作用的国民经济基础产业，民航中央企业履行着重要的政治、经济和社会责任，这就决定了其新闻舆论工作必须紧紧服务于国家战略大局和企业使命。在多年的新闻发布工作中，既有服务世博会和进博会、北京大兴国际机场投运、航空扶贫、开通"一带一路"航线等重大任务，也有东上航联合重组、加入天合联盟、东航的物流混改等重要战略推进，还有春运暑运、两会提案议案等各界关切的常设议题。

2019年波音737MAX发生全球第二次空难后，东航基于科学的分析判断，第一时间在全球首家建议停飞该机型、遵循商业规则首家正式提出索赔，获包括欧美主流媒体在内的全球舆论积极评

价，"为地球人发了一次声、当了一回家"，有力彰显了中国民航人"生命至上、安全第一"的理念。在党的十九大召开前夕，东航与人民网携手，通过空地互联平台开展"空中看十九大"的活动，客舱中的人民网主持人与人民大会堂前方记者实时连线，"天地互联"将最新情况传递给东航所有宽体机的乘客，开空中直播重大政治活动之先河，引发了广泛良好的社会反响。

（二）"火线"传热点，新闻领跑提振民心士气

多年来，东航形成"火线"直播国家行动、民航担当社会责任的独特模式，从驰援汶川地震的"生死时速"到青海玉树地震的"空中生命通道"；从运输援非抗击埃博拉医疗队的"蛙跳"飞行到巴厘岛火山喷发"空机去，满机回"；从驰援尼泊尔震区的"39圈盘旋"到飞越19国接运加勒比飓风被困同胞"48小时回家路"，东航开展空地联动、动态发布的立体传播，帮助公众第一时间获取权威、真实的信息，凝聚社会真情与克难信心，助力"中国速度""中国力量"享誉海内外。

2008年"5·12"汶川地震发生后，东航奋战7天黄金时间，紧急执飞147个航班，运输6136名官兵和医疗人员、1200吨物资和14条搜救犬，转运了大量受伤民众。我们将此期间无数个感人瞬间连夜制作成《大爱无言亦无边》图文册。成都华西医院医生来信致谢这本有全体机组签名的"最珍贵礼物"，笔者受公司委托回信："切实行动换来真实感动，记载着抗震义举与肺腑真情的千纸鹤、卡片、鲜花，《大爱无言亦无边》图文册，如镜子般映射着我们共同的火热爱心。"这些已成为许多国人凝重而感动的共同记忆的一部分。

2017年9月底，正值全国人民喜迎国庆、中秋佳节之际，东航迅速响应国家有关部门部署，24小时内完成准备，两架A330飞

机首次飞越大西洋航线、跨越 19 个国家，飞行 3.4 万公里，紧急接运 381 名因加勒比飓风受灾的中方人员回国。为了让同胞家属和广大国人及时了解动态，东航首次全程利用机上空地互联技术进行全媒体动态直播：从登机口乘务员"欢迎回家"的亲切话语，到航程中的嘘寒问暖；从每人双份热食到递上久违的"老干妈"、八宝粥；从客舱内悬挂的国旗，到共同齐唱《我的祖国》，将东航客舱化为了祖国的热土，也在网络上掀起了爱国的热潮。相关报道爆发式传播，形成"现象级"热点，"祖国派飞机接你们回家"的话题持续占据热搜榜，"祖国伟大、东航给力"等评论铺天盖地，有力地唤起了社会公众的爱国热情，向世界展示了中国负责任的大国形象。

2018 年 1 月 17 日，获悉业内多家航空公司得到民航局批准，自 1 月 18 日零点起开放机上便携式电子设备（PED）使用，东航率先制定并公布了相关使用细则，利用跨零点航班较多、空地互联技术领先的优势，首家正式宣布允许"手机开机"并在多个航班上开展空地直播，相关新闻信息传播上万条，浏览量迅速破亿，吸引全民零点"追剧"。

2020 年新冠肺炎疫情发生后，东航在除夕夜执行民航首班援鄂医疗包机，送上海医疗队紧急赶往武汉抗疫，3 月 12 日执行中国首班援外（罗马）包机任务，动态传播东航执行 2.4 万余班防疫运输航班（其中近 1000 班包机）、运送 2.3 万名医护人员和 7 万吨防疫物资，飞往全国各地和 20 多个国家的抗疫实际行动，获上千家国内媒体、近千家海外主流媒体关注和报道，获得三项国家抗疫重量级荣誉，并受到多国政要和国际组织的赞誉。

（三）"一线"递话筒，基层故事传递品牌温度

善用"小故事"讲述"大道理"、用"小切口"彰显"大主

题"、用"小符号"引出"大文章"。为筹备 2005 年春运的两岸包机，东航邀请亚太经合组织上海会议唐装制作方为乘务员特别订制了富有中华文化元素和节日喜庆氛围的"彩蝶唐装"，加之当地特色的餐食、语言等服务，获得了海峡两岸同胞的广泛赞誉，被央视"焦点访谈"等栏目连续报道。

在东航，服务祖国民航事业多年的空勤人员"光荣退休"已经成为一种充满温情和仪式感的致敬活动。2016 年，30 年前面对劫机歹徒勇握刀锋的"反劫机英雄"东航江西乘务员张丽萍"告别蓝天"，她本人都没有的当年照片和一系列感人故事在网络爆红，刷屏了各种弹窗和朋友圈，网友评论"岁月虽逝你依然是最美"。反映老机长最后一个航班、告别 40 年飞行生涯和世代传承的东航微电影《光辉岁月》，成为人民日报官方微信在改革开放 40 年纪念日当天头条选登的唯一企业视频。记录东航员工"主动"延误航班近 90 分钟、等待一颗无偿捐献的心脏，获旅客谅解并点燃武汉患者生命希望的微电影《心跳》，全网播放量突破 1 亿人次，在网友的点赞和关注下位居微博热搜榜首位。这些对于真人真事的特别"发言"，反映了东航人对责任、担当和价值的深刻理解，也记录了东航对社会公众的真情诉说。

抗击新冠肺炎疫情期间，东航多元讲述"逆行者""坚守者""幕后英雄"的故事，"乘务长的感人广播""老外机长点赞中国力量""送山西医疗队人手一瓶醋"等一频频占据抖音、快手、微博、头条等热度榜单首位或前列。在意大利抗击新冠肺炎疫情关键时期，东航承运首个中国医疗队、三批援助物资等 30 班各类包机先后赴意，"米兰塔台广播致敬中国""意大利机长包饺子感谢中国兄弟"等温暖人心。在当地逐步解封后，推出了中国城市"云观光"系列、意大利籍空乘"期待重返蓝天"视频等总浏览量 1400 万，提振了当地民众的信心，为中外守望相助和民心相通搭建了空中和网上的桥梁。

（四）"热线"应关切，危机公关维护企业形象

2012年，某外媒驻京记者发微博称，东航某航班头等舱第一排某座位乘客吸烟疑似"要特权"，引发1.7万次转发，舆情迅速升温，新华社"中国网事"对事件线索进行公开征集。东航迅速深入调查了航班所有机组人员，协助媒体第一时间联系上了航班同排旅客，均证实没有发生上述情况，且该座位没有旅客。公司迅速发布了口径声明，澄清事实，同时表示将与爆料人联系核实。外媒记者称"搞错了航班"，经调查其提供的另一航班仍未有上述情况，东航第二次发布口径，再次澄清并声明保留追责权利。在媒体公众追问下，外媒记者多日不更新微博，手机无法联系，几天后称"跋山涉水无暇跟进""事情是真的，当事人不愿再说"等。主流媒体和网友评论："一场公信力对决，做人不能太XXX！（外媒名称）"

2018年春运前，东航往返海峡两岸的212班春运加班航班遭到台湾地区民航主管机构拒绝核准。为全面准确阐述事实、表明态度，公司发布了长达近800字的声明口径，表达了被迫取消春运加班航班的原因始末，表示将全力做好后续服务保障。特别回顾了"十年直航路，风雨一家亲"，作为首家执飞两岸直航常态包机、首家在台设立办事处、运力投入最大的大陆航空公司，东海长期服务两岸往来、增进同胞亲情福祉的历史贡献和坚定决心，得到了两岸旅客公众的广泛赞誉和认可。

2018年11月某日，公司因系统原因在凌晨错售低至0.4折的大量低价票，受到舆论高度关注，网友和媒体纷纷猜测事件走向。经过高效的内部沟通和果断决策，东航于当天上午迅速回应，不仅承

诺机票全部有效，还宣布从中选取代表参加当月东航 A350 新飞机接机仪式，成就"幸运中的幸运"。媒体及网络评论由一般的事件聚焦，到对东航遵守契约的肯定，以及对合理借势传播的赞赏，使一个危机事件转化为央企正面形象与担当精神的展现。"东航锦鲤""诚信央企""A350 福利"等正面议题的传播近万篇次、全媒体热搜头条首页，微博正面话题 1.5 亿人次、全网覆盖超 4 亿，东航 APP 周下载量激增 7 倍。后续幸运网友参加接机、在空客 A350 豪华包厢中"庆生"的图文视频走红网络。新华社、《人民日报》《北京青年报》《南方都市报》等数十家主流媒体发表"教科书式公关""诚信样本"等评论文章，多家机构给出了"年度最佳公关"的评价。

三、"四个统一"：立体平台支撑下的精兵作战

新闻发言人的最终决策往往是"关键少数"发挥重要作用，但却离不开系统工程和团队的有力支撑。近年来舆论环境、传播技术、受众习惯等发生深刻变化，对信息传播带来新的挑战，特别是航空公司面向大运行、全天候、高风险、融媒体的新形势，东航积极推动了一系列深层次的传播变革。

（一）统一资源

统一资源，将资源潜能汇聚成品牌势能。只有"人 + 平台"，才能成为强有力的资源。针对既有管理格局中存在的信息"平行线"、传播"断头路"等现象，我们积极打造新闻传播的"中央厨房"，推进报、刊、网、视、新媒体、机上互联网等自有媒体的整合管理，上下联动，统筹公司宣传系统资源，实现"集中策划、统

一采编、多样产出、多元传播"，形成新闻传播的"上下一盘棋"。

（二）统一制作

统一制作，重塑品牌形象载体共享格局。聚焦价值创造、突出"内容为王"，建立图文、新媒体、流媒体等内容的集中创作模式，统筹需求、定期规划、统一制作、规范使用，形成有效品牌辨识和记忆。公司在业内率先开展全面换装和换标，亮出国际化发展新形象，广受各界好评。东航聘请中国民航首位真正意义上的企业形象代言人胡歌，制作了一系列优质内容产品，如环保公益片《为爱飞翔》和扶贫公益片《连接心的精彩》，海内外传播超过 2 亿次，极好地传播了东航的责任理念，有力带动了全社会的共同参与。

（三）统一传播

统一传播，构建立体多样的现代传播体系。我们统筹规划公司内外部媒体的推广资源，推动各类渠道由"相加"迈向"相融"。发挥媒体多元合作杠杆作用、追求有价值传播，实现"日日露、周周新、月月喜"的动态传播格局。东航是微博时代最早开设新媒体矩阵的企业之一，早在 2010 年就微博直播"凌燕带你看世博"获中国互联网"金网奖"。进入头条、抖音、快手等为代表的社交媒体新时期后，公司增设了新媒体管理部门，汇聚几名精兵强将，在短时间内打造了 10 多类平台、数千万级粉丝、20 亿级年流量的新媒体矩阵，获得多个平台行业第一，在央企中领先。公司重塑了国际传播管理模式，创新思路助力海外传播，在短期内实现了 10 倍的增量。

（四）统一公关

统一公关，从战略高度布局舆论生态圈。公司通过"媒体区域责任制"建好"新闻战区"，联动全球和全国媒体，建立快速介入、火线采编、迅速扩散的联动传播机制，协同发声、同频共振。建设专家智库、意见领袖库和口径库、案例库，打造新闻发言人、员工专家队伍等群组，形成了"圈""库""群"整体联动的强大舆论引导和舆情应对体系。东航通过对近年来全球数百个突发事件的聚类分析，制作了民航第一本可视化、模块化、场景化的《舆情应急手册》，让企业舆情应急管理规范化水平和效率再上一个台阶。

（五）一个体系

一个体系，用品牌价值评价各类对外行为。以消费者调研、市场分析、舆情分析等多种方式，建立品牌价值模型分析，对企业的行为表现进行评判。通过建立品牌价值提升方案、树立全员品牌意识，让各类服务和产品设计更有"发言人意识"，鼓励"我，就是东航"的价值认同和行为趋同。

四、感悟与共勉：四个变与不变

随着技术发展、社会进步、传播演进，公众沟通面临着新的时代命题，舆论生态在不断进化，发言人也需要思维迭代。百年未有之大变局之下，处变应变，踏浪前行，让嘈杂的世界听清听懂中国企业的声音，我们仍在追梦的路上。

（一）世界在变，唯立场不变

作为中央企业，东航始终紧紧围绕和服务国家战略大局、坚决响应国家号召，始终把人民的利益摆在首位。作为发言人，尤其要坚定爱国立场，坚持人民至上、生命至上。正如执行加勒比海救灾接运任务的郭万清机长所说："就算我们本来还不能飞到世界的任何一个角落，但只要同胞有难，我们会飞往世界任何一个角落，接你回国。"只有祖国的强大，才有人民的尊严、企业的未来，作为发言人，就是要统一思想、凝聚力量，积极推动爱党、爱国、爱企、爱岗的有机统一，为企业的发展营造良好氛围、注入不竭动力。

（二）环境在变，唯价值不变

对于发言人而言，"我"不是我，"我"是企业核心价值观的外延，代表品牌的品格。企业发言人不能只是个职业经理人，否则难有对企业全貌及其价值观深入骨髓的理解，也难以代入前文所述的三个"我"。要秉持真诚利他、善意取舍，时刻确保员工利益、客户利益、股东利益、社会利益等的共心同向，既要避免因企业部门之私、个人之利损害品牌形象，也要在外部压力下善于维护员工的工作尊严和幸福权利，在复杂环境中会找"公约数"、善画"同心圆"。

例如，在某旅客持续要求过度服务引发同机旅客批评的事件中，东航对媒体回应"为旅客提供精细、周到的服务是公司的核心要务，同时，安全舒适的旅程离不开员工、客户等各方的共同参与。东航坚决捍卫员工的工作尊严和相关权益，坚定保障员工良好、有序的工作环境"。这是对共同利益和企业价值的一次系统回答。

（三）受众在变，唯品质不变

做有品质的传播，更要打造有品质的企业。在体验经济时代，不可能靠一张嘴赢得客户和市场，高品质的产品和服务才是制胜法宝，也是提高负面舆论免疫力的基石。市面上某些"包装师""润滑剂"之类的定位在某种意义上是对发言人的片面化或矮化。面向

"四全"媒体和国际传播，受众越来越多元，品牌感知触角越来越宽泛。发言人既要以开放的心态重塑知识结构，学以致知、学以致用、用以致远，做到脑中有智慧、内心有定力、手上有新招；同时也要主动融入业务，与企业管理体系、质量体系紧密融合，使企业高质量发声与高质量发展形成良性互动的循环。

（四）要素在变，唯应变不变

兵无常势、水无常形，发言人天生有立场，永远说真话，但真话要巧说。要通盘考虑事件走势、关键细节、公众情绪等因素，把握时、度、效，灵活高效应对。比如"快报事实、慎报原因"是多年来的金科玉律，但并非一成不变。"某航班大雨中滑出跑道"，这是事实描述，也暗示了原因、遵循了规则。发言人是博弈的高手，决不能把棋子钉在棋盘上，要懂得面对现实，寻求最佳，有些特殊情况下，也会缓报事实、快报原因或先表态度，体现公众沟通别样的角度、温度和风度。

作者简介 李江，中国东方航空集团有限公司党校常务副校长、机关党委常务副书记。曾任东航集团宣传部部长、企业文化和品牌管理部总经理、新闻发言人。长期负责企业舆论传播、品牌塑造和企业文化建设等工作，积极推动相关领域的系统性变革创新，组织建立了东航品牌管理体系、企业文化理念体系、危机管理与舆情应对体系，具有丰富的政府、媒体和公众关系整合沟通经验，主导过系列影响广泛的品牌传播、新媒体实践和危机公关案例，带领团队获得过国内外多个相关领域的重要荣誉。

工程传播视域中的
工程新闻发布

中国长江三峡集团副总经济师、新闻发言人　杨　骏

工程活动是一种历史悠久的人类造物实践活动。从古埃及金字塔到中国古长城，从美国胡佛大坝到中国三峡工程，从英吉利海峡隧道到港珠澳大桥，作为人类重大工程活动的成果，古今中外若干世界奇迹工程不断刷新人类造物极限，不断拓展人类生存空间。

现代意义上的工程是在科学和技术基础上人类有组织、有计划、有目的改造客观世界、服务人类可持续发展的实践活动。① 当前世界已整体进入工程时代，其突出的标志就是工程活动已成为驱动社会进步、促进经济可持续发展、提升人民福祉的重要手段。从物的层面看，统计显示地球上现存的"人造物"（工程产品）总量已经超过 30 万亿吨②。从社会层面看，工程活动已超出相对封闭的工程共同体，工程活动的成果也已超越单纯的工程实体，成为社会各方关注、审视和评价的对象。

重大工程活动因其建构的本质特征，必然导致自然的重构、社会的重组、观念的重塑。任何工程都是一种创新与创造，必然会经历一个社会的认知、适应和接受的过程，这个过程就离不开有效的传播。深入工程活动的全生命周期我们可以看到，重大工程的公众认知和社会认同在工程活动中具有越来越重要的地位和作用。

随着工程活动影响的凸显和对工程活动反思的深入，融合工程哲学与现代传播学相关研究成果的工程传播学正呼之欲出。相关研究表明③，工程传播是工程活动的重要组成部分，贯穿工程活动的全生命周期；工程传播所建构的工程意象是工程活动成果的重要组成部分，是工程价值的延伸。在工程活动中，有效的工程传播对推动决策、引导预期、解疑释惑、反馈信息、化解争议、护航工程发挥着重要的作用。

工程新闻发布是工程传播的重要形式。现代工程新闻发布的形式多样，包括传统新闻发布会、媒体座谈会、媒体现场采访、知名专家访谈、网络名人考察、工程公众开放、工程危机公关等。不论采取何种形式，工程新闻发布都要以服务工程、服务公众为目的。

从工程哲学和工程传播的视角，深入分析工程活动中的工程新闻发布，深化对工程新闻发布重要性和特殊性的认识，对于我们从理论和实践层面加强对工程传播的理解和推动有着重要意义。

一、工程新闻发布的社会性

当我们不是只从工程的结果——"物"的层面看待工程，而是从工程的过程——"造物"的层面看待工程，就可以清楚地看到，任何工程活动都是一个社会历史过程。社会性是工程活动的重要特征④。也就是说，工程不只是科学、技术的运用，作为一种历史悠久而独特的人类建造活动，工程活动往往是经济、技术、管理、伦理、社会、心理、政治、文化等多维度、多因素的集成。从某种意义上我们可以说，发现和发明都可以是远离社会的个体行为，而工程建造不能没有公众参与。没有社会公众的认知认同和积极参与，工程往往都无法开工建设。

从工程哲学的角度看，工程活动既是自然人化的过程，同时也是工程社会化的过程。如果说工程建造是人类在自然界中创造新的人造物的实践活动，其结果是人化自然的形成，是自然的人化，那么工程传播就是让工程得以实施、发挥效益并成为社会一部分的实践活动，是实现社会公众对新的人造物的认知认同，是工程的社会化。

现代工程的社会性特征，使工程的决策过程成为一个工程共同体与社会公众沟通的过程。现代社会的许多大型工程能不能上马开工，"科学家、工程师只能把客观情况反映清楚，对未来的预见有科学推理，决策是政治家、哲学家的事情"⑤。而要"把客观情况反映清楚"就需要做大量的工程新闻发布和公众沟通工作。

现代经济社会发展包含了大量的工程技术背景，社会公众一般缺乏相应的专业知识背景，在理解相对专业的工程项目时往往存在认知障碍，如果社会各层次的领导者不具有一定的工程技术素养，就没有正确决策的能力。国民的工程技术素养和社会公众对工程的认知，是保障国民经济劳动力供应、保证以技术为驱动的经济得以持续发展的重要基础。如果社会公众不具有加入到公共讨论所需要的基本工程技术素养，不能有效地参与工程的设计、决策和实施的讨论，将影响公民对工程的决策与实施。因此，主导工程建设的业主必须对工程理念、工程目标、工程效益、工程影响等方面的内容开展负责的公众沟通。

工程时代的工程实践不再是由工程决策者和工程师等组成的工程共同体的内部事项，不能再延续关起门来搞建设的传统做法。必须深刻地认识到，工程离不开传播，工程本身一直在自在、自发地传播。在以往的工程实践中，工程自发的传播积累了一些有价值的经验，如果不重视传播甚至将工程与传播割裂，已有许多沉痛的教训。我们可以形象地说，工程活动从来都包含"做"和"说"两方面的内容。一个好的工程，既要"会做"，也要"会说"。基于工程传播理念的工程新闻发布，正是统筹"做"和"说"，推动工程得以实施并形成围绕工程价值的社会共识，为工程实体建设营造良好的舆论氛围。

在工程传播建构起来的社会舆论场中，工程新闻发布本质上是一种工程行为。工程新闻发布产生的意见能否引导和主导社会舆论，是工程新闻发布成功与否的关键。同时工程新闻发布还应该建立一种反馈机制，使社会舆论场中关于工程的意见建议甚至批评反对的声音能够吸纳到工程实践中，推动工程在实施过程中的优化和完善。

从现实需求看，工程时代工程新闻发布的价值就在于更好地彰显工程活动的价值。借用美国著名工程哲学家卡尔·米切姆在强调工程哲学重要性时的一句话"工程通过哲学可以更好地实现自己"⑥，我们也可以说：工程通过新闻发布可以更好地实现自己。

二、工程新闻发布的建构性

任何人类工程活动都是物质活动与精神活动的统一。正如马克思所说："最蹩脚的建筑师从一开始就比最灵巧的蜜蜂高明的地方，是他在用蜂蜡建筑蜂房以前，已经在自己的头脑中把它建成了。"⑦

然而在现实的工程实践中，工程活动的精神性总是被忽略，工程活动往往等同于"混凝土＋钢筋"的工程实体建设。在现有工程哲学的理论话语中，也缺乏对工程活动的精神性、知识性、文化性或意识性方面系统的研究。工程建设者对工程的物理建设过程和具体目标效益更为重视，而对工程活动作为一种精神活动的变化规律、其对人们观念的影响、对工程形象也是工程活动成果的认识和重视不够。"工程教育中重物轻人、重理轻文的现象相当严重。"⑧对如何做好工程的社会公众认知，更缺乏系统的谋划。

一般而言，一个工程的诞生都要经历从设想提出、技术论证、经济评估、社会评价、公众沟通、行政决策、实体建设、总结验收、运行维护的过程，这一过程中需要大量的介绍、说明、说服、解释、辩护、总结、评价的工作。这些工作既包括工程共同体内部的沟通，也包括工程共同体与外部的沟通，这些属于精神活动，当然也是一种重要的传播活动。

工程活动的物质性是以现实世界中的工程实体建设为核心，依托系统的工程建设实现；工程活动的精神性是以精神世界的工程意象建构为核心，依托专业的工程传播实现。深化对工程活动精神性特征的研究，我们可以对工程活动中的工程理念、工程价值、工程精神、工程意象、工程文化等非物质要素、非技术要素的演化规律有更清晰更系统的认识。

工程新闻发布既是工程行为，也是传播行为。工程活动中的工程传播是由工程业主（工程共同体）主导、以工程活动为核心、以各种形态的传播为载体、以工程的公众认知为目标的工程意象建构过程。工程意象注重人对客观对象的理解与再创造，通过传播活动促使公众对工程有更深层次的理解和想象，依托形象塑造，深入文化建构，将冰冷的人工造物赋予美学想象，打造为文化符号，实现工程的审美情趣。通过工程新闻发布和系统的工程传播建构良好的工程意象，使工程活动成果更好地汇入人类文明成果、丰富人类社会的精神财富。

在工程传播的视域中，工程新闻发布的舆论场是一个建构的过程。工程新闻发布的发布渠道选择、发布议题设定、发布内容生产、发布对象分层、发布目标调整、发布时机把握、发布效果评价等，既要遵循传播的一般规律，也要遵循工程传播的特殊规律。从形象建构的层面看，形象的确立与传播不是单向度的，一般都包括自塑和他塑两个维度。工程新闻发布就是要实现以自塑引领他塑，推动自塑与他塑形象的重合。

工程新闻发布的建构性还体现在工程意象建构的互动性。在社会舆论场中，工程传播活动能否引导和主导社会舆论，是工程传播成功与否的关键。同时工程传播还应该建立一种反馈机制，使社会舆论场中关于工程的意见和建议甚至批评反对的声音能够吸纳到工程实践中，推动工程在实施过程中的优化和完善。

三、工程新闻发布的争议性

由于社会的复杂性、利益的多元性、工程的有限性，不同社会阶层围绕工程活动而产生的观点分离、情绪分立、立场分化成为工程时代的另一特征。对于一个工程而言，人们总是存在不同工程理念、不同技术路线、不同目标预期、不同利益诉求、不同价值取向、不同审美情趣的差别。可以说："无争议、不工程。"

工程活动的争议性，决定了工程新闻发布的争议性。一方面，工程新闻发布要通过客观的信息，引导预期、解疑释惑；另一方面，工程新闻发布本身也面临不同立场、视角、观点的质疑。

从工程的决策来看，任何工程都是在一定的成本效益控制等特定的边界条件下，在不同方案之间进行的选择。"其所以要进行选择，直接的原因就是我们的资源有限。"⑨理性的工程决策往往是将积极的后果最大化，并尽可能地减少消极的后果。而这样的决策，往往需要更多的权衡、协调和优化⑩，因此争议、评价、选择就成为工程决策过程中的重要工作内容。

从工程活动的内部看，"工程活动共同体的结构必然是多元的、异质的。这种异质性结构与科学共同体、技术共同体的一元、同质性结构有明显不同"⑪。从工程活动的外部看，工程活动的开展总是需要得到有关部门的积极配合，让社会公众理解工程、参与工程决策、开展工程批评⑫，从而征得公众对工程的理解和价值认同。一个大型工程项目的立项、实施和使用往往能反映出不同阶层、社区和利益集团之间的冲突、较量和妥协⑬。无论是国家重大工程还是一般工程活动，公众都有可能形成不同的看法、表达各自的意见、形成多元的讨论。因此，与工程伴生的争议性是贯穿工程全生命周期的必然属性，而工程传播也正是平衡这种争议性的必然要求。

工程的争议性在现实生活中也有许多具体的表现，例如，包括三峡工程、南水北调、港珠澳大桥在内的一批国家重大工程在发挥巨大社会经济效益的同时往往备受争议，又如"工程污名""邻避现象"等导致一大批包括核电、PX 项目在内的服务国家经济发展需要的工程，因为没有得到公众正确的认知认同，无法开工建设。现实中，一个工程项目真实的社会经济作用与公众所感受到的社会经济文化影响不一定一致，公众对工程效益的理解与工程本身的真实效益也并不总是一致，但公众舆论会影响工程的决策和工程的建设运行却是普遍的规律。

围绕国家重大工程的公众认知在社会舆论上也呈现出多元复杂态势。有的是由于工程在论证建设过程中不同技术路线争论形成的历史积淀；有的是由于工程界缺乏传播与沟通的机制和能力形成的信息不对称；有的是由于专业壁垒导致公众对工程基于常识、违背事实的"想当然"；有的是部分公众、组织不能正确认识整体利益与局部利益的关系；有的是受邻避效应影响，对重大工程产生质疑和嫌恶情结；有的是对重大工程中的阶段性、局部性问题的过度渲染；也有的是别有用心的人试图通过诋毁国家重大公共工程来攻击党和政府，攻击中国特色社会主义制度。⑭

工程争议的化解是工程传播不断适应社会发展与公众情绪的动态平衡过程。这种争议的化解，既是一种解构，也是一种建构，可以通过收集公共意见、公众情绪的反馈机制不断评估、调整、优化工程实体建设，促使工程更加符合社会价值和伦理规范，把工程从作为人造物的对象性存在转化为服务社会经济发展的社会化存在，最终提高工程形象建构的有效性和科学性，在化解争议中推动工程活动不断前行。

随着自媒体的兴起，工程传播的争议性更加凸显。在传统的媒体语境中，公众的声音往往是缺失的。随着互联网的崛起和社交媒体的应用，公众话语有了得以表达和互动的空间。诸如微博、微信等新媒体为公众提供了转发、评论的平台，为公众提供更多学习机会的同时，也扩展了风险传播的宽度和渠道，并给利益相关者提供了信息传播的机会⑮。通过工程新闻发布，为社会公众提供工程认知的科学准确信息就显得更为重要了。

四、工程新闻发布的价值性

当今世界，工程活动已经成为现代社会生产实践活动的主要形式，构成了产业发展的物质基础⑯。现代产业的经济效益和社会效益目标是以特定的工程活动为基础的。工程项目的建设可以推动区域产业结构的升级换代。例如，在水力资源丰厚的区域，有目的性地建设一系列水利工程就可以形成以发电、航运、灌溉等为特征的产业布局。工程活动的产业性特征，使得工程新闻发布也具有了推动产业发展的特殊价值。

80年代初，工程对经济社会发展的重大产业促进作用逐步得到人们的重视。1982年，张光斗、吴仲华、罗沛霖和师昌绪四位专家联名在《光明日报》上刊登了一篇题为《实现四化必须发展工程科学技术》的文章，强调要大力发展工程科学技术。

最早肯定科学、技术和工程的公众认知具有促进产业发展特殊作用的是英国皇家学会理事会博德默（Bodmer）小组的《公众理解科学》报告。1983年4月，英国皇家学会理事会博德默小组的报告首先将公众理解科学（PUS）作为一个重要的社会政策概念引入公共决策中。该报告从科学与社会利益的角度强调：公众对科学技术的认识和了解是国家繁荣昌盛的基础，是现代民主制度的重要保障，改进公众对科学的理解是对未来的投资。[17] 按照报告的解释，科学一词是在非常广泛的意义上被使用的，它既包括数学、技术、工程和医学，也包括对自然界的系统调查和对从这些调查中得到的知识的具体运用。

1998年12月，美国工程院（NAE）将公众理解工程作为一个独立、完整的社会政策概念提出，认为公众理解工程包括提高公众对工程的认识（Public Awareness of Engineering, PAE）和提高公民的工程技术素养（Technological Literacy, TL）[18]。美国工程界认为，美国公众对工程的认识、美国公众的工程技术素养还不能够支撑维持美国经济竞争力、国际地位和国家安全的需要。据美国国家科学基金会、国家工程学院和国家研究理事会发布的相关调查显示，大多数美国人技术素养都不高。除此之外，国际技术教育协会在21

世纪初的调查得出结论认为："成年人对技术很感兴趣，但是，对技术了解不多。"⑲ 因此，由美国工程院发起，并与美国国家职业工程师学会（NESPE）、美国工程学会联合会（AAES）合作，设立了公众理解工程计划（PUE），旨在通过帮助公众了解工程对公众的生活质量的影响和工程师的工作，来促进美国公民对工程职业的认识和赏识。⑳ 强调工程共同体需要加强与媒介的沟通、交流，通过媒体的宣传使公众更好地理解工程，消除公众与工程师的隔阂，构建良好的关系。

许多与重大工程相关的国际行业组织也进一步增强了对工程传播重要性的认识。例如国际大坝委员会（International Commission On Large Dams，ICOLD）在 2010 年 5 月就提出了《ICOLD 全球传播计划和战略》（*ICOLD Global Communications Plan and Strategy*），认为 ICOLD 需要通过两种主要方式进行沟通：一是在其成员之间，就当前感兴趣或关切的议题交换意见和传播信息；二是向外部世界——即公众、媒体、各类会议参与者、学生、政治家／决策者——介绍水坝的作用和好处，以及国际大坝委员会的使命和活动。㉑ 同时国际大坝委员会还成立了公众认知专业委员会（PAE），推动大坝的公众认知工作。

工程活动的产业性决定了工程传播的价值性。一方面，工程的产业性使得工程的公众认知和工程传播具有了成为产业基础的特殊价值，也使得工程传播成为工程的重要组成部分，成为对未来产业发展的投资；另一方面，在市场经济和品牌时代条件下，工程新闻发布因为其对产业竞争力的提升具有对工程的无形资产增值的作用和促进产业溢价的价值创造功能。

在市场经济条件下，工程新闻发布对工程形象的建构本质是对工程无形资产的创造，是对工程业主品牌和软实力的有效提升，是一个价值的生产和增值过程。系统的工程传播必然在服务工程之外产生传播溢价，进而超越工程，通过形象建构、品牌建构进一步彰显工程传播的价值。在工程实践中，通过工程建设实现工程的现实功能目标的同时，工程传播所创造的工程形象也是工程活动的精神成果，工程传播所传递的工程理念、价值和文化也会成为社会的精神财富。

结语：从传统新闻发布到现代工程传播

在全球发展进入工程时代的今天，传统的、单纯的、被动的新闻发布已经不能满足工程活动的需要。现代工程传播的相关研究表明，在工程传播的视域中，工程新闻发布有三个方面的维度：其一是工程信息传递，工程往往涉及专业领域知识，存在相应的认知门槛。围绕工程做好信息传播、专业普及是工程新闻发布的基础性工作，也是建构良好的工程公众认知环境的基础。其二是工程价值解读，任何价值都存在于一定的阐释语境之中。通过工程新闻发布解读工程背后的工程理念和工程价值，引发社会公众关于工程的情感共鸣。其三是工程意象建构，意象以形象为基础，又是对形象的深化。通过意象塑造实现文化建构，推动社会公众在更高的维度对工程的理念认同、审美认同、文化认同。

从理论层面深化对工程新闻发布的工程传播学意义的研究和解读，促进工程学与传播学的融合，依托工程、围绕工程、服务工程、超越工程，致力于工程形象建构和工程公众认知，把工程的社会公众认知提高到国家繁荣昌盛的基础和国家产业经济竞争力提升的高度，是当今时代的新课题和新要求。基于工程活动实践的工程传播研究，既是工程实践活动的现实需要，也是传播研究的理论需求，它将为工程以及传播的研究增加新的实践维度和理论厚度，也将构成传播研究的谱系中生机勃勃的新图景。

参考文献：

① 参见朱京：《论工程的社会性及其意义》，《清华大学学报（哲学社会科学版）》2004 年第 6 期。

② 参见徐匡迪、殷瑞钰、李伯聪、汪应洛等著：《工程方法论》序，高等教育出版社 2017 年版。

③ 参见杨骏、周培源：《工程时代需要新的工程传播观》，《学术前沿》2020 年第 9 期上。

④ 参见殷瑞钰、汪应洛、李伯聪：《工程哲学》，高等教育出版社 2007 年版，第 73 页。

⑤ 陆佑楣：《三峡工程最终不是治水问题，是哲学问题》，《南方周末》2010 年 8 月 19 日。

⑥ Carl Mitcham, The Importance of Philosophy to Engineering, Tecnos, 1998, p.3.

⑦ 《马克思恩格斯全集》第 42 卷，人民出版社 1979 年版，第 168 页。

⑧ 徐匡迪：《工程师要有哲学思维》，转引自殷瑞钰等：《工程哲学》，高等教育出版社 2007 年版，第 3 页。

⑨ [美] 歇普：《工程师应知：经济决策分析》，赵国士译，机械工业出版社 1987 年版，第 2 页。

⑩ 参见殷瑞钰、汪应洛、李伯聪：《工程哲学》，高等教育出版社 2007 年版，第 130 页。

⑪ 李伯聪等：《工程社会学导论：工程共同体研究》，浙江大学出版社 2010 年版，第 30 页。

⑫ 参见张秀华：《工程批评：工程研究不可或缺的视角》，《光明日报》2005 年 6 月 21 日。

⑬ 参见朱京：《认识工程的社会性及其意义》，《清华大学学报（哲社版）》2004 年第 6 期。

⑭ 参见卢纯：《关于充分发挥全国政协在推动国家重大工程理性认识、凝聚共识独特作用的认识与建议》，《人民政协报》2018 年 9 月 17 日。

⑮ 参见郑泉、张增一：《争议性科技议题中的公众参与》，《自然辩证法研究》2019 年 4 月。

⑯ 参见殷瑞钰、汪应洛、李伯聪:《工程哲学》,高等教育出版社 2007 年版,第83 页。

⑰ 参见英国皇家学会:《公众理解科学》,唐英英译,北京理工大学出版社 2004 年版。

⑱ 参见李伯聪等:《工程社会学导论:工程共同体研究》,浙江大学出版社 2010 年版,第 312 页。

⑲ Office C., Realising our Potential: a Strategy for Science, Engineering and Technology, London: Her Majesty's Stationary Office, 1993.

⑳ 参见胡志强、肖显静:《从"公众理解科学"到"公众理解工程"》,《工程研究——跨学科视野中的工程》2004 年第 10 期。

㉑ 参见 ICOLD Global Communications Plan and Strategy, https://www. icold-igb. org/GB/publications/special。

作者简介　杨骏,中国长江三峡集团副总经济师、新闻发言人,中国大坝工程学会(CHINCOLD)副秘书长,国际大坝委员会(ICOLD)公众认知专家委员,2012 年中组部第三批中央地方双向交流任职干部,2018 年中宣部"马工程"课题首席专家,哲学博士,高级编辑。

1985 年毕业于贵州大学物理系理论物理专业,获理学学士学位;1988 年毕业于中国人民大学哲学系自然辩证法专业,获哲学硕士学位;2008 年毕业于中国人民大学哲学院科技哲学专业,获哲学博士学位。历任中共贵州省委办公厅综合处处长,中共贵州省委机关刊物《当代贵州》杂志总编,中共黔西南州委常委、宣传部长、统战部长、州社会主义学院院长,中国三峡国际投资公司副总经理,中国三峡出版传媒公司执行董事,中国三峡集团宣传品牌部主任。致力于工程哲学、工程传播、国家重大工程形象建构的研究。

探索具有投资公司特色的
融媒体传播"产品经理"机制

国家开发投资集团有限公司党组宣传部部长、
新闻发言人　刘洋河

一、引　言

党的十八大以来，习近平总书记多次在不同场合强调要利用新技术、新应用创新媒体传播方式，推进传统媒体和新兴媒体的融合发展。2019 年初，中共中央政治局新年的第一次集体学习将主题定为"全媒体时代和媒体融合发展"，强调推动媒体融合发展、建设全媒体成为我们面临的一项紧迫课题，充分显示了媒体融合工作在当前国家战略中的重要地位。

近两年来，国家开发投资集团有限公司（以下简称"国投"）深入推进官方网站、新媒体、纸媒和楼宇电视等多媒体、跨平台的深度融合，实现了"一个主题、一次生产；多产品加工、多媒体传播"。同时，以提升传播有效性为目的，引入产品经理机制，摸索出了一种基于优质新闻产品生产的融媒体传播体系和运作方式，努力实现新闻传播时、度、效的有机统一。

二、国投的融媒体"产品经理"机制演化

（一）国投的融媒体发展

国投是我国最早设立的综合性国有投资控股公司，是首批国有资本投资公司改革试点单位。主业是国有资本投资运营，业务涉及经济领域 18 个大类，101 个行业。在重要行业和关键领域发挥国有资本的引领和带动作用，在国际国内两个市场形成了基础产业、战略性新兴产业、金融及服务业三大业务板块。

由于投资行业多、业务范围广，国投的新闻传播工作往往需要打通总部、子公司与投资企业，根据行业的特点和传播特性打造新闻产品。为了更好地协调整体传播、打通资源，2017 年国投整合新闻宣传部门设置，成立党组宣传部，统一协调内外宣工作，实现内外网、移动新媒体和传统媒体的融合发展。积极打造媒体融合平台"中央厨房"，为内容生产和新闻传播提供平台化支撑。成立新闻中心，建立内容生产的中枢系统"中央厨房"，改变了过去网站、新媒体、纸质刊物和外部媒体资源等平台分立、板块分割的格局，聚合宣传工作处、新媒体处、信息处和社会责任处 4 个处室内容生产和传播资源，各处室全面联动，实现跨处室的线索搜集、协同选题、内容加工、协同审核和终端内容发放，打造优质新闻产品，形成优势互补、融合发展的传播体系。

（二）"产品经理"机制引入

基于"中央厨房"的打造，国投的总部融媒体团队逐步实现全媒体新闻产品的生产加工，以内容生产、内容编辑、内容发布为主

线开展工作。集团二、三级企业层面，组织了总数达 200 多人的信息通讯员队伍、作家队伍和拍客队伍，在总部协同下统一开展工作，总部同时在主题策划、技术支撑、内容分发、媒资共享等方面为集团二、三级企业赋能。

在实际工作中，国投的新闻传播工作在生产和传播方式上发生了巨大变化，每一项新闻产品都需要一位统领全局、协调各方资源和渠道的管理人员综合考虑全流程，聚合传播力量，把控产品质量。由此，逐渐形成了"产品经理制"为核心的融媒体传播工作体系。

产品经理是指在企业中针对某一项或是某一类产品进行规划和管理的人员，主要负责产品的研发、制造、营销、渠道等工作，是为终端用户服务、保证产品质量和效能、满足用户需求、实现用户黏性、负责产品整个生命周期的专业人员。

国投融媒体传播工作引入"产品经理"这一概念与运作方式，以有效性为先导，将一次重点宣传任务视为一个项目，将每一件新闻报道作品视为既要符合任务要求、又要适应受众需求的产品，通过专题策划会确定产品经理，产品经理创作的新闻产品通过跨平台、多媒体分发传播，在中央主流媒体以及公司新媒体、官方网站、纸质刊物等 20 多个自有平台播发，从而实现融媒体传播的影响力。

产品经理作为每项传播的负责人，实现跨部门或单位的线索搜集、协同选题、内容加工、协同审核和终端内容发放，以内容生产的针对性和传播的有效性作为前提和基础，积极探索精品内容和有效传播的实现形式，传播更清晰统一的国投品牌形象。

三、国投的"产品经理"机制运转模型

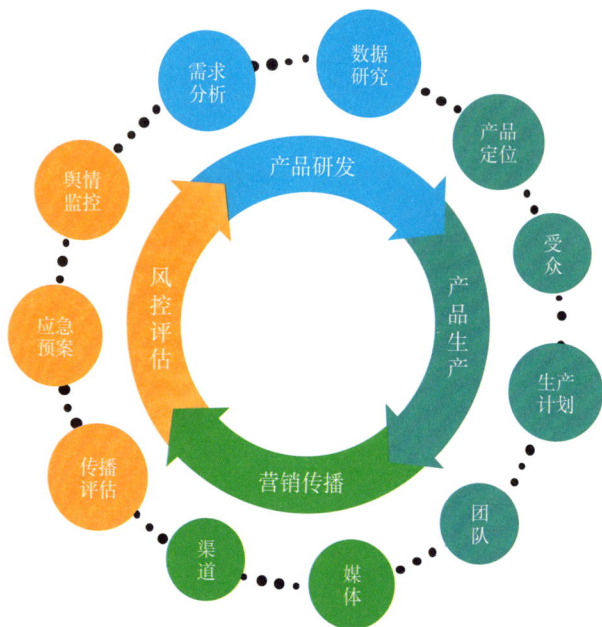

图1 国投新闻传播产品生产流程

（一）产品研发

产品经理对新闻产品的研发，首先从需求端入手，充分兼顾主题宣传任务和市场关切。主题宣传任务主要围绕国家的年度重要节点、方针政策等政治经济大动向，结合国投"服务国家战略、优化国有资本布局、提升产业竞争力"的使命，传播产品更加关注权威性和影响力，产品目标是向政府和民众传递表达改革创新、坚定担当的央企形象。市场关切主要从受众的视角出发，通过舆情监测大数据对传播内容、传播渠道等进行评估，对市场关切话题进行梳理分析，传播产品更注重传播力和触及圈层，产品目标是向企业和机构传播专注专业、积极进取、创新求强、持续向好的，新时期国内领先、国际一流资本投资公司的品牌形象。

在两项需求重叠的部分则成为每年的重点传播项目，将重点给予资源注入，从传播时段、渠道资源、人力、经费、产品类型等多个方面予以投入。

以 2020 年"扶起新梦想"项目为例，详细阐释国投的产品经理制如何孵化整合产品。

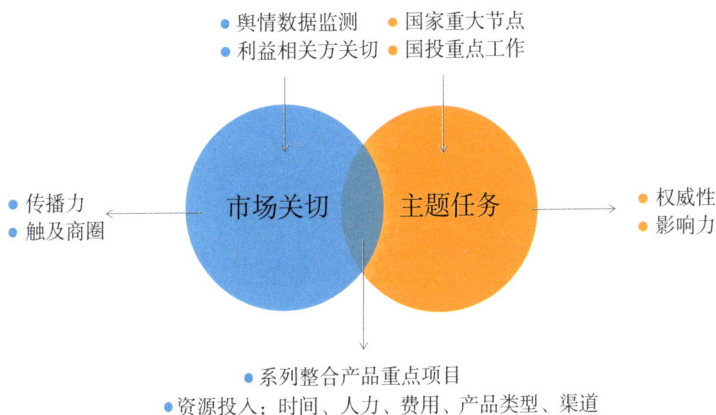

图 2　国投新闻产品研发定位依据

从需求端来看，2020 年是脱贫攻坚的收官之年，国投作为中央企业承担着重要的政治责任；从市场关切来看，国投旗下的国投创益基金一直致力于产业扶贫，未来将向产业投资和社会公益中逐步转型，需要连接更多的合作伙伴和社会资源。因此脱贫攻坚被列为年度重点传播项目，确立"扶起新梦想"品牌项目名称，围绕全年不同节点，成立了两个大项目组，分别负责对内宣传和对外传播。

（二）产品生产

基于对需求的分析，产品经理在生产环节确定新闻产品的定位、受众目标，并制订生产计划、组建项目团队，同时综合考虑成本、风险、效果，启动全套生产流程。

"扶起新梦想"项目确立后，项目团队打通了总部、子公司、投资项目、扶贫干部之间的壁垒，形成了涉及多方的团队成员。产品设计按照文字、视频、图片划分，形成了更小单位的产品组，各自根据工作安排分别完成产品：

前采团队：视频、文字、图片素材；

文字组：人物采访、综述稿件、新媒体稿件；

视频组：短视频、故事片、访谈片。

在产品计划分解清晰后，核算项目成本、梳理需要注入的其他资源。整个大项目组在各微型齿轮的推动下开始产出不同类型的产品，在计划节点陆续推出。

在此过程中一方面赋能，提升产品经理专业精神与专业能力。通过针对性、专业性训练，帮助产品经理树立三种意识，即责任意识、产品意识和用户意识，要求产品经理以结果为导向，对新闻宣传任务全程负责；提升三种能力，即策划能力、执行能力、整合能力。以此，为产品经理机制有效运转奠定专业基础。另一方面赋权，产品经理可在党组宣传部调度下，调用所需总部及投资企业全部新闻资源，并有权调用集团通讯员队伍、作家队伍、拍客队伍等超过 200 人的外围力量开展产品研发与生产，既明确了产品经理权责，又提供了全方位的资源支持，为新闻产品质量提供了有力保障。2019 年以来，为推动《亲历国投》口述历史系列纪录片创作，赋予产品经理调用内容、人力、技术等多方资源的权力，助力其制作出了《我们从哪里来》《国投人的选择》《国投的基因》等系列纪录片，在媒体和公司内外产生良好反响。

（三）营销和传播渠道

新闻产品陆续被生产出以后，进入渠道投放阶段，产品经理给予舆情大数据，对各传播渠道进行选择和甄别，随后整合适合的新闻产品在计划时点投放。

1.传播渠道分析

通过大数据监测，产品经理综合评判前一波段媒体传播的情况，从传播渠道来判断产品投放的平台和需要提高的产品类型，从传播时间和热度地区来比对传播效果和事件项目。

以 2020 年 1—6 月为例：从国投集团整体角度来看，新闻媒体是主要渠道，占比过半；微信与 APP 渠道信息量占比也较高；论坛博客与微博渠道信息量占比相对较低，视频报道内容

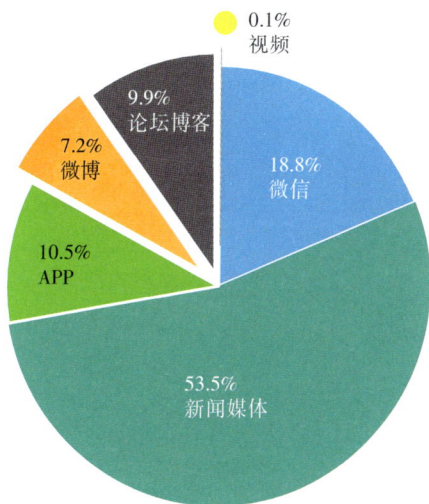

图 3　2020 年上半年国投集团信息渠道分布

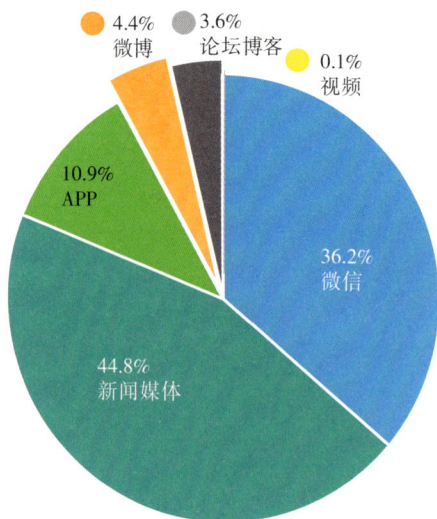

图 4　2020 年上半年集团公司总部信息渠道分布

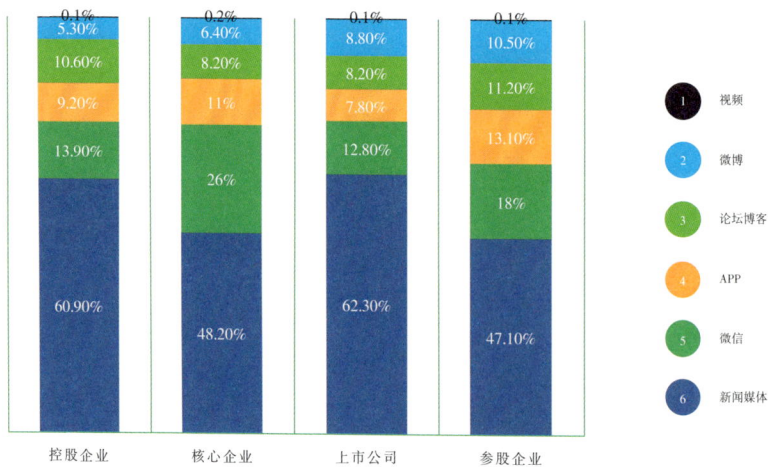

图 5　2020 年 1—6 月国投四类投资企业信息渠道占比

最少。

　　而从集团公司总部相关信息分布方面来看，明显区别是微信渠道信息量占比较高。

2.媒体关注度分析

表1　2020年上半年国投网络媒体关注排行

网络媒体					
中央级媒体（篇）		财经类媒体（篇）		门户网站（篇）	
中国经济网	51	东方财富网	135	搜狐网	565
中国网	50	同花顺财经网	95	新浪网	399
中国新闻网	43	金融界网	46	网易	249
人民网	32	证券之星网	25	腾讯网	159
中工网	31	中金在线	25	凤凰网	41
新华网	26	中证网	21		
央广网	22	顶尖财经网	19		
中国青年网	18	中新经纬网	11		
国际在线	14	财经网	8		
光明网	13	中国证券网	7		

表2　2020年上半年传统报刊关注排行

传统报刊	
中央级报刊	财经报刊
《经济日报》	《证券时报》
《中国证券报》	《上海证券报》
《科技日报》	《证券日报》
《经济参考报》	《中国经营报》
《人民政协报》	《第一财经日报》

　　基于以上的渠道数据分析，产品经理确定渠道和媒体，实现精准高效传播。一方面甄别，产品经理在做宣传策划时，从最大化媒体传播效果角度进行全面考虑，充分考虑各媒体平台投放必要性与可行性，以全媒体思维开展产品研发与生产，实现各平台资源为我

所用，按照分众传播原则进行跨平台传播。另一方面整合，产品经理以创新型思维和手段推进实现新闻产品形式的多样性，推出文字、可视化图片图表、H5、动漫、直播、短视频、数据新闻等不同类型具备有温度、有深度、有热度的"三度"新闻产品。"扶起新梦想"整合项目最终完成产品并投放。

（四）风险控制，效果评估

产品在生产、投放的过程中效果如何，是否存在风险，国投通过舆情监控评估体系完成整体的闭环管理。

1. 建立完整的舆情监测分析体系。依托人民网舆情监测室，建立了覆盖全集团的舆情监测系统，对平面媒体、网络新闻、微博、微信、APP、视频等信息源进行 7×24 小时实时、全面监测。通过《舆情日报》监测涉及国投集团的每日热点事件；《舆情月报》《舆情年报》综合汇总分析舆论情况；在发生重大突发事件时，根据事

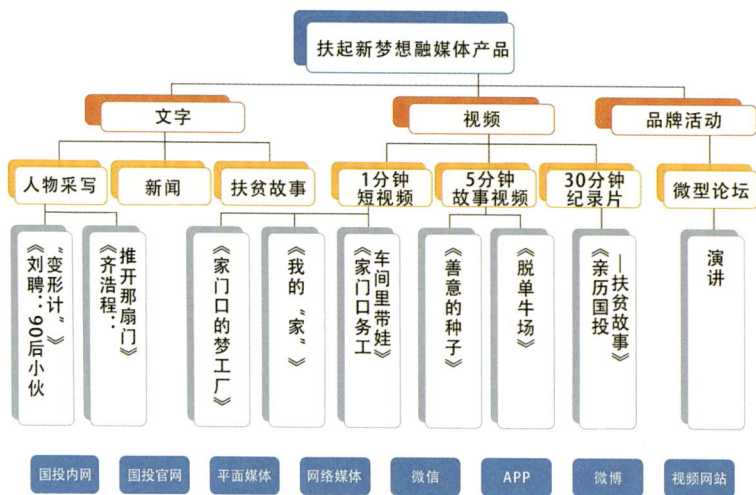

图 6 "扶起新梦想"项目新闻产品类型及投放

件发展情况汇总《舆情专报》，用于分析研判、提供决策建议。

2.完善各项流程制度防控舆情风险。制定了《国投集团突发事件舆情应急预案》《国投集团海外突发事件舆情应急预案》《国家开发投资集团有限公司新闻发言人口径库（初稿)》等工作规则和制度文件，全面防范舆情风险。

3.发挥舆情监测大数据的后评估作用。通过舆情数据，评测不

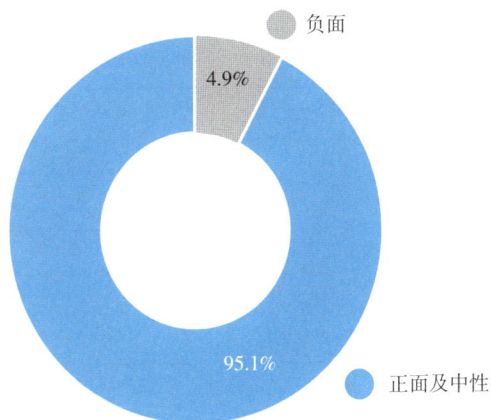

图 7　2020 年上半年国投集团相关信息倾向性占比

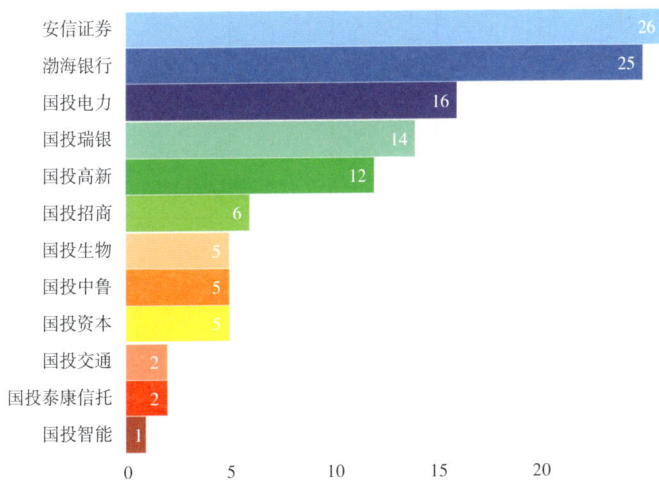

图 8　2020 年上半年国投集团相关敏感信息涉及企业（单位：篇/条）

同新闻产品的传播范围、传播速度、触及人群、影响力、口碑等，对进一步调整产品提供依据。

（1）微信传播分析。2020年上半年，通过监测得知，国投旗下重点微信公众号"国投在线""国投罗钾企业文化""国投安信期货""SDIC企业文化""国投瑞银基金"在宣传手段上不断创新和突破，在企业宣传效果和影响力上取得了一定成果。

表3　国投微信公众号传播指数WCI排行

序号	公众号名称	传播指数WCI
1	国投在线	513
2	国投罗钾企业文化	401
3	国投安信期货	319
4	SDIC企业文化	316
5	国投瑞银基金	303

2020年1月至6月，涉及国投集团的微信文章中，主要以集团公司微信公众号为宣传主力，"国投在线""国投安信期货""国投罗钾企业文化"等微信公众号发布的多篇文章均获得较高的阅读量和点赞数。

表4　2020年上半年国投热点微信文章TOP10

序号	文章标题	公众号	阅读	点赞
1	国家开发投资集团有限公司董事长、党组书记调整	国投在线	28376	165
2	国投再捐赠3620万元、200吨酒精！驰援抗疫前线	国投在线	21614	200
3	国投党组传达习近平总书记重要讲话精神　对疫情防控再部署、再落实	国投在线	16871	114

序号	文章标题	公众号	阅读	点赞
4	鸡蛋：猪瘟阴霾未散又添新变数【点石成金】	国投安信期货	14965	11
5	高质量发展，看国投这一年！	国投在线	11071	91
6	图鉴！25 个项目读懂国投	国投在线	7715	74
7	疫情就是命令，防控就是责任！国投罗钾在行动！	国投罗钾企业文化	7214	83
8	首批招录 7.5 万岗位！国聘行动正式启动，国投亮相首场直播宣讲	国投在线	7083	11
9	坚决打赢疫情防控阻击战！国投提出疫情防控十条	国投在线	6116	46
10	国投发布进一步激励关爱干部员工，坚决打赢疫情防控阻击战十条举措	国投在线	5765	15

（2）微博热度分析。2020 年上半年，国投集团在微博平台中，3 月与 5 月传播量较高，国投电力多措抗击新冠肺炎疫情，上市公司发布 2019 年年度报告与 2020 年一季度报告，国投人力携手"央视频"启动"国聘行动"线上春招活动等内容获网民高度关注。

国投通过舆情数据对传播产品复盘和分析，研究需求和下一阶段新闻产品。在每一波段传播结束后，产品经理会根据舆情监测数据分析重点传播项目的传播度，分析受众感兴趣的话题点。经过数据分析，再次复盘总结项目特点，充分发挥舆情后评估作用，对下一阶段的产品研发需求研究有非常重要的指导意义。

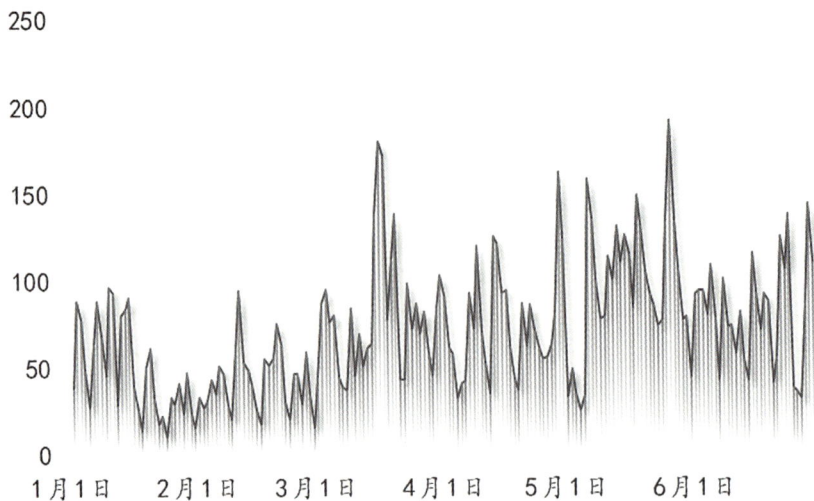

图9　2020年1—6月微博关注度走势图（单位：篇/条）

四、"产品经理"机制优势

（一）整合资源提升了新闻传播的质量和效率

在党组宣传部的统筹下，通过选题策划，根据项目特点和人员匹配度，确定项目的产品经理，人选可以是部门、处室负责人，也可以是总监和业务经理。产品经理可以精准确定产品定位，制定传播方案，统一调集人员、整合资源，进一步提升受众认同感和黏性角度，对新闻作品传播进行跟踪，搜集受众反馈，对生产和传播进行全过程复盘，为后续产品迭代总结经验。项目化、产品制、扁平状的产品经理制度，责任主体明确，调配资源便利，减少了管理环节和沟通成本，大大提升了组织效率。

（二）树立国资国企改革发展和国投良好品牌形象

通过为产品经理赋能与赋权，帮助其拓展各种互动式、体验式新闻信息服务，生产出一批高质量新闻产品，大大提升了产品传播力和感染力，树立了国投负责任、有担当、有作为的一流投资公司形象。在"2018 年上市中央企业知名度排行榜 TOP5"中，国投排名第二；在 2019 年中国企业文化研究会"中国企业全媒体传播体系构建与品牌传播企业三十标杆单位"评比中，官方微信"国投在线"获"优秀微信公众号"一等奖，《国投集团》杂志获"优秀企业内刊一等奖"；《国投企业社会责任报告》连续 4 年被评为 5 星级报告；公司形象艺术片《国投交响曲》获得国资委和人民网"最佳制作宣传片奖"。

（三）产品经理队伍不断加强

为推进融媒体发展，国投有针对性地帮助产品经理提升采访写作、摄影摄像、编辑制作、音视频剪辑、策划编导等业务技能，使得产品经理可以在组织策划、内容采编、后期制作、平台发布等不同角色中实现自如转换，促进了融媒体时代全媒体人才的生成。2017 年以来，国投连续举办集团新闻发言人培训班、集团宣传思想工作骨干训练营、网络舆情管理、新媒体运营、信息通讯员、短视频拍客队伍、企业作家队伍等专题培训班及业务学习近二十次，培训人数上千人次，全方位提升了融媒体产品经理业务水平，打造出一支善作善成的融媒体产品经理队伍。

五、结　语

（一）推进媒体融合发展，需要以人为本

推进媒体融合发展，根本的目标在于提升传播有效性，其实现途径归根结底还是要以人为本，这就要求项目执行人变被动完成任务的心态为主动创作一个自己喜欢产品的过程，而做到赋能与赋权。国投在媒体融合发展中，以产品经理制为主要抓手，通过强化产品经理的责任意识、受众意识、用户思维，有效发挥产品经理的专业潜能和创新精神，实现高质量的产品生产和高效率的新闻传播，为媒体融合发展提供有力保障。

（二）推进媒体融合发展，需要不断创新体制机制

媒体融合需要实现管理融合、平台融合、技术融合和内容融合。国投不仅打造跨平台、多媒体的宣传格局，形成优势互补、融合发展的传播体系，更是以产品经理为核心力量，整合多方资源，实现物尽其用、人尽其才，使人员更活、平台更活、内容更活，有利于生产出有温度、有深度、有热度的"三度"新闻产品。

（三）推进媒体融合发展，需要激发新动能

媒体融合发展，必须适应新形势、解决新问题、应对新挑战、引领新潮流，因此必须建立有效的激励机制、责任意识，全面提升融媒体传播人才的业务素养。国投注重通过专业训练和学习交流帮助产品经理开阔视野、创新理念、提升技能，下一步还将完善产品经理考评和奖惩机制，进一步提升融媒体时代前沿传播技术和能

力，为优质新闻产品的生产和传播提供有效的保障。

（感谢孟雯婷、谭丰华同志提供大量数据支持和图表编制）

作者简介　刘洋河，1983 年毕业于西南大学。现任国家开发投资集团有限公司党群工作部主任、党组宣传部部长，集团新闻发言人。2020 年 8 月，担任中国公共关系协会企事业专业委员会副主任委员。长期从事投资理论研究和新闻宣传工作。2006 年，参与创作的《国家开发投资公司员工职业生涯管理》获第 13 届国家级管理创新成果一等奖。2010 年 6 月，随国务院新闻办公室第五期新闻发言人代表团赴英国研讨交流。著有《公司媒体危机应对》《公司战略管理》《由"占领华尔街"引发的几点思考》等。

顺应新时代　讲好中核故事
推动核工业品牌传播

中国核工业集团公司董事会秘书、新闻发言人　潘建明

　　作为央企新闻发言人，面对舆论环境、媒体格局、传播方式发生的深刻变化，如何在围绕中心、服务大局中找准坐标定位，勇担新使命，奋发新作为？作为中核集团新闻发言人，如何形成我国核工业新闻宣传的新格局，讲好中核故事，助力中国核工业在品牌传播方面走出一片新天地？2013 年 8 月 19 日和 2018 年 8 月 21 日两次全国宣传思想工作会议，习近平总书记两度发表重要讲话，为做好新时代的宣传思想工作提供了根本遵循。多年来，中核集团的新闻宣传工作坚决贯彻落实习近平总书记重要讲话精神，牢记央企初心使命，扛起央企政治责任，为发挥新媒体时代中国核工业新闻宣传的优势而不断探索和实践。

一、立高度，坚持正确舆论导向，核工业与国家主旋律"同频共振"

　　习近平总书记强调，国有企业是中国特色社会主义的重要物质基础和政治基础，是我们党执政兴国的重要支柱和依靠力量。总书记对国有企业的重要定位，突出体现了国有企业的政治属性。核工业是高科技战略产业，是国家安全的重要基石，核工业的改革发展是国家改革发展大潮中的重要组成部分，核工业新闻宣传工作理应融入国家主旋律的宣传体系之中。为此，中核集团的新闻宣传工作立足点始终站在国家宣传的高度，始终把国家使命和央企责任放在首位，坚持党对新闻宣传工作的领导，强化理论思维，增强大局观念，丰富知识素养，从历史和现实相贯通、国内和国际相关联、理论和实际相结合的宽广视角来诠释核工业的发展。

近年来，中核集团不断努力打造新闻宣传新优势，充分挖掘议题设置和内容生产能力，同时主动借势，把核工业宣传融入时代主旋律，实现行业宣传和国家主旋律宣传的融合。从庆祝改革开放40周年到庆祝新中国成立70周年，从聚焦产业经济建设辉煌成就到放眼对外开放最新进展，从深入脱贫攻坚一线到紧跟科技攻关成果……中核集团始终围绕中心、服务大局，紧紧抓住国家重要的历史性节点，主动跟踪配合中宣部、国资委等上级部委的重大宣传主题和宣传方案，在积极开拓自身传播平台和渠道的同时，主动对接《人民日报》、中央广播电视总台等主流媒体，学习强国、新浪微博等新媒体和北京卫视、湖南卫视等热门卫视，创新合作，对核工业发展中的重大事件、重大成果、重大经验、重点项目、典型人物等进行立体推送，以一件件鲜活的新闻作品，讲好中核故事，传播核工业精神，凝聚奋进力量，让主旋律更响亮，让正能量更强劲。

比如2019年，中核集团借势新中国成立70周年的有利时机，将厚重的核工业初心，核工业人演绎的时代大剧，通过策划组织，呈现于社会各个平台：

——核工业人的电视剧《激情的岁月》登陆央视一套黄金档；电影《我和我的祖国》与核工业相遇；中央电视台大型纪录片《我们的征程》第六集《国之利器》演绎当代核工业人的奋斗故事；中核集团党组书记、董事长余剑锋录制"报时中国经济"致敬70年。

——核工业的故事在学习强国平台收获10万+点赞，并在进博会期间，中核集团英文宣传片在学习强国首页进行展示推广。

——"人造太阳""核铸强国梦"以及"中国硬核力量"等系列微博话题4次登上微博热搜，点击量超过3.5亿，"中国硬核力量"系列短视频登上抖音热点。

——与《人民日报》、新华社、中央电视台等多家主流媒体从新中国的第一以及核工业起源、核能利用、人才发展等方面，多层次、多维度揭开核工业的神秘面纱，挖掘我国核科学技术发展过程中的珍贵宝藏，央视累计报道达50余次，时长超过120分钟。

再比如2020年疫情期间，围绕中核医疗队驰援武汉、中核辐照灭菌技术助力防护服等医疗防护用品供应等主题开展系列宣传，推出了王英、孙亦辉、施晓松等典型人物，全网信息近12000篇，集团公司网络新媒体平台累计阅读超过1000万人次；涉及中核集团的所有相关微博话题阅读量累计达177亿，展示中核集团为打赢抗疫阻击战贡献硬核力量，全方位传递核工业强音。

——与《科技日报》共同策划"白衣战士抗疫日记"系列报道，其中一线员工核工业总医院祁佳丽战"疫"一线特殊生日暖心视频获央视视频推广，视频播放量达486.2万次；与央视新闻客户端共同策划"战'疫'朋友圈"系列，报道集团公司一线员工；结合"抗疫＋扶贫"话题，先后关注报道了春耕、扶贫县采购特产捐赠武汉、产业扶贫项目"云签约"等多个话题。

——在中核集团产业链中，核技术应用是最贴近民生、造福社会的重要技术力量和产业，也是树立集团品牌形象的一个重要方面。为此，中核集团与央视新闻共同策划《用核技术应用守护你们的"战衣"：记者探访中核集团一次性防护服灭菌生产线》直播，由央视新闻客户端发起，腾讯直播引流，视频直播累计触达受众76.3亿人次。央视各频道各栏目累计播出20余次，央视新闻客户端系列报道播放量超 8700 万。这既展示了核技术在服务医学、民生方面的雄厚科研实力和快速转型能力，也展示了核工业面对疫情迎难而上、积极奉献的社会责任感。

二、聚热度，创新策划方式，助推核工业成为"网红"

宣传从一般意义上讲，是宣传者通过某种方式将自己的意志、思想、观点让宣传对象接受并改变其思想、态度的过程。但在互联网条件下、在开放的环境中，这种宣传理念远远不够。现代管理学之父德鲁克说："企业的首要任务就是要制造消费者——生意是由消费者来决定的。只有消费者愿意为一件商品或一项可以将经济资源转化为财富的服务付钱。消费者购买或者考虑的价值从来都不是一件商品，而是它的实用性，也就是说，这件商品或服务到底可以为消费者做些什么。"如果我们把"企业"改为"宣传"、将"消费者"改为"受众"，德鲁克的话对于今天的企业宣传来说同样适用。所以，有效的宣传要向受众传递价值，为读者创造价值，我们要将受众想听的与我们想说的巧妙地结合起来。

核工业事关国家安全、能源安全、环境安全、社会安全，中核集团的新闻宣传要与产业发展紧密结合。但是，由于核的神秘性、敏感性，使公众认知不对称，特别是涉及核安全环保话题，一句话就有可能影响行业发展。因此，对于核工业的传播来说，议题设置是关键，核工业迫切需要主动通过新闻报道、主题活动、评论文章，架构起组织与公众、受众的沟通渠道，建立组织与公众、受众的良好认知和互动关系。

近年来，我们结合行业自身特色，策划先行，通过恰逢时机、妥当适度的宣传，"蹭"热点、"制造"热点，创新各种形式，实现议题设置和传播互动的内容支撑，为企业和行业的发展营造良好的舆论氛围。

比如，"华龙一号"是我国具有完全自主知识产权的三代核电技术，达到了世界核电的先进水平，不但奠定了我国建设核电科技强国的基础，还给我国装备制造业带来了巨大的转型升级机遇。为打造中核集团"华龙一号"自主创新品牌，充分展示中核集团成熟的自主研发设计能力和工程建设管理能力，结合"华龙一号"国内外工程重大节点，我们持续不断地开展各种形式的宣传活动。

2015年5月，"华龙一号"全球首堆中核集团福清核电5号机组开工并召开了中外记者新闻发布会，拉开了中核集团大国重器"华龙一号"主题宣传的大幕，至今已连续5年向公众介绍"华龙一号"，打出了一套组合拳：两会期间，以"华龙一号"为主题，策划集团领导高端访谈；每年邀请媒体和网络大V走进中核集团"华龙一号"，面对面交流；利用各种展会，召开发布会、推介会或其他形式，推介"华龙一号"；围绕"华龙一号"工程各项节点，或召开中外记者新闻发布会，或组织央视现场直播，或组织新媒体走进"华龙一号"现场，或邀请英国小哥"洋眼看华龙"……

尤其是2016年，李克强总理视察中核集团"华龙一号"时说，你们为我撑腰，我为你们扬名，国内外影响巨大。总理视察后第二天，中核集团在国内举办了"华龙一号"国际推介会，邀请主流和网络媒体继续报道推广"华龙一号"；当年还首次在境外（维也纳）推介"华龙一号"，并推出"华龙一号"国际宣传片等。

2017年5月，结合"华龙一号"全球首堆穹顶吊装节点，首次联合国资委召开"'华龙一号'全球首堆穹顶吊装中外记者发布会"，首次策划央视多频道、多媒体连线直播"华龙一号"全球首堆穹顶吊装现场，央视当天累计报道达 81 条，几乎全天央视各频道每时段均有中核集团"华龙一号"的身影和声音。央视报道超过了之前近三年中核集团在央视的报道总和。

中核集团"华龙一号"的宣传在国内舆论场中积极造势，提升了"华龙一号"技术"清洁、先进、安全"和中核集团自主创新品牌的知名度与美誉度，进一步塑造了中核集团高科技企业的形象。

再比如 2019 年，我们组织"科幻作家进央企"活动，首次尝试以新媒体为主的宣传策划，组织媒体和科幻作家走进核西物院和核动力院，陆续策划引爆了人造太阳、我国第一艘核潜艇等话题的热度，微博话题总阅读量达 1.2 亿，相关讨论微博超 5 万条，还在网上掀起了关于人类未来能源的讨论热潮，一度冲上微博热搜榜长达 12 个小时，极大调动了网友对中国核工业发展的兴趣，传统的核工业成为"网红"。

"科幻作家走进中核集团"跨界活动不断延伸拓展和衍生新的内容与形式，我们尝试联合中国核学会，开展了"核科幻小说开放式结局征集"的活动，并走进清华大学、北京师范大学开展线下活动，宣传核工业，实现了线上线下的双向沟通。参与活动报名者覆盖了全国 26 个省份，涵盖了从 12 岁到 55 岁的年龄段，包括企事业单位职员、高校师生、自由撰稿人、科幻迷、B 站高级开发工程师等。

不仅如此，为展现更加开放的核工业形象，我们围绕"大国底气从核来"这一宣传主题，提前策划纪念核工业创建 65 周年的主题文章和视频，于 2020 年初召开"核力无限　共创未来——纪念核工业创建 65 周年媒体见面会"，将中核集团新春记者见面会、第二届中国核工业新闻奖颁奖、第一届核科幻小说征集活动颁奖、中核集团 2019 年度十大新闻发布与核工业创建 65 周年有机结合，同时策划了当下热议的 5G 时代核能公众沟通主题，邀请董关鹏教授演讲。现场邀请 60 家媒体参会，当天全网推送，并与现场记者、科幻作家进行宣传联动，一周内媒体报道 1100 余篇。

三、拓广度，搭建多平台多渠道，创造属于核工业的"流量"

当今，信息技术日新月异，全媒体时代扑面而至。党的十八大以来，习近平总书记多次对网络舆论工作、宣传文化思想阵地建设等做出了重要指示，并多次强调要坚持移动优先策略，牢牢占据舆论引导、思想引领、文化传承、服务人民的传播制高点。因此，新时代，提升新闻舆论传播力、引导力、影响力、公信力，必须牢牢占领互联网这个主阵地。紧跟当前瞬息万变、日新月异的新媒体时代的发展，紧贴公众需求，创新开展新闻宣传工作成为我们工作的重中之重。

近年来，面对媒体格局和舆论生态发生的深刻变化，我们坚持以变应变，在创新中破解难题，强化互联网思维，发挥新媒体优势，拓展传播力强的媒体渠道，以新发展理念推动媒体内容、渠道、平台、管理等深度融合。我们不仅在微信、微博等自有平台上与公众积极互动，搭建沟通的桥梁，传播核工业。与此同时，主动走出去，通过入驻社会各类平台拓展自有渠道、与社会媒体全方位立体合作等方式，构建中核的新媒体矩阵，积极致力扩大集团公司朋友圈，积极构筑集团公司新闻宣传全媒体的命运共同体，创造属于核工业的传播流量。

目前，中核集团入驻的平台包括人民日报、澎湃、今日头条、抖音、快手、B站等13个，形成良性合作关系，累计点击量超1亿，3次获得澎湃新闻政务号月度前十名。特别是中核集团首批入驻学习强国，成为央企构筑新媒体矩阵的典范，有了较好的示范效应。2019年以来，推上学习强国首页近100篇文章，累计传播量超过3000万。我们还与《中国日报》在国际传播方面建立了战略合作关系。通过构建以集团官微为核心的媒体矩阵，目前关注中核集团的粉丝数累计超过160万。学习强国和澎湃推荐的核靠谱和口述核史，单篇点击超百万的有3篇。

在这个过程中，我们在传播形式上越发注重新媒体运用，并以短视频、直播、微话题、H5页面等形式使传播效果立体化，使传播内容更易与受众产生共情。我们尤其注重对视频形式的运用，且兼顾横屏、竖屏，以短视频集中情感表达，形成共鸣。如在"与共和国共成长 新媒体走进新国企"活动中，积极利用短视频资源，与央视网、腾讯、环球网、微博、抖音等媒体平台形成互动，一部只有30几秒描述中核人在卡拉奇核电工程现场种菜的视频，成为爆款。在开放周活动中，一方面邀请网络大V制作探秘类短视频，尝试澎湃新闻进行直播；另一方面整合集团资源，抛出20余支短视频，其中泳池堆启动瞬间的视频，在"国资小新"平台刊登后，点击量超过700万。

回顾上述一系列新闻宣传活动，其实都离不开新闻发布工作，都需要我们主动适应舆论环境，引发舆论、制造舆论、引导舆论。2003年的非典推动了我国新闻发言人制度的建立与完善，暴发于2019年底的新冠肺炎疫情，也注定会在新闻发布制度史中留下浓重的一笔。这场疫情恰恰发生在媒介环境发生深刻变革的时代背景之下：公民社会不断强化、"四全"媒体成为主流、信息传播进入后真相时代。媒介环境发生的这些新变化深刻影响着此次疫情当中的舆论引导与新闻发布工作。我们处于一个全媒体时代，需要呼唤新闻发言人的全流程发布意识，要有随时随地处于舆论关注之下的谨慎感与敬畏感。同时，我国经济已经由高速增长阶段转向高质量发展阶段，国企改革发展面临新挑战，央企外部舆论环境、舆情应对面临更加复杂局面，加上核行业的特殊性，特别是核事故的集体记忆使得公众对涉核问题极度敏感，存在着"谈核色变"的整体认知。这些变化都提醒我们，需要愈加重视新闻发布工作。结合我们的上述实践，再就如何做好新闻发布工作谈几点粗浅的认识和体会：

一是完善发言人制度保障。新闻发布制度的建立和完善是国家治理体系和治理能力现代化的重要体现。新闻发布工作的开展，既需要我们有开放包容的心态，还需要我们有公开透明的勇气，更需要我们有完善顺畅的制度流程。一直以来，我们高度重视新闻发布制度建设，制定了新闻宣传管理规定等一系列规章制度，健全组织体系，完善工作机制，明晰发布流程，夯实保障条件，同时建立了定期分析宣传形势机制、沟通联络协调机制、舆情监测机制、新闻发布机制以及突发事件处置机制。各成员单位也建立了新闻宣传工作机制，加强新闻宣传队伍建设，规范了各自新闻发布程序。

从 2012 年起，我们在总部和二级单位均设立发言人，并每年对他们进行培训和模拟演练，目前已连续举办八届，新闻发布水平明显提升。同时，通过新闻发布制度的建设、实施和完善，可以不断倒逼本单位提升各项业务工作的水平和业绩，形成越来越多的正面案例，减少负面因素，各方面工作做好了，对外宣传才更有底气和勇气。目前，我们正在推进"四库"建设，即危机预案库、常备口径库、传播工具库、媒体资源库，将危机预案、答问口径、传播工具以及适于传播的图片、故事、视频等素材分门别类入库进行统一收集和有效管理，以便在舆情发生时，及时有效引入和借鉴国内舆情应对专家和高水准的媒体人的建议。

二是围绕行业特色发言。新闻发布要提高吸引力，需要在议题设置上下功夫，发布的内容要体现本单位的特色，要新、要有典型性和代表性。中核集团一般每年召开四次新闻发布会，在议题设置上，都会围绕行业特色，突出去"核神秘化"、核安全、核技术造福人类等主题主线，为行业发展营造良好氛围。比如，两会代表委员记者见面会是中核集团每年例行媒体活动，也是颇具行业特色的新闻发布会，集团公司主要领导与集团公司两会代表委员集中亮相，在议题设置上，围绕代表委员提案议案内容，分行业不同产业领域，结合每年社会和行业热点，既符合中核集团产业发展，又贴近媒体传播内容，成为当期媒体宣传报道的重点。总体上看，每年关于中核集团两会代表委员建言献策报道量均在 3000 篇左右，相关论坛、微博、微信等新媒体文章近 2000 条，多为正面或中性报道。

三是突出正面主题发言。在新媒体、全媒体时代，新闻源头与传播形式已经多元化、分众化，但新闻发布仍然是权威信息的主要来源和主渠道之一，我们需要牢牢把握，善于利用，进行系统策划，多开常开发布会，主动设置议题，把它作为信息公开的权威平台、正面宣传的自主舞台，加强正面宣传，传递正能量，为企业积累好口碑，增强信任感。中核集团一直以来，坚持正面宣传、主动发布，集团的知名度和美誉度不断提升，为企业的发展营造良好的舆论环境。目前，在多数单位，新闻发布往往是在发生了突发事件或出现负面舆情时才被迫召开，具有临时性、应急性，而没有将新闻发布工作常态化、系统化，主动放弃了阵地。

四是适应传播规律发言。2019 年底发布的《5G 时代中国网民新闻阅读习惯的量化研究》报告指出，受访者阅读新闻使用最多的终端是智能手机，每天获取新闻信息主要来源于微信群、抖音、今日头条、微博。5G 时代，需要以新的思维模式、新的应对策略、新的技术手段，把握新媒体发展规律和要求，适应分众化、差异化传播趋势，注重流程再造，突出移动优先，加强融媒体的创作生产。近年来，我们在进行新闻发布中，充分利用新浪微博、网络大 V 等新媒体大流量平台以及科普中国、果壳网等科普宣传平台，陆续策划引爆了人造太阳、我国第一艘核潜艇、"华龙一号"等热门话题，以别开生面的形式将中核集团具有前瞻性、突破性的科技创新成果呈现给公众，实现了策划先行、热点跟进、热度发酵、互动活跃的效果，较好地塑造了集团公司开放、创新、高科技的企业形象。

五是会上会下互动发言。每次新闻发布时长毕竟有限，并不能完全满足媒体对内容的需求，甚至媒体对有的内容并不理解。为保证发布会质量，我们需要配合新闻发布会，把功夫下在平时，持续不断为媒体提供报道素材，创新打造媒体宣传线路，以期在平时能够将正面声音持续外扩，在重要节点、重点主题、重大项目、突发舆情中能够发挥对外解疑释惑窗口作用，形成强大的聚合效应。近年来，中核集团创新沟通方式，连续举办了 3 届媒体核知识培训班，请业内专家来给跑口记者讲课，帮助他们成为专家型的编辑记者，让媒体人更多地了解核工业科技成果和应用前景；持续组织走进中核集团媒体活动，请跑口记者走进各成员单位，实地了解核工业，受到媒体朋友的好评和欢迎。

六是善用第三方发言。企业以往的宣传一直受制于"王婆卖瓜式"的自说自话，既不通俗，可信度也受质疑，再加之核工业本身的复杂性，也使宣传的内容和形式受到限制，效果不佳。经过不断探索尝试，我们十分注重利用第三方，即专业科普平台、其他行业专家等发言，增加可信度、客观性。如核科普，充分利用科普作家和果壳网、科普中国等第三方的互动式、热点结合式、知识分享式、图文并茂式、动静结合式等多形式、多途径的宣传，获得了大众欢迎和积极的反馈。尤其是去年来自中国科技馆的科普作家赵洋博士撰写的有关可控核聚变的科普文章，因其通俗性、大众性和知识性，获得了网友的热烈反馈。目前，我们正在建设集团公司新闻宣传外部专家智库。

总体而言，我们新闻发布工作的发展变化过程，是中核集团慢慢去神秘化、逐步开放的过程，是中核集团顺应新时代、融入新媒体、打造大宣传格局的过程，也是中核集团的知名度和美誉度不断提升、不断推动核工业品牌传播的过程。在实践过程中我们逐步认识到，越主动发布，越主动与社会、行业、地方影响力大的媒体和行业大 V、中 V 以及本地资讯博主沟通交流，越能增加公众的理解和信任，也越能拥有话语权，对核事业的发展越有利；学会换位思考，主动站在受众的角度考虑表达方式，善于使用公众易于接受的话语体系，越能增强新闻性、故事性，增强沟通的吸引力、感染力和说服力。

不日新者必日退。面对媒体格局和舆论生态的深刻变化，进一步提升新闻宣传工作者的专业素养和综合能力比以往任何时候都更加重要、更为紧迫。我们将继续强化互联网思维和融媒体思维，发挥好新媒体优势，以新发展理念大力推动媒体内容、渠道、平台、管理等加快深度融合，因势而谋、应势而动、顺势而为，为我国的核工业传播、企业传播和国家形象传播作出贡献！

　潘建明，浙江绍兴人，清华大学公共管理硕士，高级工程师。现任中国核工业集团有限公司董事会秘书、新闻发言人、中国核能行业协会核能公众沟通委员会副主任。曾先后在核工业北京地质研究院、中国核工业总公司（中国核工业集团公司）、国务院办公厅工作。长期从事公共管理、企业管理和新闻宣传工作，在公司治理、新闻传播、公众沟通等方面具有丰富的实践经验。